JN304025

不自然な母親と呼ばれたフェミニスト

The Feminist Called an "Unnatural Mother"
Charlotte Perkins Gilman's "New Motherhood"

シャーロット・パーキンズ・ギルマン
と新しい母性

山内 惠【著】

東信堂

はしがき

　1999年6月「男女共同参画社会基本法」は成立し、男女が平等に参画できる社会づくりが我が国でもようやく始まった。なかでも国家的プロジェクトと言えるものが「少子化対策」である。2002年9月には厚生労働省によって「少子化対策プラスワン」が打ち出されたが、2005年の合計特殊出生率は (1.26) まで下がり過去最低を更新した。2006年には4年ぶりに (1.32) まで回復したものの、日本社会の少子化の流れにブレーキをかけるまでにはなっていない。その理由に、男女が平等に社会参加するさいに、仕事を続けたい夫婦にとって子育てが最も障害となることがある。多様な家族や男性をも取り込んだ子育てのあり方が模索されるものの、より根本的な解決策にはいたっていない。

　さてこの仕事と子育ての両立というきわめて今日的なテーマを、20世紀初頭のアメリカ合衆国において、ライフワークとして取り組んだフェミストの思想家がいたことを知る人はほとんどいない。シャーロット・パーキンズ・ギルマンがその人である。私自身、3人の子育てを終えてから再入学した埼玉大学においてギルマンの著書と出会うまでは、彼女の名前すら知らなかった。しかし、そのギルマンと私の出会いは、その後の私の人生を大きく変えるものとなった。

　私が初めて手にしたのが、ギルマンの自伝的短篇小説とされる「黄色い壁紙」である。自我の確立と良き母になることを求め、そのジレンマに苦しみ精神を崩壊させる若い母親の物語である。ギルマンが体験に基づき書きつづったこの物語の衝撃は大きかった。このようにして、ギルマンというアメリカの20世紀転換期に生きた一人のフェミニストと私は、「黄色い壁紙」の衝撃によって時空を超えてつながることになった。

研究を進めていくにつれ明らかになったことは、ギルマンが思想家として活躍していたアメリカでは、女性参政権獲得運動が絶頂期をむかえていたが、ギルマン自身は「例外的思想家」と位置づけられていたということ、さらに、ギルマンは、既婚女性が家庭外で働くために「新しい母性」を説いた「非常に希な女性」であること、である。当時のフェミニストの関心の多くが、政治的平等を求める参政権獲得に向けられていたのに対し、ギルマンの関心は、働く既婚女性のためのフェミニズム理論の構築という、人々から「危険」「一貫性がない」「風変わり」と評価される課題に向けられていたのである。このように、研究を進めれば進めるほど、ギルマンへの興味はつきることがなく、ギルマン研究は新たな課題へと私を導いていった。

　私のギルマン研究に大きな影響を与えたできごとが二つある。一つは、ギルマンの母性論、および近代フェミニズムと母性という研究テーマに対し、学ぶ機会と場を与えてくれた東京外国語大学大学院での歴史理論との出会いである。それは、ギルマンがその生涯、格闘を強いられることになった「新しい母性」を理解するための、いわば分析理論となった。これにより、私はようやくギルマンが対決しようとしたものが「近代」という枠組み＝装置（システム）そのものであることを認識するにいたった。

　もう一つが、東京外国語大学から推薦を受け、交換留学の制度のよって実現したアメリカのコーネル大学大学院への留学の機会であった。ギルマンの母国アメリカで学ぶという貴重な体験は、私のギルマン研究にとって大きな飛躍をもたらしたことは言うまでもない。日本ではほとんど無名であるギルマンは、1960年代以降のアメリカ女性史研究の興隆のなかで再評価を受け、世紀転換期における最も影響力を持ったフェミニストの思想家の一人であることを改めて知ることになった。留学中の私に幸運な出会いがもたらされた。それは、ギルマンが当時アメリカ国内において母性をめぐる「フェミニスト論争」を繰り広げていた資料となる雑誌を見つけたことである。というのも、ほとんど同じ時期に大正

期の日本においても、平塚らいてうと与謝野晶子らによって興った「母性保護論争」において、ギルマンの名前がたびたび引用されていたからである。日米の二つの論争は二つの点から線として結ばれて、近代という時代のなかでの「母性」を位置づけようと格闘していた私に多くの考察のヒントを与えてくれた。

　1冊の短篇小説「黄色い壁紙」と出会ってから15年の歳月が経つが、その間の研究を拙いながらもこうして1冊の本にまとめることができたことは幸いである。ギルマンという希有な才能を持った思想家の「新しい母性」を、近代フェミニズム史のなかで位置づけられたことは、今後の私の研究に対し、ささやかなりとも一筋の展望への道筋を示してくれるものと期待したい。

著　者

不自然な母親と呼ばれたフェミニスト
────シャーロット・パーキンズ・ギルマンと新しい母性────／目次

はしがき ……………………………………………………………… i

序　論　シャーロット・パーキンズ・ギルマンと新しい母性 …… 3
　註 (16)

第1章　病んだ母性の発見……………………………………………27
　第1節　「共和国の母」から「女の領域」の成立へ ……………27
　第2節　家庭性（ドメスティシティ）のジレンマ ………………………………37
　第3節　ヴィクトリア朝時代の「病んだ母性」…………………47
　註 (58)

第2章　新しい母性の模索 …………………………………………67
　第1節　折衷的思想 …………………………………………………67
　第2節　『女性と経済』における二つの科学思想の意義と限界…79
　第3節　「新しい母性」のアポリア ………………………………91
　註 (100)

第3章　「ハーランド」、あるいは「ニュー・マザー」
　　　　のユートピア……………………………………………109
　第1節　フェミニズムの実験室『フォアランナー』……………109
　第2節　働く母親と子どものユートピア ………………………118
　第3節　「ニュー・マザー」のユートピア ……………………128
　第4節　「不自然な母親」と呼ばれたフェミニスト ……………138
　註 (143)

第4章　ギルマンのフェミニズム思想と日本の受容 ………………153
　第1節　ギルマンと3人の論者
　　　　　──成瀬仁蔵、平塚らいてう、山川菊栄 ………………153
　第2節　『女性と経済』を紹介した成瀬仁蔵の意図 ……………155
　第3節　ギルマンを批判する平塚らいてう ……………………160
　第4節　社会主義者・山川菊栄とギルマンの女性解放論 ………165
　第5節　日本の受容から見るギルマンの「新しい母性」………171
　註 (173)

エピローグ　ギルマンの新しい母性と近代
　　　　　　フェミニズムの課題……………………………179
　　註(184)
参考文献 …………………………………………………185
あとがき …………………………………………………211
人名索引 …………………………………………………214
事項索引 …………………………………………………217

〔凡例〕
括弧類の使用について：
　原典からの引用では「　」(括弧)を用い、〔　〕(亀甲)は引用者の補足説明する場合に用いた。また「新しい母性」、「女の領域」と言った特定の概念や思想を筆者が表そうとした場合についても「　」を用い、一般的な使い方と区別することにした。

不自然な母親と呼ばれたフェミニスト
──シャーロット・パーキンズ・ギルマンと新しい母性──

序論　シャーロット・パーキンズ・ギルマンと新しい母性

> 後に承認をかちえた真実の多くを、ギルマン夫人は最初に発見したのであった。〔中略〕彼女は真のラディカルな女性として、決して時流に染まることはなかった。
> 　　　　　　　　　アレクサンダー・ブラック[1]

　シャーロット・パーキンズ・ギルマン（Charlotte Perkins Gilman, 1860-1935）[2]は、19世紀末から20世紀初頭のアメリカ合衆国（以下アメリカあるいは合衆国と略記）において活躍した思想家である。ギルマンは、エピグラフのブラックの言葉が示すとおり、自らの思想を生涯にわたり頑固なまでに説き続けた、真にラディカルなフェミニストであった。

　20世紀転換期の人々を瞠目させたのがギルマンの『女性と経済』（*Women and Economics*, 1898）[3]である。この書を当時の雑誌『ネイション』は「ステットソン夫人（ギルマンの旧姓）の書は、ミル（イギリスの経済学者のジョン・スチュワート・ミル）の『女性の隷従』（邦訳のタイトルは『女性の解放』）以来の最も重要なテーマへの発言」[4]であるとして称賛した。これは、ギルマンが、近代の家族制度が内包する性による差別の構造を告発し、経済的自立による女性の解放を説いたことへの評価であったと言ってよい。しかし、そのギルマンが「新しい母性」のあり方を模索し続けたフェミニストであることは、あまり知られていない。ラディカル・フェミニストとしてのギルマンとは結びつきにくい母性の主張である。本書で注目するのはギルマンによるこの新しい母性論である。

ギルマンによる母性の主張がこれまで研究の対象とされにくかった理由に、彼女のフェミニズム思想の特異さがある。ギルマンが思想家として活躍した20世紀転換期のアメリカは、女性参政権獲得を目標とした第１波フェミニズム運動がピークをむかえていた時代にあった。そうしたなかで、ギルマンは、当時の女性による参政権獲得運動に、他のフェミニストの活動家のように関わることはほとんどなかった。また彼女のフェミニズム思想は、平等のための女性の経済的自立を説きながら、母性の模索にもこだわり続けた。その母性は、女性の特性としての新しい形であったとしても、平等要求と母性の両者は時に矛盾をはらむものとなった。ギルマンの当時の友人の一人エイミィ・ウェリントンは、このギルマンの特異な思想的傾向について、保守派からは「危険」、急進派からは「一貫性を欠く」、世間の人々からは「風変わり」と言われたと指摘している[5]。このようにしてギルマンは、後の研究者からも、「アメリカ思想史においては解釈が困難」[6]なフェミニスト、既婚女性が家庭外で働く場合に子育ての必要性を説いた「非常にまれな女性の一人」[7]とされ、第１波フェミニズム運動のなかに位置づけることが困難な例外的な思想家とされてきた。

　しかし、本書においてはむしろギルマンの母性の主張に注目することで、第１波フェミニズム運動のなかでは例外的、特異な存在とされたギルマンの思想から、フェミニズムの新たな可能性をひきだしてみたいと考える。なぜギルマンは新しい母性論を模索しなければならなかったのか。ギルマンの主張する「新しい母性」はそれまでの伝統的母性とどのように異なるのか。ギルマンがライフ・ワークとした、フェミニズムと母性の調和というテーマは、「近代」のフェミニズム思想史においてどのような意味を持つのか。以上の三点が本書での主要な課題である。

　まず分析し考察するための前提を二点ほど確認しておきたい。第一点は本書の考察の枠組みとなるフェミニズムの定義について、第二点はアメリカにおける女性史研究の動向についてである。

まず第一のフェミニズム (feminism) という概念の定義である。周知のように、フェミニズムを定義することは難しい。この言葉の定義の困難さは、ギルマン自身がフェミニストと呼ばれることを嫌った[8]、というエピソードがその好例であろう。当時のフェミニストたちの多くが参政権運動に関わったことで、フェミニストが参政権運動家を意味することもあった。しかし運動との関わりが薄かったギルマンにとって、フェミニストと呼ばれることは不本意だったのだろう。本書ではフェミニズムを厳格に定義することの限界をふまえたうえで、これらのフェミニズム、フェミニストという言葉に影響を与えてきた歴史的・社会的経緯を考慮しながら用いることにした。

　思想としてのフェミニズムは、「近代」[9]の市民革命の一つであるフランス革命が興った18世紀後半に誕生したと言われる。フランス革命の「人権宣言」(原典では「男性および男性市民の権利宣言」"La Déclaration des droits de l'homme et du citoyen") は、西欧の啓蒙主義を背景として、「すべての人」が自由かつ権利において平等であることを謳ったものである。しかし、「人権宣言」下の平等の理念はあくまで「男性」(homme) と「男性市民」(citoyen) のためのものであって、「女性」の市民としての権利は無視された。近代社会の市民である「普遍的人間」とは、あくまで西欧、白人男性を基準としたものであり、「普遍的人間」とみなされない女性を、社会の周縁へと追いやることに異議をはさむ者などなかった。

　「すべての人」の自由、平等を謳ったはずの「人権宣言」にひそむ性の不平等に対し、異議申し立てをするフェミニストたちが現れた。例えば、フランスではオランプ・ド・グージュが「人権宣言」に対抗する「女性および女性市民の権利宣言」("La Déclaration des droits de la femme et de la citoyenne")[10]を、イギリスではメアリ・ウルストンクラフトが『女性の権利の擁護』を著して抗議をした[11]。これらの異議申し立ては、近代社会が定めた「社会」という公的領域から女性を排除しようとする、性への不平等な人権思想に向けられたものであり、思想としてのフェミニズム

は、このようにして誕生したのである[12]。

　フェミニズムという言葉がイギリスをへてアメリカに渡り、アメリカで盛んに用いられるようになったのはようやく1910年代に入ってからである。ナンシー・F・コットはアメリカでの流布の理由を、第1波フェミニズム運動が高揚した時代にあって、女性の権利や自由を求める活動や論争を表す新たな言葉として、アメリカの人々が用いるようになったからだと説明している[13]。

　コットによれば、フェミニズムの概念は三つの構成要素からなる[14]。第一は、フェミニズムは性によるヒエラルキーに対抗する性の「平等」の信念を表すこと。第二は、フェミニズムは女性の状況が社会的、歴史的構築物であることを前提とすること。第三は、フェミニズムが「女」という社会集団のアイデンティティを表すこと。コットによるこれらの定義にしたがえば、フェミニズムとは、一方でその歴史的起点がそうであったように、近代社会における性差の不平等に対し異議申し立てをしようとする、男女の「平等」を要求する理念であるということ。また他方において、男女は同質であるよりも異質なものとして、その性差により社会集団としての「女」という独自のカテゴリーを認めさせ、「女」による団結を求める理念であることにもなる。すなわち「近代」のフェミニズムは、男性と異質でありながら男性と「平等」の権利を求めつつ、文字どおり「女の思想」（フランス語の féminisme は、ラテン語の femina ＝女と ism ＝主義・思想を基に造った言葉）として男女は同質ではなく「差異」をも同時に認めさせようとする、パラドキシカルな思想ということになる。その結果フェミニズムはその歴史において、女性の権利を求めるイデオロギーとして、男女の性差を極小化しあくまで人間として「平等」であることを求めるのか、あるいは女性の特性を極大化して性差の「差異」を尊重するかをめぐり、あたかもこの「性差の二分法」が対立する概念であるかのごとく論争を繰り広げてきた、とコットは説明をする[15]。

　なお本書においては、フェミニズムという言葉の適用範囲をこの言葉

がアメリカに広がった1910年代以降に限定するのではなく、フェミニズムが使われる以前の19世紀中葉からすでに活発化していた女性たちによるさまざまな社会改革運動や、自由と権利を求める女性たちの意識にも広げ、より広い意味で「女性の権利と自由を求める女性たちの思想や行動を表す言葉」[16]として用いることにした。したがって、例えば第1章で言及することになる、19世紀における家庭内の女性たちの地位上昇をもたらした「ドメスティック・フェミニズム」(家庭内女権)も、広汎な意味でのフェミニズムの一形態と考えることにする。

　次に、二点目にあげたアメリカの女性史の研究動向[17]についてである。1970年以降活発化したアメリカの女性史研究は、第2波フェミニズムの高揚と「新しい社会史」[18]から大きな影響を受けて発展してきた。歴史を「底辺から見上げる」(from the bottom up)という「新しい社会史」の視点は、アメリカ社会における「普通の女性たち」の日常の生活に根ざした歴史を読み起こす作業によって、女性史に新たな地平を拓くことになった。また第2波フェミニズムからも男性主体の政治史や経済史を中心とした従来の歴史叙述に対する批判が生まれ、1970年代中頃から、アメリカ女性史研究に「女の領域」[19]を理論的枠組みとして積極的に取り込もうとする動きがでてきた。こうしたなかで女性史研究における瞠目の書となったのが、1975年のキャロル・スミス゠ローゼンバーグの「愛と儀式の女の世界」[20]と、1977年に発表されたナンシー・F・コットの『女の絆』であった。それまでの歴史研究が、一部のエリートの女性や被抑圧者とされた女性を対象にしていたのに対し、「領域」という概念を女性史の理論的枠組みとすることで、ごく普通の女性たちの日常の生活や意識を分析対象とし、「女の領域」内でのシスターフッド(女性の連帯)や女性独自の「女の文化」の形成を、男性中心の従来の歴史観とは異なる視点からとらえる、いわば女性を主体とした歴史叙述の可能性を切り開いた。そして、スミス゠ローゼンバーグとコットの研究は、以後のアメリカ女性史の研究方向を決定づけ、1970年代後半から1980年代にか

けて数多くのすぐれたアメリカ女性史研究が次々と生まれた。本書が依拠することも多々あったカール・N・デグラーの著書『不和』[21]は、こうした領域論を軸とした、優れたアメリカの家族史と言える。

アメリカ女性史の発展に大きく貢献してきた領域論や「女の文化」を強調する女性史の思潮に対し、1980年頃から疑問の声もあがってきた。すなわち、「女の文化」に満足する「女性史のゲットー化」と、女性史が分析の対象としてきた「普通の女性たち」が実際には西欧の白人中産階級の女性たちであって、非西欧や非白人、労働者階級の女性を排除してきたことへの批判である。言い換えると、フェミニズムが性差という「差異」には批判的視点を持ちながら、人種やエスニシティ、階級といった性以外の多様な「差異」に対し無批判かつ無関心であったという問題提起である。

このような批判を受けて現在のアメリカ女性史は、ポスト構造主義の脱構築論からの「認識批判」、すなわち歴史学での「言語論的転回」をふまえ[22]、フレンチ・フェミニズムからのファロス・ロゴス中心主義への挑戦、ブラック・フェミニズムやポスト・コロニアル批評からは西欧白人中心の歴史叙述のあり方への批判なども受容し[23]、フェミニズム批評と領域論に代わる新たな理論的枠組みを模索しようとする段階にある。フェミニズムはまさに今、人種、階級、エスニシティ、セクシュアリティなどの多様な「差異」が交差する場として、その政治性が改めて問われる時代にある。

こうしてアメリカ女性史が興隆するなか、1971年にはギルマンに関する膨大な資料が、ラドクリフ大学の「アメリカ女性史のためのエリザベス・シュレジンジャー・ライブラリー」(以下シュレジンジャー・ライブラリー、またはSLと略記)に集められ、これをきっかけとしてギルマン研究も本格化していった[24]。さらに、第2波フェミニズムの影響下で女性学、フェミニズム批評による文学研究、女性史研究も活発化し、多くの優れたギルマン研究が次々と世に送りだされてきた。ギルマンに注目する博

士論文の近年の活発な状況は、アカデミックの場においてギルマン研究が定着したことを示唆するものである。さらに1990年にはシェリー・F・フィッシュキンとエレイン・R・ヘッジズにより「シャーロット・パーキンズ・ギルマン協会」が設立され、ギルマン研究はその門戸を世界に開放した[25]。現在もなお未公開の資料などが精力的に発掘・出版される状況にあり[26]、学際的・国際的なギルマンに関する研究はますます注目を浴びることが予想される。

以上のようなフェミニズムの定義、近年のアメリカ女性史の動向をふまえたうえで、ギルマンのフェミニズムの思想における「新しい母性」の主張を分析、考察することが本書の課題となる。この課題に対して、これまでのギルマンに関する先行研究がどのように関連づけられるかを、以下検討していきたい。

半世紀にわたる先行研究を大別すると、文学批評および女性史・社会史の二つに分類されるが、最近のギルマン研究は学際的研究が増える傾向にあり、文学と歴史研究の境界は必ずしも明確ではない。こうしたギルマン研究の傾向は、ギルマン自身が自らを小説家ではなく「思想家（フィロソフィー）」と位置づけたこと[27]、思想のメッセージをフィクションとノンフィクションといったジャンルに区別して書き分けなかったことにも起因する。しかし、ここでは便宜上、これまで主としてアメリカや日本で発表されてきたギルマンに関わる先行研究を、二つの分野に分けることにする

まず文学研究においてであるが、この分野ではギルマンの「黄色い壁紙」("The Yellow Wall-paper", 1892)[28]や『ハーランド』(*Herland*, 1915)[29]を中心とした個々の作品研究が主流である。フェミニズム批評を代表するのが、今や古典的批評となった感のあるサンドラ・ギルバートとスーザン・グーバーによる『屋根裏の狂女』である。ギルバートとグーバーは「黄色い壁紙」のテーマを、家父長制のなかで自由を求めるヒロインの幽閉と狂気に見定めて、言葉を持つことを許されなかった女性作家の状況と合わ

せて論じた[30]。「黄色い壁紙」は、従来の文学批評の正典(カノン)からすれば、文学作品としての内容や修辞的技法の観点から見ても、評価の対象となる作品ではなかった。しかし、ギルマンと同時代のケイジャンの作家、ケイト・ショパン『目覚め』[31]と共に、「黄色い壁紙」は、「ヴィクトリア朝」的価値観の支配する社会のなかで自我に目覚めて苦悩するヒロインを描く作品として、フェミニズム批評により発掘され、光をあてられることになった。

フェミニズム批評ではグーバーらの他に、アネット・コロドニーやジュディス・フェタリーが、エドガー・アラン・ポーの狂気とゴシック・ロマンスとしてのギルマンの「黄色い壁紙」の狂気とを比較するなどの研究がある。『ハーランド』についても、ジェンダーやセクシュアリティを視点とし、フェミニズム批評をフレームワークとする多様な研究が増えつつある[32]。こうした文学研究は、個々のテキストの構造分析を目的とするだけに、ギルマンの思想形成に大きく影響を与えた当時の社会や歴史的状況が捨象されがちになる点で、ギルマン像全体を解釈するうえで限界がないわけではない。

これらの文学研究に対し、歴史学でのギルマン研究はどうであったか。ギルマンがフェミニストの思想家として活躍した20世紀転換期のアメリカは、女性の高等教育の機会は広がり、専門教育を受けた女性が男性と同様に働く機会が増加する時代であった。この時期には「ニュー・ウーマン」(精神的にも経済的にも自立し、結婚を人生の目的としない女性たち)という、新しい時代にふさわしい女性のイメージが広がった。ギルマンの、女性の経済的自立を説いた『女性と経済』が、当時の働く女性の間で評判になったことで、ギルマンは「ニュー・ウーマン」を代表するフェミニストとされることが多い。文学研究での、家父長制に抑圧され、狂気におちいる女性作家ギルマンに対し、歴史学ではこの「ニュー・ウーマン」として自立したフェミニスト、ギルマンに光をあてた研究が主となった。

ギルマンは、主著の『女性と経済』が絶賛された後、多くの作品(詩、

200近い短篇小説、9つの長篇小説、『女性と経済』を含む6つの評論、自伝など）を著したにもかかわらず、これらの作品に対しては『女性と経済』ほど高い評価を受けることもなく、1920年代以降の保守的な時代の流れのなかで、その名はほとんど忘れ去られていた。そのギルマンを、1956年に、文学研究でのフェミニズム批評に先駆けて再評価したのは、歴史家のカール・N・デグラーである。

　ギルマン研究のパイオニア的存在となったデグラーは、ギルマンを20世紀初頭における「女性の権利を求めて闘った偉大な知的リーダー」として第1波フェミニズム運動への貢献を大きく評価した。デグラーは「典型的フェミニスト、意志強固、攻撃的、いくらか高飛車な」といった理論好きギルマン像を強調して描いた。したがって、論理的フェミニストとしての整合性を優先させ、例えばギルマンの、母性論を含む性差の主張に対しても、伝統的性差擁護論とさほど異なるものではないとしながら、結局は彼女の思想的矛盾や内面的葛藤にまで踏み込むことはなかった。デグラーのギルマン像は、「幸福な結婚と幸福な仕事の調和」を求めた、あくまで「個人的楽天主義」のフェミニストである[33]。デグラーはギルマンを「近代アメリカの結婚の予言者」として描き出すが、これは本書の第3章で私が論証しようとする近代の家族制度解体を予見するラディカル・フェミニストのギルマン像から最も乖離したものだろう。

　デグラーの他には、ウィリアム・H・チェイフは、ギルマンが家族制度について批判したことに関し、制度や慣習の持つ感情的・社会的影響力を過小評価した点を指摘し[34]、ウィリアム・L・オニールは、ギルマンが家庭という「女の領域」での問題を取り上げたことは評価しつつも、その解決の方法としてギルマンが試みた社会主義とフェミニズムの統合は成功しなかった、と述べた[35]。しかし本書においては、ギルマンと社会主義思想の関係について、単なるフェミニズムとの統合の失敗とはせず、社会主義思想そのものが持つ限界とギルマン思想の関係性にも言及していきたい。

こうした1960年代から70年代でのギルマンに注目した歴史学研究の多くが、主に男性の家族史研究者からでてきたのに対し、1980年代になると女性の歴史家によるギルマン研究が増えていった。キャロル・R・バーキンは、「ヴィクトリア人」としてのギルマンのフェミニズムとの苦闘に初めて言及し[36]、ドロレス・ハイデンは、ギルマンの家事労働の社会化論に注目して「マテリアル・フェミニスト」としてのギルマン論を示した[37]。マリー・ジョー・ビュールは、カリフォルニア時代のギルマンの社会主義者としての活動に触れた[38]。アリス・S・ロッシは、第2波フェミニズムに大きな影響力を与えたベティ・フリーダンとギルマンを比較し、フリーダンの主張する「名前を持たない問題」が、すでにギルマンの『女性と経済』において言及されていたことを指摘した[39]。グレナ・マシューズは、19世紀の女性に求められた「ヴィクトリア朝」的美徳とされた家庭性（ドメスティシティ）（妻、母の役割にふさわしく家庭的であるという美徳）をめぐり、ギルマンの大伯母のキャサリン・ビーチャーがこれを擁護したのに対して、ギルマンは家庭性（ドメスティシティ）を否定した点に注目し、ギルマンを19世紀のフェミニストたちとの相違点を際だたせて言及した[40]。こうしたなかで、例えばマシューズの研究は、家庭性（ドメスティシティ）をキー・ワードとして「女の文化」を掘り起こした19世紀の女性史の概説書となっており、ギルマンと大叔母のビーチャーの比較は興味深い考察となった。

ギルマンの伝記は3人の研究者によって書かれている。『シャーロット・パーキンズ・ギルマン』[41]を著したメアリ・A・ヒルは、「シュレジンジャー・ライブラリー」のギルマンの個人資料と初めて取り組み、ギルマンの内面にも踏み込んだ伝記を書き上げた。ヒルは、ギルマンの『女性と経済』をギルマンの思想の頂点であり核心の著書と位置づけて、ギルマンが革新主義時代のさまざまな思想的潮流を吸収しながら独自のフェミニズム思想を熟成させていくプロセスを論じた。ヒルの描くギルマン像は、1970年代から80年代の女性史研究の変化を反映するものである。そのギルマン像とは、デグラーらの先行研究者たちによる、人生

とその思想との斉一性がとれた「冷静で理論派のギルマン」ではない。生涯にわたって自分の人生の矛盾と格闘し続けたギルマンである。ギルマンの伝記を発表した後のヒルの関心は、ギルマンが自伝においてほとんど言及せず沈黙を守った2人の夫へと移り、前夫であったウォルターの日記、および2度目の夫ヒュートンに残したギルマンの書簡集を分析する研究を、それぞれ1985年と1995年に発表している[42]。ヒルの主な関心は、あくまで妻としてのギルマンの苦悩にせまるもので、本書が注目するギルマンの母性との葛藤に向けられてはいない。

ヒル以外のギルマンの伝記としては、ギルマンに関する1次資料と2次資料では他の追随を許さない労作『シャーロット・パーキンズ・ギルマン文献』[43]を編集したゲアリー・シャーンホーストによるギルマンの伝記『シャーロット・パーキンズ・ギルマン』[44]。そしてアン・J・レーンによる『「ハーランド」へ、そして「ハーランド」を超えて』[45]がある。この2人によるギルマンの伝記は、資料を伝記の語り手がその視点をどこに置こうとするかという点できわめて対照的な伝記である。

シャーンホーストの手法の特徴は、作品のカテゴリーという表層的な区分をこえて、作品と作品を生みだした時代的背景をパラレルに叙述することで、より「体系的、客観的」なギルマン像を描きだすことに徹した点にある。これに対し、アン・J・レーンは、むしろシャーンホーストの言う「客観的」なギルマン像とは反対に、あえて「私のシャーロット〔ギルマン〕の物語」[46]を語ることを目的としたとしている。レーンによる伝記は、レーンという歴史家の視点をとおして語られる、ギルマンの人生であり思想である。レーンによる「私のシャーロットの物語」は、語り手が主体的にギルマンの「物語」を叙述するという、近年の歴史叙述のあり方を反映する伝記と言えるだろう[47]。

以上見てきたように、ギルマンに関する研究や著書はアメリカ合衆国においては数多くあるが[48]、こうしたさまざまな分野にわたる多彩なアメリカでのギルマン研究と比較すると、日本でのギルマン研究ははるか

に少ない。ギルマンの生前中の翻訳書は、抄訳されたわずかな作品を除けば、1911年に出版され全訳された『女性と経済』（大正期のタイトルは『婦人と経済』）[49]のみである。

　半世紀をへてようやく1980年代に入り『ハーランド』が翻訳出版され、まず主に文学分野でのギルマンへの関心が広がった。しかし、これまでのところ日本でのギルマン研究は、宇沢（富島）美子や篠目清美ら文学研究者によるギルマン研究が中心である[50]。文学以外では、アメリカ女性史家の有賀夏紀が、ギルマンを、根源的な男女の性関係にメスを入れた「随一のフェミニスト思想家」として紹介した[51]。さらに、女性の参政権を説きながら性役割分業は認めるＪ・Ｓ・ミルの女性解放論の矛盾を、経済史家の安川悦子がギルマンの経済的自立論を引きながら論じ[52]、女性学では三宅義子が、日本でのギルマンの受容が「無惨」に終ったのは、日本のフェミニズムの母性主義的傾向にあったとしてその思想的系譜を平塚らいてうを引いて論証した[53]。拙論を除けば、日本では歴史研究においてギルマンを対象とするものはほとんどない[54]。以上述べてきたアメリカと日本の先行研究との関連において、本書の問題提起を位置づけるとすれば次のようになる。

　本書が対象と据えるギルマンは、デグラーが論じた、「幸福な結婚と幸福な仕事の調和」を求め「近代アメリカの結婚の予言者」となったギルマンではなく、ヒルが追求する「女らしさ」の規範とフェミニズムとのジレンマと格闘する「悩めるギルマン」でもなく、シャーンホーストの言う歴史家のイデオロギーに染まることのない「無色透明」をよそおうギルマン論でもない。レーンという語り手とテキストの対話によって紡ぎだされる「シャーロットの物語」でもない。19世紀末から20世紀初頭という、「女の領域」と母性が最も政治力を発揮したまさに頂点にあった時代に、その伝統的母性からの解放を謳い、新しい時代にふさわしい母性のあり方を模索しようとした、その「ニュー・マザー」ギルマンを考察するのが、本書の目的である。三つの論点にそって以下のような構

成をとる。

　なぜギルマンの「新しい母性」論かという第一の論点については、その「新しい母性」の主張を歴史的文脈のなかで論証していきたいと考える。アメリカ史のなかで母性に対する考え方は、時代背景や社会状況によって多様に変化してきた。母性を女性の特性と結びつけ、母性を女性の政治的運動を正当化する手段とする活動家を「母性主義者」、あるいはこのようなイデオロギー化した母性についての主張を「母性主義」と本書では呼ぶことにする[55]。ギルマンの「新しい母性」論を、この伝統的「母性主義」と比較し考察するために、アメリカ史における「母性主義」のルーツを、独立革命期の「共和国の母」の思想と伝統的「ヴィクトリア朝」的美徳「真の女らしさの信仰」のなかに探ることにする。「ニュー・ウーマン」ギルマンが、「ヴィクトリア朝」的美徳を受け入れることができず、神経症を病んで結婚生活を破綻させ、闘病中の体験を基に執筆した「黄色い壁紙」は、ギルマンに新たな人生を切り拓く機会を与えた。すなわち「病んだ母性」の発見による「新しい母性」への覚醒である。後のラディカル・フェミニストの誕生にいたる、いわば思想形成への助走期とも言える、このギルマンの前半生を、第1章において考察していく。

　第二は、ギルマンの「新しい母性」論が、それまでの伝統的母性、あるいは「母性主義」とはどう異なるのかという論点である。ギルマンは結婚生活の破綻後、一人娘を手放し、仕事を優先させる人生を選ぶが、世間はそのギルマンに「不自然な母親」[56]の烙印を押し、激しい非難を浴びせた。ギルマンはこの烙印を「ニュー・マザー」に向けられた非難として生涯忘れることなく、母性を女性の自立とどのように調和させるべきか、その課題をライフ・ワークとすることになった。第1章ではギルマンの「病んだ母性」を通時的な歴史の流れのなかで考察するとすれば、第2章では、ギルマンの「働く母親のためのフェミニズム」思想が、彼女自身が活動した革新主義の諸潮流とどのような交渉関係をとり結びつつ形成、発展していったのかを、共時的に考察したいと考える。ギルマ

ンは革新主義時代の思想を「折衷」した思想家と言われる。それらは社会主義思想(家事労働の社会化)であり、専門家主義(プロによる科学的・合理的な育児法)、社会学(女性中心説)、進化論である。革新主義時代の思想をいわば「折衷」させたフェミニズム思想に注目することで、ギルマンの思想の問題点を浮かびあがらせていくこと。これが第2章での課題である。

　第三の論点は、第一、第二の論点が、ギルマンの母性の思想の助走期、熟成期のそれであったとすれば、思想の完成期とも言えるギルマンの50歳をこえてからの作品、雑誌『フォアランナー』(*The Forerunner*, 1909-1916)の、三つのユートピア小説の考察をとおして、ギルマンのフェミニズムと母性との調和の模索を論証することである。『女性と経済』でのギルマンのフェミニズム思想が、いわば働く母親のための理論書であったとすれば、ユートピア小説は、読者に平易に解説した実践書であった。『フォアランナー』の表紙には、子どもを中心とした家族の未来像が描かれていたが、ギルマンの描く未来の家族像とはどのようなものなのか。ギルマンがライフ・ワークとした働く母親のためのフェミニズム理論が、三つのユートピア小説のなかでどのように語られたかを探ってみたい。この第三の論点が、第3章での課題をなす。なお、第4章においては、ギルマンのフェミニズム思想に関わった日本の3人の論者(成瀬仁蔵、平塚らいてう、山川菊栄)をとおして、改めて近代フェミニズムと母性のせめぎあいを、大正期の日本という場からの考察を試みたい。

　註

1　Alexander Black, "The Woman Who Saw It First," *The Century Magazine*, 107-1 (November 1923), 42.

2　「ギルマン」の表記について。多くの研究書や論文において「ギルマン」を用いているので本書もこれにしたがった。ギルマンは二度の結婚によって三つの名前を持つ。結婚前にはシャーロット・アンナ・パーキンズ(Charlotte

Anna Perkins)、最初の夫チャールズ・W・ステットソン (Charles Walter Stetson) との結婚でシャーロット・パーキンズ・ステットソン (Charlotte Perkins Stetson)、二度目の夫ジョージ・H・ギルマン (George Houghton Gilman) との結婚でシャーロット・パーキンズ・ギルマン (Charlotte Perkins Gilman) である。本書では最初の結婚以前においても「ギルマン」を用いた。紛らわしい場合に限ってファースト・ネームのシャーロット (Charlotte) を使用した。

3 Charlotte Perkins Gilman, *Women and Economics: A Study of the Economic Relation between Men and Women as a Factor in Social Evolution* ([1898], New York: Harper & Row Publishers, 1966).

4 N. Emma, *The Nation,* 8 (June 1899): 443.

5 生前のギルマンと親交があったエイミィ・ウェリントンによる、ギルマンの思想の複雑さを象徴する言葉(「危険」(dangerous)、「一貫性を欠く」(erratic)、「風変わり」(queer))である。Amy Wellington, "Charlotte Perkins Gilman," *Women Have Told: Studies in the Feminist Tradition* (Boston: Little, Brown, and Company, 1930), 115.

6 Carl N. Degler, "Charlotte Perkins Gilman on the Theory and Practice of Feminism," *American Quarterly,* 8 (Spring 1956), 21.

7 Degler, "Introduction," to Gilman, *Women and Economics*, xxvii.

8 Larry Ceplair ed., *Charlotte Perkins Gilman: A Nonfiction Reader* (New York: Columbia University Press, 1991), 8.

9 「近代」をルネサンス期からとする学説もありその区分はさまざまであるが、本書では「近代」の区分をフランス革命から現在までとし、経済的には産業資本主義、政治的には民主主義制度が確立した時代とした。「近代」の区分と定義については以下を参照。福井憲彦「ヨーロッパの世紀」『岩波世界歴史18―工業化と国民形成―』(岩波書店、1998年)、3-70頁。ユルゲン・ハーバマス、三島憲一訳『近代、未完のプロジェクト』(岩波書店、2000年)。今村仁司『近代の思想構造―世界像・時間意識・労働―』(人文書院、1998年)、10-12頁、209-211頁。

10 人権宣言での「市民」(citoyen)は「男性市民」を意味し女性を含まない。グージュは「女性市民」(citoyenne)という言葉で対抗したのである。「女の人権宣言」については以下を参照。辻村みよ子『女性と人権―歴史と理論から学ぶ―』(日本評論社、1997年)、52-60頁。西川祐子「フランス革命と女性―

女権宣言を人権宣言のパロディとして読む」『近代国家と家族モデル』(吉川弘文堂、2000年)、97-118頁。

11　Mary Wallstonecraft, *A Vindication of the Rights of Woman* ([1792], New York: W.W. Norton & Company, 1967).

12　アンドレ・ミシュレは、この「フェミニズム」(féminisme)が1837年以降にフランス語の語彙に加わったことを説明し、『ロベール辞典』では、この語を「社会における女性の権利・役割の拡張を主張する理論」と定義している。Andrée Michel, *Le féminisme* (Paris: Presses Universitaires de France, Collection 《Que sais-je?》 no.1782, 1992). 村上真弓訳『フェミニズムの世界史』(白水社、1993年)、11頁、69-74頁。Benoîte Groult, *Le Féminisme au Masculin* (Les Editions Denoël, 1977). 山口昌子訳『フェミニズムの歴史』(白水社、1982年)、16頁。

13　Nancy F. Cott, *The Grounding of Modern Feminism* (New Haven: Yale University Press, 1987), 3, 14.

14　Ibid., 4-5.

15　Nancy F. Cott, "Feminist Theory and Feminist Movement: The Past Before Us," Juliet Mitchell and Ann Oakley eds., *What is feminism?* (New York: Pantheon Books, 1986), 49.

16　有賀夏紀『アメリカ・フェミニズムの社会史』(勁草書房、1988年)、iii頁。

17　アメリカ女性史の研究動向については、有賀夏紀による以下の論文、著書を参照。有賀夏紀「新しい歴史の創造をめざして―アメリカ女性史研究、最近の動向―」『歴史学研究』、第542号 (1985年)、61-71頁。有賀夏紀「女性史研究の新展開―そのアメリカ史研究における意味―」『アメリカ史研究』、アメリカ史研究会、第17号 (1986年)、17-23頁。有賀夏紀「『女性の領域』は超えられるか―アメリカ女性史研究の展開―」『ジェンダーと性差別』、女性学研究会編、第1号 (1990年)、113-129頁。

18　「新しい社会史」の動きは1920年代のフランス歴史学のアナール学派に始まるものであったが、アメリカでは1960年代のニュー・レフトの影響を受け、それまでの社会のエリート中心の歴史から、「底辺から見上げる」ことに視点を置く歴史へと変化した。それまで無視されてきた人々(移民、農民、黒人、労働者)に注目し、その声を掘り起こす歴史となった。

　　Nancy F. Cott and Elizabeth H. Pleck, "Introduction," Nancy F. Cott and Elizabeth H. Pleck eds., *A Heritage of Her Own: Toward a New Social History of American Women* (New York: Simon and Achuster, 1979), 10; Peter Burke, "Overture: the New History, its Past and its Future," Peter Burke ed., *New Perspectives on Historical Writing* (University Park: The Pennsylvania State University Press, 1991), 1-23.

19　アメリカ女性史における新しい分野を切り拓くキー・タームとなった領域（sphere）という言葉は、ギルマン自身も著書のなかでごく普通に使っていたように、19世紀では一般的に使われた言葉である。家庭にある女性たちの「私的」(private) な生活の場は「女の領域」(women's sphere) であり、家庭外の生産労働の場がある「公的」(public) な場は「男の領域」(men's sphere) とされた。それまでの女性史研究で用いられてきた性役割よりも、女性の状況をより包括的に示す言葉として、アメリカ女性史研究では重要な概念となった。領域の概念については以下を参照。Nancy F. Cott, *The Bonds of Womanhood: "Woman's Sphere" in New England, 1780-1835* ([1977], New Haven: Yale University Press, 1997), Chapter 1, 2.

20　Carroll Smith-Rosenberg, "The Female World of Love and Ritual: Relations Between Women in Nineteenth-Century America," *Signs,* 1 (Autumn 1975), 1-29.

21　Carl N. Degler, *At Odds: Women and the Family in America from the Revolution to the Present* (New York: Oxford Unversity Press, 1980).

22　ポスト構造主義からのフェミニズム批判について。キャニングによれば「言語論的転回」とは、言語が社会的真実や歴史的文脈を映しだすものではなく、言語自身が歴史的事実や人間の意識を形成してきたことによるパラダイム転換であると説明し、これ以降の女性史・ジェンダー史は、人種、エスニシティ、性指向を取り込み新たな歴史のパラダイムを再構築（recast）することで、フェミニストにとって、言説と経験の「書き換え」「再刻印」「再配分」が歴史的・政治的キー・コンセプトとなったとしている。Kathleen Canning, "Feminit History after the Linguistic Turn: Historicizing Discourse and Experience," *Sings,* 19-2 (Winter 1994), 368-404.

23　ベル・フックスは白人女性のフェミニズム運動が黒人女性を排除してきた歴史を批判し、チャンドラ・T・モハンティは西欧中心のフェミニズムを脱構築し、地理的・歴史的・文化的な基盤を共有する第3世界の女たちも組み込むフェミニズムの新たな戦略の構築を主張している。bell hooks, *AIN'T I A WOMAN: black women and feminism* (Boston: South End Press, 1981); Chandra Talpade

Mohanty, *Third World Women and the Politics of Feminism* (Bloomington: Indiana University Press, 1991), 1-80. なお日本でのアメリカ　女性史における最近の研究動向に関する主な論文、著書については以下を参照。有賀夏紀「ポスト・フェミニズム？―アメリカ女性の現状と第2波フェミニズムのゆくえ―」『東京大学アメリカン・スタディーズ』、東京大学教養学部附属アメリカ研究資料センター、第2号（1997年）、62-77頁。進藤久美子『ジェンダー・ポリティックス―変革期のアメリカの政治と女性―』（新評論、1997年）。有賀夏紀「多文化主義とフェミニズム―女性史からジェンダーの歴史へ―」『多文化主義のアメリカ―揺らぐナショナル・アイデンティティー』（東京大学出版会、1999年）、115-138頁。

24　ギルマンに関する個人資料は、30年以上ギルマンの娘のキャサリン・S・チェンバレン（Katharine Stetson Chamberlin）宅のガレージに放置されていたものを、1971年に「シュレジンジャー・ライブラリー」が収集し保管した。Hill, *Charlotte Pekins Gilman*, 7n.

25　「シャーロット・パーキンズ・ギルマン協会」（The Charlotte Perkins Gilman Society）のウェブ・サイトは以下。http://www.cortland.edu/gilman

26　本書で参照したギルマンの日記や書簡集については以下。Denise D. Knight, ed., *The Diaries of Charlotte Perkins Gilman*, vol. 1-2 (Charlottesville: University Press of Virginia, 1994); Mary A. Hill, ed., *Journey from Within: The Love Letters of Charlotte Perkins Gilman, 1897-1900* (Lewisburg: Bucknell University Press, 1995); Dnise D. Knight, ed., *The Abridged Diaries of Charlotte Perkins Gilman* (Charlottesville: University Press of Virginia, 1998).

27　ギルマンにとって書くものは「文学」ではなく、自分は「芸術家」でもなく、書く行為は自分の思想を伝える目的のためであった。さらにW・D・ハウエルズから「楽天的改革者」（optimist reformer）と呼ばれたことに対し、自分は「思想家」（philosopher）であると答えたと言われる。Gilman, *Living*, 121, 182; Black, "The Woman Who Saw It First," 40.

28　Charlotte Perkins Gilman, "The Yellow Wall-paper," ([1892], New York: The Feminist Press, 1973).

　　なお最近の研究書では、初版でギルマン自身が用いた（wall-paper）を（wallpaper）と表記することが多い。

29　Charlotte Perkins Gilman, *Herland* ([1915], New York: Pantheon Books, 1979). 三輪妙子訳『フェミニジア―女だけのユートピア』（現代書館、1984

年)。

30 「……シャーロット・パーキンズ・ギルマンは、こうした問題をまとめて盛り込んだ、女性の幽閉と逃亡を主題とした衝撃的な物語を作り上げた。この作品は〔『ジェーン・エア』のように〕、すべての女性作家が『表す言葉を持たぬ哀しみ』を言葉にできるならば語りたいと思っていることを語りつくした、典型的な物語であった。」Sandra Gilbert and Susan Gubar, *The Madwoman in the Attic: The Woman Writer and the Nineteenth-Century Imagination* (New Haven: Yale University Press, 1979), 89-92.

31 ケイト・ショパンはケイジャンの作家として、ギルマンの「黄色い壁紙」とほぼ同時期に『目覚め』を発表したが、ヒロインの性的な目覚めと自立をテーマとするこの小説は、「ヴィクトリア朝」的美徳が残存する時代にあってセンセーショナルな小説として非難を浴びた。Kate Chopin, *The Awakening* ([1899], New York: W.W. Norton & Co., 1976).

32 「黄色い壁紙」のコロドニィやフェタリィーらの論文は以下にまとめられている。Catherine Golden. ed., *The Captive Imagination: A Casebook on "The Yellow Wallpaper"* (New York: The feminist Press, 1992). この他『ハーランド』を含む文学研究では主となるもののみ参照。Carol Farley Kessler, *Charlotte Perkins Gilman: Her Progress Toward Utopia with Selected Writings* (Syracuse: Syracuse University Press, 1995); Val Gough and Jill Rudd, eds., *A Very Different Story: Studies on the Fiction of Charlotte Perkins Gilman* (Liverpool: Liverpool University Press, 1998); Minna Doskow ed., *Charlotte Perkins Gilman's Utopian Novels: Moving the Mountain, Herland, and With Her in Ourland* (London: Fairleigh Dickinson University Press, 1999); Catherine J. Golden and Joanna Schneider Zangrando eds., *The Mixied Legacy of Charlotte Perkins Gilman* (Newark: University of Delaware Press, 2000); Cynthia J. Davis and Denise D. Knight eds., *Charlotte Perkins Gilman and Her Contemporaries: Literary and Intellectual Contexts* (Tuscaloosa: The University of Alabama Press, 2004).

33 Carl N. Degler, "Charlotte Perkins Gilman," 21-39; Degler, "Introduction," to Gilman, *Women and Economics*, vi-xxxv.

34 William H. Chafe, *The American Woman: Her Changing Social, Economic and Political Role, 1920-1970* (New York: Oxford University Press, 1974), 7-10.

35 William L. O'Neill, *Everyone Was Brave: A History of Feminism in America* (Chicago: Quadrangle, 1971), 38-44, 130-132.

36 Carl Ruth Berkin, "Private Woman, Public Woman: The Contradictions of Charlotte Perkins Gilman," Carol Ruth Berkin and Mary Beth Norton eds. *Women of America: A History* (Boston: Houghton Mifflin Company, 1979), 150-176.

37 ハイデンの「マテリアル・フェミニスト」ギルマンについては、詳しくは第2章2節を参照されたい。Dolores Hayden, *The Grand Domestic Revolution: A History of Feminist Designs for American Homes, Neighborhoods, and Cities* (Cambridge: The MIT Press, 1981). ドロレス・ハイデン、野口美智子・藤原典子他訳『家事大改革―アメリカの住宅、近隣、都市におけるフェミニスト・デザインの歴史―』(勁草書房、1985年)。

38 Mari Jo Buhle, *Women and American Socialism, 1870-1020* (Chicago: University of Illinois Press, 1981).

39 Alice S. Rossi, *The Feminist Papers: From Adams to de Beauvoir* (Boston: Northeastern University Press, 1988), 566-572; Betty Friedan, *The Feminine Mystique* ([1963], New York: Dell Publishing, 1983), chapter 1. ベティ・フリーダン、三浦冨美子訳「満たされない生活」『新しい女性の創造 (改訂版)』(大和書房、2004年)、7-26頁。

40 Glenna Matthews, *"Just a Housewife": The Rise and Fall of Domesticity in America* (New York: Oxford University Press, 1987), esp. 131-143, and chapter 6, 7 passim.

41 Mary Armfield Hill, *Charlotte Perkins Gilman: The Making of a Radical Feminist, 1860-1896* (Philadelphia: Temple University Press, 1980).

42 Mary Armfield Hill, ed., *Endure: The Diaries of Charles Walter Stetson* (Philadelphia: Temple University Press, 1985); Mary Armfied Hill, ed., *A Journey from Within: The Love Letters of Charlotte Perkins Gilman, 1897-1900* (Lewisburg: Bucknell University Press, 1995).

43 Gary Scharnhorst, *Charlotte Perkins Gilman: A Bibliography* (Metuchen: The Scarecrow Press, 1985).

44 Gary Scharnhorst, *Charlotte Perkins Gilman* (Boston: Twayne Publishers, 1985).

45 Ann J. Lane, *To Herland and Beyond: The Life and Work of Charlotte Perkins Gilman* (New York: Pantheon Books, 1990).

46 "This is the story of my Charlotte," Ibid., xi.

47　Peter Burke, "History of Events and the Revival of Narrative," Peter Burke ed., *New Perspectives on Historical Writing,* 233-248.

48　この他の主なギルマンに関する主な研究書については以下参照。Ann J. Lane, ed., *The Charlotte Perkins Gilman Reader* (New York: Pantheon Books, 1980); Polly Wynn Allen, *Building Domestic Liberty: Charlotte Perkins Gilman's Architectural Feminism* (Amherst: University of Massachusetts, 1988); Sheryl L. Meyering, ed., *Charlotte Perkins Gilman: The Woman and Her Work* (Ann Arbor: UMI Research Press, 1989); Larry Ceplair, ed., *Charlotte Perkins Gilman: A Nonfiction Reader* (New York: Columbia University Press, 1991); Joanne B. Karpinski, ed., *Critical Essays on Charlotte Perkins Gilman* (New York: MacMillan Publishing Company, 1992); Jill Rudd and Val Gough eds., *Charlotte Perkins Gilman: Optimist Reformer* (Iowa City: University of Iowa Press, 1999); Cynthia J. Davis and Denise D. Knight eds., *Charlotte Perkins Gilman and Her Contemporaries: Literary and Intellectual Contexts* (Tuscaloosa: The University of Alabama Press, 2004).

49　翻訳は、日本女子大の卒業生の大多和たけ、小山順子、小出貞子の3名によるもので、明治44年（1911年）2月に大日本文明協会から出版された。なお2001年6月に、明治期のこの翻訳書がリプリント版として、ゆまに書房から出版され入手可能となった。ステッツォン（ギルマン）著「婦人と経済」、水田珠枝編『世界女性学基礎文献集成（明治大正編、第8巻）』（ゆまに書房、2001年）。『女性と経済』以外のギルマンの抄訳については、第4章の註37参照。

50　日本での文学研究の中心となる「黄色い壁紙」の翻訳については、富島の『女がうつる』に収録されたもの、および鈴江璋子訳のものがある。篠目清美「『黄色い壁紙』の中の女―フェミニストの先駆者シャーロット・パーキンス・ギルマン―」『アメリカ文学における家族』（山口書店、1987年）、51-64頁。富島美子『女がうつる―ヒステリー仕掛けの文学論―』（勁草書房、1993年）。篠目清美「人生は動詞― Charlotte Perkins Gilman の語る真実―」『女の自伝―19世紀の日本・イギリス・アメリカを中心に―』、東京女子大学女性学研究所（1998年）、43-69頁。鈴江璋子訳「黄色い壁紙」『みすず』、388号（1993年）、18-36頁。

51　有賀『アメリカ・フェミニズムの社会史』、109-111頁。

52　安川悦子「J・S・ミルからC・P・ギルマンへ―近代フェミニズムの展開―」、歴史学研究会編『講座世界史7：「近代」を人はどう考えてきたか』（東

京大学出版会、1996年)、211-245頁。

53 三宅義子「近代日本女性史の再創造のために―テキストの読み替え―」、神奈川大学評論編集専門委員会編『社会の発見』、神奈川大学評論叢書第4巻、(御茶の水書房、1994年)、63-128頁。

54 この他拙論を含む日本のギルマンの研究については以下を参照。野沢公子「『黄色い壁紙』におけるフェミニズムの戦略をめぐって」『紀要』、愛知県立大学外国語学部、言語・文学編、第21号 (1989年)、63-85頁。福田敬子「ヴィクトリア時代の『病弱な』女性―シャーロット・パーキンス・ギルマンとその周辺―」『女性文化研究センター年報』、お茶の水女子大学、第6号(1992年)、71-95頁。山内惠「シャーロット・パーキンズ・ギルマンにおける『ヒューマン・マザーフッド』の考察―女性の経済的自立と母性の調和―」、埼玉大学大学院文化科学研究科言語文化論専攻1994年度修士論文。山内惠「ヒューマニストかフェミニストか―フェミニズムのパラドックスを超えて―」『言語・地域文化研究』、東京外国語大学大学院、第1号 (1995年)、65-79頁。山内惠「シャーロット・パーキンズ・ギルマンにおける『ユートピアの子供』」、アメリカ史研究会『アメリカ史研究』、第18号 (1995年)、44-51頁。山内惠「世紀転換期におけるアメリカ合衆国の『優生学』とフェミニズム」、川田順造・上村忠男編『文化と未来』(未来社、1997年)、137-142頁。山内惠「母性ユートピア『ハーランド』とレイシズム」『清泉文苑』、清泉女子大学、第15号 (1998年)、13-15頁。山内惠「ギルマン夫人と二つの母性保護論争―母性と女性の経済的自立をめぐって―」『ジェンダー研究』、東海ジェンダー研究所、第2号 (1999年)、49-63頁。山内惠「シャーロット・パーキンズ・ギルマンと『社会的母性』」、東京外国語大学大学院地域文化研究科博士後期課程2002年博士論文。山内惠「ギルマン夫人の『新しい母性』論と日本における受容の問題」『人間社会学部紀要』、埼玉工業大学、第2号(2004年)、69-83頁。

55 M・L=テイラーは「母性主義」、「母性主義者」を次のように定義する。⑴子育てに伴う女性に特有の価値 (概念) 装置。⑵国民を育てるという行為をとおして国家に貢献する母親であること。⑶階級、人種、国家を超え母性という共通項によって連帯し、世界の子どもへの責任を共有する女性であること。⑷男性は女性と子どもを経済的に扶養できる者であることが望ましい。また「母性主義者」とは、こうした「母性主義」をイデオロギーとした者である。

Molly Ladd-Taylor, "Toward Defining Maternalism in U.S. History," *Journal of*

Women's History, 5-2 (Fall 1993), 110; Molly Ladd-Taylor, *Mother-Work: Women, Child Welfare, and the State, 1890-1930* (Urbana: University of Illinois Press, 1995), 3.

56 「不自然な母親」(unnatural mother) について、詳しくは第2章1節、第3章3節を参照されたい。

第1章　病んだ母性の発見

人間の母性ほど病的なものはない……。
シャーロット・パーキンズ・ギルマン[1]

第1節　「共和国の母」から「女の領域」の成立へ

1

　母性と女性解放の関係は複雑である。フェミニズムの歴史から見ても両者は相互に依存したり、あるいは反発したりする関係にあった。1960年代後半から70年代に興った第2波フェミニズム運動の担い手たちは、生殖の自己決定権を運動での優先すべき課題と位置づけたが、産む性としての母性や子育ての問題について関心が薄かったといわれる。その理由をリンダ・ゴードンは、第2波のフェミニストの多くが「若く、子どものいない女性たち」だったことによる、と説明している[2]。彼女たちにとって、「産まない性」を選択する女性の生殖の自己決定権が、何よりも重要な課題と考えられたからであった。

　しかし、どの時代の女性解放論者たちも、第2波のフェミニストたちのように「産む性」を否定的にとらえて、母性を女性が男性に隷属する根拠を与えるもの、と考えたわけではない。ギルマンが思想家として活躍した19世紀後半から20世紀初頭においては、母性とフェミニズムは決して反発しあうものではなく、両者の主張は共存し、むしろしばしば重なりあう関係にあった。第1波のフェミニストたちは第2波のフェミ

ニストたちとは異なり、母性を女性解放のイデオロギーとして取り込んでいったのである。そうすることで、母性を女性の天職と信ずる多くの女性たちの支持を得ることができたのだ。こうしてイデオロギーとなった「母性主義」は、フェミニズム運動を結束させ、第1波のゴールである女性参政権獲得を可能としたのだった。

　第1章では、この「母性主義」のルーツと形成過程を、アメリカ史の流れのなかで探ることにする。まず第1節においては、独立革命期の「共和国の母」の思想に始まり、女の領域が成立し、その領域内での女性の地位や意識が上昇したことにより、「家庭性（ドメスティシティ）の時代」と呼ばれた19世紀を詳述していく。第2節では、家庭性（ドメスティシティ）のイデオロギーを最も具現する女性として、ギルマンの大伯母、キャサリン・E・ビーチャー（Catharine Esther Beecher, 1800-1878）とその思想に注目したい。第3節では、「病んだ母親」となったギルマンが「新しい母性」に覚醒していくプロセスを、自伝的短篇小説「黄色い壁紙」のなかに探っていくことにする。

　アメリカ史において「母性主義」を詳述するうえで、まず触れなければないのが独立革命期の「共和国の母（リパブリカン・マザー）」の思想である[3]。「共和国の母」については、リンダ・カーバーをはじめとする多くの歴史家たちによって研究の対象とされてきたが、共和国の市民として子どもを養育する母の理想像を言う。この「共和国の母」は今日にいたるまで、アメリカ女性の理想の妻、母のイメージの役割を果たしてきた。この理想の母性像について、「宗教よりも神聖化され、法律よりも〔人々を〕拘束し、食事よりも習慣化してきた」ことで、「この母性崇拝は、あまりにも深く、広範囲に、長きにわたってすべての階級の人々の精神に支配的な感情であった」[4]と述べたのは、ギルマンその人である。百年以上も昔のフェミニストとは思えない、みごとに的を射た言葉と言える。彼女の指摘を受けるまでもなく、アメリカの女性たちは、今日においてさえも、理想の母親のイメージに呪縛され続けてきた[5]。母性に対し人々が抱くこの理想のイメージは、かくも長きにわたってアメリカの家族観や子育てに対

して、大きな影響を与え続けてきた。

　序章において、フェミニズムの誕生がフランス革命期にあったことを述べたが、西欧近代におけるもう一つの市民革命、アメリカ独立革命は、アメリカ史における「母性主義」のルーツを探るうえで重要である。独立革命期は、女性たちがその革命を体験することで母としての役割に目覚め、「共和国の母」としての自信を持つきっかけとなる時代だからである。

　独立前のアメリカでは、女性の社会的な身分は基本的には本国のイギリスの慣習法にしたがうものであった。女性は男性より能力が劣るものとされ、家庭においてもその地位は低かった。特に結婚した女性の身分は「夫の保護下（カバーチュアー）」にあるとされ、投票したり財産を管理する能力もないものとされた。子どもを産み育てるのは母親であっても、女性には教育を受ける機会をほとんど与えられなかったこともあって、子どもを教育する責任者は、母親ではなく父親であった[6]。独立革命前のアメリカの女性たちは、家庭においては家父長である父親あるいは夫に従属する性として、社会という公的領域においてはむろんのこと政治的、経済的権利を持つことは許されなかった。

　こうした女性の状況を大きく転換させたのが独立革命である。本国のイギリスからの独立戦争が女性たちに与えた影響は大きく、例えば、イギリス製品ボイコット運動は消費者である女性の協力なしには成功しなかったと言われる。なかには「イーディントンの女の茶会事件」の劇画に登場した女性たちのように、本国イギリスの茶税に反対し、集団行動でお茶をボイコットしようとした勇気ある女性たちもいたが[7]、こうした政治的行動に直接訴える女性はごく少数にすぎなかった。女性の地位におこった最も大きな変化は、母としての役割であった。すなわち、共和国の市民一人一人を育てる「共和国の母」、という役割である。「市民」としては排除された女性たちは、国民を育てる母という間接的な役割をとおして国家に貢献すること求められたのであった。「共和国の母」の

このように女性が共和国民の母になることで、その母性に生物学的な産む性以上の意味が付与されることになった。母性が国家のなかに位置づけられることで、女性たちの社会的地位の上昇をうながした。「共和国の母」の思想は、女性たちに母としての自覚と自信を与えたばかりでなく、共和国の市民を育てる母にふさわしい教育の機会も女性たちに提供することになった。共和国の市民の質の向上には、市民を育てる優れた母性の教育が必要であった。

　当時ほとんどの女性には教育を受ける機会はなく、識字率は男性のほぼ半分であった[8]。しかし独立革命を境として、人々は男子教育と同様に女子教育にも力を注ぐようになった。独立宣言の署名者の一人でもあったベンジャミン・ラッシュは、女子教育が必要とされた理由に、「見識ある男性にふさわしい連れあい」としての「てきぱきとした家庭経営者、宗教的道徳観の擁護者・模範者、自由を愛する息子を育てる有能な母親」が求められたから、としている[9]。1780年代から1790年代にかけて、女子教育のための多くの学校が設立されていったのは、このように女性に対する社会の態度が変化したからであった。教育の場が与えられ、女性たちは力を蓄える術を得た。

　とはいえ、女子教育において最も重要なのは、国民を育てる有能な母を教育することであって、女性たちを男並みの市民にさせることではなかった。リンダ・カーバーが指摘するように、女性に求められた役割とは、あくまで市民である夫や兄弟、未来の市民である息子に向けられた男性への奉仕であり[10]、そのための女子教育は家事の技術の習得を目的とした実利重視のものであった。

　このようにして「共和国の母」は、思想としての母性を創出させ、国民を育て教育する母の役割をとおし、女性を国家へと組み込むことを可能とした。しかし同時に、女性が「共和国の母」となることは、公的空間から切り離された家庭という領域に、依然として女性たちをとどめさ

せることにもなった。それは、母の役割をとおして女性の地位の上昇をうながすと同時に、その役割ゆえに女性を家庭内に固定化させるという、「共和国の母」の思想のジレンマであった。

2

　近代の市民社会の特徴として、竹内啓は以下の三つをあげる。すなわち、民主主義的な市民社会の確立、産業資本主義の発達、自然科学とそれに基づく技術の発達、である[11]。この近代の特徴にしたがえば、アメリカの人々に民主主義的市民社会の土壌を提供したのは独立革命であり、経済的条件をととのえたのが産業革命であろう。アメリカの産業革命は、独立革命直後に始まり、1793年にロード・アイランド州ポータケットにアメリカ初の水力による紡績工場が建設され、アメリカの産業革命がスタートした。産業化の進行は人々の生活に変化をもたらした。1780年代から1830年代にかけておこった、労働の機会や家族形態での大きな変化である。

　ヨーロッパに遅れてスタートしたアメリカの産業革命を支えたのは、男性に比べ賃金が低い女性の労働力であった。1836年に、ニューイングランドの紡績工業の労働者のなかで女性労働者が占めた割合は74％、その8割以上が15歳から30歳までの、工場近郊の農家の未婚の若い女性たちであった[12]。当時の女性に開かれていた職種は限られていたが、こうした紡績工場の労働以外に教師の仕事があった。19世紀前半の普通教育の普及とともに、「共和国の母」を教育するために女子教員の需要が高まったからである。1834年のマサチューセッツ州では、全教員のうち女性教員の割合は56％を占め、1860年までにその割合は78％に上昇したと言われる[13]。これらの女性の労働は、紡績工場の労働者であれ教師であれ、賃金は平均で男性の半分以下という低さゆえに重宝がられ、また、その労働も結婚するまでの数年間に限られたものであった。若い女性たちの多くは、結婚を機に仕事を辞めて家庭に入ったのである。

結婚後もその8割が働く黒人女性を除くと、19世紀末までは、白人の既婚女性が賃金を得るために働くことはほとんどなかった[14]。

　アメリカの産業資本主義の発達がもたらした最も大きな変化は、人々をとりまく社会構造全体の変化であった。すなわち、性による男女の生活空間の分離である。経済活動が活発化するなか、家庭は生産労働の場としての機能をしだいに弱め、生産の場から切り離されるようになった。社会が「公の領域」として政治と経済活動の空間となることで、家庭は「私の領域」として社会から分離されたのである。男性は賃金労働者として公的空間、すなわち「男の領域」に一家の稼ぎ手として出かけるようになり、女性は私的空間である家庭、すなわち「女の領域」にとどまり、家事や育児の労働を担った。女性たちによる無償の家事労働に支えられることで、男性の生産労働が成りたつという、近代の性役割の分業の体制がこのようにして確立されたのである。

　この近代に特有のジェンダー化された「公」と「私」の領域の創出を、メアリ・ベス・ノートンは次のように説明する[15]。独立革命以前の「公」と「私」は男女の性差に結びつく概念ではなかった。すなわち、「公」とは「公である、社会一般に公開されている」という意味であり、「私」は「公ではない、公開されていない」という意味であったが、「公」と「私」は必ずしも対立する概念でも、男女の性役割に関係するものでもなかった、と述べる。ノートンによる、産業化以前のこうした「公」と「私」の解釈は、近代以前では混然としていた男女の役割や領域が、産業化以降、性差という差異によって「公」と「私」に明白に振り分けられえていく近代社会のありようを示している。

　ジェンダーにより振り分けられた社会は家族を変化させた。「近代家族」の出現である。カール・N・デグラーは、この新しい家族形態である近代家族の特徴を以下のように述べている[16]。第一は、結婚が男女の愛情と信頼を基盤とするものであること。第二は、夫は「公」の領域で賃金労働者として働き、妻は「私」の領域とされる家庭において家事や

子どもの養育を任されるようになったこと。すなわち性のよる役割分業体制である。第三は、子どもたちが両親によって愛情を持って育てられる対象となったこと。第四は、18世紀以前の家族に比較してその規模が縮小したこと、の4つである。

　これらの近代家族の特徴を見ると、家庭が「公」の領域から切り離された空間であっても、家庭という「私」の領域のなかで、妻は愛情で結ばれた夫との間に信頼関係を得て発言力を増していく様子がうかがえる。また、植民地時代においては家庭内の貴重な労働を提供していた子どもたちも、両親から愛情を注がれる存在となった。近代における子ども観の変化である。近代家族出現以前の家族が、父親や夫を中心とした父権的(パトリアーカル)な世界であったとすれば、近代家族は、あくまで家庭という私的領域に限られたものであったが、女性たちの地位上昇ともあいまって、ある種の母権制的(マトリアーカル)な特徴を持つ女の領域となったのだ[17]。

　この近代家族の、家庭内での女性の地位の上昇と出生率の低下の関係性を論じたのが、歴史家のダニエル・スコット・スミスである[18]。スミスは、出生率の低下の原因を、妻が夫との性関係においても主導権を握り、出産する子どもの数を妻自身が決定しようとした、家庭内での力関係の変化にあると考え、この妻の力の上昇を「ドメスティック・フェミニズム」(家庭内女権)と呼んだ。スミスはまた、「ドメスティック・フェミニズム」がやがて公の場へと活動の場を広げる「パブリック・フェミニズム」となる可能性も指摘している[19]。スミスの言う「ドメスティック・フェミニズム」と「パブリック・フェミニズム」との連続性は、文字どおりドメスッテックな領域で育てられたフェミニズムの萌芽が、やがて社会というパブリックな領域で開花し、20世紀初頭の第1波フェミニズムという大輪の花を咲かせることを示唆するのは言うまでもない。

　女性たちが家庭にとどまり、愛情という名のもと無償の家事労働を引き受けるには、それ相応の言葉の力が不可欠であった。その提供役を担ったのが、当時の女性雑誌や宗教書である。家庭での妻、母としての役割

は、神から女性に与えられた天職であり美徳なのだ、とこれらの雑誌は女性たちに説いた。バーバラ・ウェルターのいう、「ヴィクトリア朝時代」[20]の「真の女らしさの信仰」とされる美徳である。それは、良き娘、姉妹、妻、母であるために女性が守るべき4つの美徳を意味した[21]。すなわち、敬虔、純潔、従順、家庭性(ドメスティシティ)で、敬虔とは信仰心の篤さ、純潔は貞操観の堅さ、従順とは夫への従順さであり、家庭性(ドメスティシティ)とは家庭的であることを意味し、このなかで最も重要なのが家庭性(ドメスティシティ)の美徳であった。

　このようにして、19世紀の女性たちは家庭的であることの美徳にしたがうことが期待され、愛する家族のために家庭を居心地の良い場とすること、これこそが神が女性に与えた天職であるとされたのである。宗教と結びついた家庭性(ドメスティシティ)の美徳のもと、女性の無償労働は正当化され、その労働は信仰心と結びついたがゆえに、世俗の金銭的価値には還元されることのない、精神的に価値あるものとみなされるようになった。

　この家庭と世俗の対立の構図は、必然的に男性と女性、精神世界と物質世界の対立を示すものとなった。産業資本主義が進展するなか、物質世界での経済活動に多忙な男性たちが見捨てた精神世界を引き受けたのが女性たちであった。男たちに代わって、教会への奉仕や慈善活動に熱心に関わるようになった女性たちに、牧師は「この世の罪から人間を救えるのは女性たちである」と語るようになった。18世紀と19世紀と2度にわたってアメリカの宗教の大覚醒運動は盛り上がったが、特に19世紀初頭の大覚醒運動において果たした女性たちの役割は大きかった[22]。回心する女性信者と男性信者の比率は3対2となり、数のうえでも女性信者が優位となった。さらに1800年以降、女性信者によるさまざまな慈善団体、宣教と教育のための協会、日曜学校などが次々と設立され、女性たちは、道徳(モラル)を守る母として、教会活動にはなくてはならない存在となった。いわゆる宗教の「女性化」[23]であった。

　男性に比べ優れた道徳(モラル)を持つにふさわしい性とされた女性は、社会問題を解決する役割も求められるようになった。その好例が、売買春の撲

滅を求める社会純化運動である。社会純化は文字どおり社会悪を粛正する運動で、「堕落」した女性を救い更正させ、夫や息子たちの性的放縦を批判する、道徳(モラル)を守る母親たちが主体となった運動体であった。これらの宗教心に基づく女性たちの活動は、ジェンダーによって振り分けられた「女の領域」をはるかに超え、家庭的であることを求めた「真の女らしさの信仰」の美徳とは明らかに矛盾するものであったが、家庭の道徳(モラル)を守る母の役割の延長線上にあるものと解釈され、正当化されることになった。このように、女性独自の社会純化運動は、19世紀中葉から活発化していく女性によるさまざまな社会改革運動(奴隷制廃止運動、女性キリスト教禁酒同盟、革新主義時代のセツルメント運動など)の基盤を造り、20世紀初頭に興る第1波フェミニズムにつなぐ道を拓くのである。

その19世紀中葉の1848年、アメリカ史においてフェミニズムが初めて組織的な運動となった。セネカ・フォールズでの女性の権利大会である[24]。フランスやイギリスに遅れること半世紀以上、ようやくのアメリカ女性による性の不平等への異議申し立てである。大会が開かれたセネカ・フォールズは、大覚醒運動が盛んであったエリー運河沿いにある商業都市として発達した街で、奴隷制廃止運動の活動の土地としても有名であった。セネカ・フォールズが逃亡奴隷を支援する拠点であったことが示すように、奴隷制廃止運動とフェミニズム運動は多くの接点を持っていた。

大会では「所感の宣言」[25]が謳われ、その起草者として有名なエリザベス・ケイディ・スタントンとルクレシア・モットの出会いは、奴隷制廃止の世界大会の会場であったといわれる[26]。その2人の呼びかけにより三百余名の人々が集まった。宣言文では、人類の歴史が男性の女性に対する虐待と搾取の歴史であることを糾弾し、アメリカの法律が女性の市民としての権利(参政権や既婚女性の財産権)を認めようとしないこと、男性が専門職を独占し女性が二流の労働者のままであること、女性の高等教育への道が閉ざされていること、教会内での女性の従属的地位であ

ることなどを批判する12の決議文が採択された。

　この大会での決議のなかで最も反対するものが多かったのが、女性の参政権であった。大会に出席した男性のなかで唯一の貴重な賛成票を投じたのは、黒人の奴隷解放運動家のフレデリック・ダグラスだけであった。エリザベスの夫で奴隷解放の運動家でもあったヘンリー・B・スタントンでさえ、妻が提出した女性の参政権要求の決議文に不快感をあらわにし、大会への出席を拒否した。さらにまた、女性の権利大会でありながら、大会の議長は、モットの夫であるジェームズ・モットが務めざるをえなかった[27]。これら女性の権利大会に参加した男性たちをめぐるエピソードは、フェミニズムを掲げる大会においてもさえも、「男の領域」のシンボルとなる政治的権利を要求したり、「公」の空間に女性が登場するという行為が、どれほど伝統的女らしさの規範から逸脱するものかを示す好例となった。

　ともあれ、独立革命期に生まれた「共和国の母」の思想は、女性の地位の上昇という端緒を開いた。「共和国の母」の思想そのものは、自由や権利を求めるフェミニズムの理念からはほど遠いものであったが、国民を育てるという「母性」の創出によって、女性たちを国家のなかにしっかりと位置づけた意味は大きかった。

　アメリカの産業資本主義の進展に伴って、ジェンダーにより分断された二つの領域は作られた。こうして社会や家族構造の変化によって生まれた「女の領域」は、家庭内での女性の力や意識の変化を示す「ドメスティック・フェミニズム」を育てた。また同時に、女性の役割はあくまで「女の領域」での妻や母であったが、女性たちは信仰心や道徳(モラル)の擁護者として、19世紀初頭におこった大覚醒運動の影響のもとで教会活動を活発化させ、「女の領域」は世俗に対抗する可能性を持つ領域となった。このようにして19世紀の「女の領域」は、「母性主義」的な文化や女性を主体とする改革運動の中心となっていったのである[28]。

第2節　家庭性(ドメスティシティ)のジレンマ

1

　セネカ・フォールズでの女性の権利大会の後、奴隷制をめぐる南北の対立が南北戦争によって終結し、アメリカ合衆国は北部主導の産業資本主義社会へと変容していくことになる。合衆国を世界第一の産業工業国家へと成長させたプロセスが、さまざまな社会のひずみを生じさせることになった。それは頻発する労働争議、大量の移民たちの流入による都市問題や階級間の緊張が引きおこす社会不安である。これらの社会を支配したのが経済力であった。そして、この経済力が支配する物質世界からの避難所となったのが、今や精神的世界を具現する「女の領域」、すなわち家庭であった。

　すでに述べたように、「共和国の母」の思想は、女性をとりまく社会的状況を好転させながら、女性を家庭の妻や母という性役割に固定させるというジレンマを持つものであった。家庭性(ドメスティシティ)の美徳もまた、女性たちに、世俗に対抗しうる道徳(モラル)の守り手としてある種の政治的力を与えながらも、本質的には女の領域に女性をとどめさせようとするものであった。これもまた家庭性(ドメスティシティ)の美徳の矛盾であり、ジレンマであった。

　家庭性(ドメスティシティ)のジレンマを考えるうえで、キャサリン・ビーチャーほどこれにふさわしい女性はいないだろう。ビーチャーの優れた伝記を著したキャサリン・キッシュ・スクラーは、キャサリンを「アメリカの家庭性(ドメスティシティ)を輝かしい伝統とするため努力をした人」と表現すると同時に、「キャサリンの人生は多くの矛盾に満ちたものであった」とも述べた[29]。本節において、この家庭性(ドメスティシティ)の美徳に深く関わった、ビーチャー家出身の2人の女性について詳述していきたい。1人はキャサリン・ビーチャー、もう1人はキャサリンの妹であるメアリ・ビーチャー・パーキンズの孫娘、ギルマンその人である。

　キャサリンとギルマンを送りだしたビーチャー家は、この2人の他

にも多くの宗教家や社会改革者を輩出した東部の名門の一族であった。キャサリンは高名な宗教家ライマン・ビーチャーを父に、1900年、ニュー・イングランドの街イースト・ハンプトンに生まれた。ライマンの12人の子どもには長女のキャサリンの他に、ギルマンの祖母にあたるメアリ・ビーチャー・パーキンズ、奴隷制廃止運動で活躍した牧師のヘンリー・ウォード・ビーチャー、参政権運動家のイザベラ・ビーチャー・フッカー、『アンクル・トムの小屋』の著者であるハリエット・ビーチャー・ストーらがいる。

こうしたニュー・イングランドの名門ビーチャー家の出自が、ギルマンの人生に与えた影響は大きかった。ギルマンは、ビーチャー一族の末裔という出自を、「私はビーチャー家の直系に生まれたことを実に誇りに思う。〔中略〕宗教の世俗化が社会改革的潮流のなかに広がり、〔中略〕ビーチャー家の人々は、息子はみな宗教家として、娘たちも才能あるものとして、これらの運動に加わった」と、誇らしく語った[30]。キャサリンも、半世紀をへて生まれたギルマンも、思想的潮流を同様に受け継ぐ社会改革家の同志であった。

キャサリンの功績は二つある。一つは女子教育の質と量の向上であった。「共和国の母」の思想が道を拓いた女子教育の機会は広がってはいたが、それでも男子教育の設備や教師の数と比べると、女子教育のそれは大幅に遅れていた。父ライマンから社会改革の才能を受け継いだキャサリンは、女子教育普及においてカリスマ的ともいえる才能を発揮したのだ。1823年にコネティカット州ハートフォードに女子教育のためのセミナリーを開設して成功をおさめ、1833年には西部州にも学校を設立。以後キャサリンの功績もあって、1840年から1880年にかけて女性教員の数は増加し、1880年には教師の63％が女性、都市においては90％を占めるにいたった[31]。いうところの教職の「女性化」[32]は、キャサリン・ビーチャーによる女子教育普及への努力の結果である。

キャサリンのもう一つの功績に、家庭での労働に合理的視点を持ち込

んだことである。1841年に出版した『家庭経営論』は、女性たちに家事労働と家庭経営の技術を習得させる必要性を説き、多くの読者を得た。当時の本の多くが、イギリスの雑誌記事をそのまま引用して、家事、育児、料理の記事を乱雑に掲載していたのに対し、キャサリンの本は、家の建築からテーブル・セッテイングまでのすべてを、「家庭経営」（邦訳では「家政」）の観点から体系的に解説してみせるという画期的なものであった。この家庭経営の実用書は、アメリカ的実利尊重の伝統も受け継ぐもので、1841年から1856年まで毎年版を重ねるほどの評判となった。キャサリンの、家事労働に実利的視点を取り込もうとしたこうした姿勢は、後述するギルマンの『女性と経済』の合理的な家事労働論にも大きな影響力を持ったと思われる。

　キャサリンが女子教育の向上と家庭に関心をよせた19世紀中葉は、経済効率が優先する競争社会からの避難所としての家庭の役割が、世俗との対比で強化された時代である。効率主義と競争が引きおこす社会の緊張を緩和するために、避難所とされた家庭の役割を強めることで社会全体のバランスがとれるのではないか。それがキャサリンの考えであった。

　キャサリンによれば、性差によって分離された二つの領域の関係は次のようなものである。すなわち、分離されたそれぞれの領域において、男性は社会において経済活動に専念し、女性は家庭において道徳(モラル)を守る妻や母の役割を尊重される。前者を欠けば社会の進歩は止まり、後者を欠くとその進歩のゆくえは道徳的に好ましいものになれないだろう。男性は「公」の場で労働し、女性は子どもを育て教育し、道徳(モラル)の守り手としての「私」の場である家庭を担う。そうすることで二つの領域は相補い合って機能するのである。

　キャサリンにとって、これら二つの領域の存在はあくまで「自然の位階秩序(ナチュラル・ヒエラルキー)」にかなうものであった。したがって「公」の領域での政治的権利は男性に属すものであって、女性に参政権を与えることはこうした「神

によって定められた秩序」に反するものとなのである。キャサリンの最大の功績は、家庭を社会から切り離された単なる避難所ではなく、「女の領域」とされた家庭を、社会との関連において必要不可欠な領域としたことである。「私」の領域は「公」の領域に従属するのではなく、両者は補完的関係にある、とキャサリンは考えたのである[33]。

しかし、こうしたキャサリンの思想と人生は「多くの矛盾」に満ちたものとなった。すなわちそれらは、スクラーがまさに指摘したように、女性に家庭性（ドメスティシティ）の大切さを訴えながら、キャサリン自身は家庭性（ドメスティシティ）の美徳から最も縁遠い女性だったこと。主婦たちに「家庭経営学」を教示しながら結婚もせず家庭を持つこともなく、子どもに道徳教育の大切さを説きながら、自分自身は子どもを持たなかったこと。宗教書を著しながら生涯回心を体験することがなく、女性に教職を勧めながらも自らは教壇に立つことはしなかった、という矛盾であった[34]。キャサリン・ビーチャーは、女性たちに家庭性（ドメスティシティ）を求めたが、キャサリン自身はその美徳が説く自己犠牲にはほど遠い、女子教育普及の権威者として権力志向の一生を送ったのであった。スクラーが衝いたのがその矛盾である。

女性が家庭性（ドメスティシティ）の美徳に固執する限り、夫の経済力に依存する「女の領域」を超えることは本来的には不可能である。限られた女性の職業である女子教員の給料が男性の半分以下にすぎないという職業上の不平等や、女性が専門職を得るための高等教育への道が閉ざされていたことも、キャサリンにとって関心事ではなかった。家庭性（ドメスティシティ）を政治力として駆使し女子教育に貢献したキャサリンを、「ドメスティック・フェミニズム」の具現者、すなわち「ドメスティック・フェミニスト」と呼ぶとするなら、彼女の最大の矛盾は、家庭性（ドメスティシティ）の美徳に内在する本質的矛盾に目を向けようとしなかったことであった。こうしたキャサリンに対し、この家庭性（ドメスティシティ）のジレンマを、早々とその人生において引き受けたのが、ギルマンである[35]。

2

「私の子ども時代はたくさんの『運動』でいっぱいだった」とギルマンは、19世紀を回想し自伝に記している。「労働運動、禁酒運動、女性参政権運動、ドレス・リフォーム運動があり、幼稚園から大学までの教育の総合改良運動や、広範囲にわたる宗教の世俗化の動きもあった。動物愛護協会や児童保護協会（子どもは親の所有物ではなく、一人の市民であることをようやく認めた州においてである）ができた。」[36] ギルマンが自伝に記したこれらの改革運動に多くの女性たちは積極的に関わった。後にギルマンが『女性と経済』において、「当時最も広範囲に盛りあがった女性による組織的運動」[37] と高く評価した、フランシス・E・ウィラードを会長とする「女性キリスト教禁酒同盟」（WCTUと略記）があった。その運動組織の規模、内容、戦闘性は、とりわけ注目を引くものであったという。WCTUの活動は「何でもする」をモットーに、禁酒だけではなく、禁煙、売春の廃止、労働問題から女性参政権獲得要求といった政治領域にまで踏み込むなど、その活動は広範囲に及んだ。WCTUの39の支部のうち、例えばシカゴの支部は、都市に流入する移民に福祉サービスを提供した。それらは保育園、日曜学校、職業訓練校、ホームレスたちを受け入れるシュルター、無料の施療院、一時宿泊所、食堂などの施設であった[38]。

1876年のニューヨークの大会で決議されたWCTUのスローガンは、「神、家庭、そして祖国のために」であった[39]。信仰心と家庭と祖国を一つの標語によって結びつけた宣伝の巧妙さもさることながら、ウィラードの指揮のもと何千人もの女性たちがこれほど大規模な運動を展開したのは、アメリカ史上初めてであった。多くの女性たちのWCTUへの参加を可能にしたのは、家庭性（ドメスティシティ）の美徳を巧みに取り込んだWCTUの戦術が功を奏したことを示していた。

WCTUに代表される19世紀後半の、女性による多くの社会改革運動は、あくまで家庭を道徳（モラル）の守り手とする価値観が、社会悪の粛正において有効と信ずる多くの母親たちが主体となった運動体であった。前述した社

会純化運動とこうしたWCTUの活動を比較すると、両者は家庭性（ドメスティシティ）の美徳に基づく運動体という共通点を持つ一方、社会純化運動が政治的な領域に踏み込むことはなかったのに対し、WCTUは女性の参政権支持や都市問題解決に積極的支援を行うなど、「公」の政治的領域にまでその活動を拡大するという戦闘性を持っていた、という点において両者の差は際だった。南北戦争以後のアメリカにおいて、こうしたWCTUの活動に見られるように、家庭性（ドメスティシティ）と政治、「公」の領域と「私」の領域、共和国の母の思想と女性参政権獲得運動を接近させようとする、女性たちによる社会改革運動が盛りあがりを見せていたのである。

　このような時代にギルマンは生を受けた。ギルマンことシャーロット・アンナ・パーキンズは、1860年、7月3日、コネティカット州ハートフォードにおいて、父フレデリック・ビーチャー・パーキンズと母メアリ・アン・フィッチ・ウェストコットの間に生まれた。

　父親のフレデリックはビーチャー家という名門の出自を持ち、妻メアリとの間に4人の子供（2人は死亡）をもうけたにもかかわらず、ギルマンが生まれた直後、フレデリックは2人の子どもと妻を残し家庭を放棄してしまった。父親の家庭放棄の理由をギルマンは「医者は、これ以上子どもが生まれたら母は死んでしまうと言った。まもなく父は家を出た。医者の診断が父の家を出る理由になったのか、それとも単なるいいわけにすぎなかったのか、私にはわからない」[40]と記している。フレデリックは家を出てから、ほとんど家族を経済的に支えることはなかった。当時の女性のほとんどそうであったように母親のメアリも働く術を持たなかったため、一家は親戚縁者の援助に頼るだけ、という窮乏生活を強いられた。大伯母のキャサリンが説く男女の領域の補完的バランスは、ギルマンの人生のスタートにおいて、こうして早々と崩れさることになった。

　ギルマンの子ども時代の思い出は、借金に追われ、荷物をかかえて親戚の家を汽車で転々と渡り歩く放浪生活であった。メアリの子連れの旅

は、18年間に引っ越しを19回、15の都市を放浪することを余儀なくされたという[41]。女の領域が、現実には夫が妻を経済的に扶養することを前提としたものであり、夫がその義務を放棄すれば、女の領域はあえなく破綻してしまうという現実を、ギルマンは幼くして目の当たりに体験したのであった。フレデリックの妻であることに執着したメアリは、夫が戻ることを切望し続けた。

> 母は63歳で亡くなるまで父を愛した。母が私と暮らしたカリフォルニア州のオークランドでは、ちょうど同じ頃、父はサンフランシスコの図書館で働いていたのだ、湾をはさんだ対岸の街で。母は亡くなる前に父に会うことを強く望み再会を懇願した。ベッドに身を起こしていられるときはいつも窓をながめ、愛しい人の面影を探した。父は決して姿を現さなかった[42]。

「女の領域」と「男の領域」は決して相補う関係にあるのではない。夫と妻の圧倒的力の落差によっておこる非情さは、幼い子どもにも容易に理解できるものであった。夫の愛情と経済的支えを失って初めて、妻は自分がいかに夫に依存する存在にすぎなかったかを、ようやく認識できるのだ。「女の領域」で一生を安穏と暮そうとする女性の生き方のあやうさを、母親メアリと父親フレデリックの結婚生活の破綻から、幼いギルマンは学んだ。妻は夫に決して経済的に依存してはならないというギルマンの揺るぎない信念は、後述する『女性と経済』の根底となる思想を生みだした。

家庭を放棄し家族への経済的援助を怠った父親を「たとえ不定期であっても、当時、子どもへの援助を続けるべきだったと思う」[43]と、ギルマンは語っている。それでもギルマンは、経済的には不遇であったパーキンズ家からの精神的遺産として「母からは篤い信仰心の気質と我慢強さ。父からは知識欲」[44]を受け継いだ。物質的には決して恵まれた家庭とは言えなかったが、「ヴィクトリア朝時代」の道徳(モラル)の守り手としての

家庭の伝統的規範を、ここパーキンズ家からも感じとることができる。

実際にも、フレデリックは子どもたちに読むべき本のリストを送るなど、離れて暮らす子どもたちの知的教育には、父親として貢献したようである。フレデリックは後にボストン公立図書館長を務めるほどの知識人でもあり、その「父の思想的傾向が〔中略〕私の科学の知識と生命の法則への情熱」を与えてくれた、とギルマンは感慨を込め自伝に記している。フレデリックが娘に送ったメモには、歴史、文化、宗教や科学にいたる著書の一覧が書かれており、その手書きの紙切れをギルマンは生涯大切に保管していた[45]。

ギルマンが知的好奇心を父親との交流のなかで満たそうとしていた19世紀後半のアメリカでは、チャールズ・R・ダーウィンの『進化論』が話題を呼び、科学思想が人々の生活に大きな影響力を持つ時代となっていた。父親のフレデリックは本のリストの他にも子どもたちに『大衆科学月報』といった科学時代にふさわしい雑誌もたくさん送ったようである[46]。子ども時代、経済的困窮から正規の教育をほとんど受ける機会を持たなかったギルマンに、唯一、知的刺激を与え続けたのは父親であった。生涯、独学で「科学」という最新の知のエネルギーを学び取ろうした、ギルマンの思想の源をうかがわせるエピソードである。

こうして父親からの個人的な知的指導を受ける以外、教育の場が与えられることのなかったギルマンとは対照的に、兄のトーマスは彼が17歳のときに父親の親類からの金銭的援助を得て、マサチューセッツ工科大学で高等教育を受ける機会に恵まれた[47]。1848年のセネカ・フォールズの大会においても糾弾された高等教育でのジェンダー・ギャップは、パーキンズ家にも存在していたのである。

こうしたジェンダー・ギャップは、19世紀後半になると、「共和国の母」の伝統に基づく女子教育の場として、女子専門の単科大学が開校されることで、少しずつではあるが狭められるようになった。東部の名門女子単科大学のセブン・シスターズのうち、1861年にはヴァッサー、1870年

にはスミスとウェルズリーが、1885年にはブリンマーが開校され、女性に専門職の機会を与える高等教育の場が開かれた[48]。さらにまた、政府主導のもとで、モリル法が施行されると、中西部の州を中心に女性や黒人の入学を認める州立の大学が次々と設立されていった[49]。

　こうした女子高等教育の拡大とは無縁のギルマンであったが、十代の後半には職業訓練のためにロード・アイランドのデザイン・スクールに入学する。自立のために技術習得が必要であるとギルマンが考えたのは、結婚の破綻が即生活の破綻と結びついた自分の母親の轍を踏むまいと心に決めていたからであろう。修得した技術で、私塾で教師をしたり、カードにデザイン画を描くなどして収入を得て、ようやく自立の道を歩み始める。

　この時期、最初の夫となる青年画家チャールズ・ウォルター・ステットソンとの出会いがギルマンに訪れた。2人が出会ってからわずか17日目で、ウォルターは結婚を申し込んでいる。ウォルターの性急さに対し、ギルマンはといえば結婚を決意するまでに2年の年月を要した。どのような理由が決意をにぶらせたのだろうか。男女の性差により役割分業体制がきっちりと確立された社会においては、結婚も仕事も、ではなく、結婚か仕事か、いずれかを選ばなければならなかった。ギルマンには結婚と仕事の両者をとる選択肢はなかった。

　　私の心は、結婚すべきかすべきでないか、まったくはっきりしなかった。一方では、一般的には結婚は自然で正しいことだということはわかっていたし、女性は結婚して母親になるべきで、家庭で家事をするべきであると思っていた。他方において強く感じていたのは、私自身にとって結婚はふさわしくないもの、私のこれからの人生の本質に反するものであること、自分の仕事に完全に打ち込むための個人的幸福を追求すべきではない、というものであった[50]。(傍点山内)

　ギルマンが「自分の仕事」とささやかに記した教師やカード・デザイ

ンの仕事は、当時の女性に与えられたごく平凡な職業にすぎなかったかもしれない。しかし、それらは専門職とは言えないまでも、ギルマンにとっては大切な生活の糧を与えてくれた。ウォルターとの結婚は、自立の術を放棄することを意味し、ギルマンは悩んだ。

　経済的に裕福ではなかったとはいえ、中産階級出身のギルマンが働く女性となったのは、19世紀以降のアメリカにおいて女性の働く機会や職種が広がったからであった。若いギルマンが働いていた1880年は、女子労働者が飛躍的に増加した年で、この時期から20世紀初頭までに、デグラーのいう女性の労働力の「第1次変動」がおこった[51]。女性が多数を占めた1880年当時の職種は次の4種である。すなわち、教師、家事労働と洗濯業、事務員と店員、繊維産業従事者、搾取工場(スウェット・ショップ)のいわゆる「縫子さん(シームストレス)」の4種で、これら職種の合計は、農業を除く全女性の労働者の8割を占めるまでになった[52]。

　ギルマンは、青春時代にルイザ・メイ・オルコットの作品を愛読したといわれるが、そのオルコットがフェミニズムにも関心を持ち[53]、女性の労働をテーマにした小説を書いていたことは、あまり知られていない。それは『労働—体験の物語』で[54]、ヒロインがさまざまな職業(コンパニオン、教師、女優、家事労働者、搾取工場(スウェット・ショップ)の「縫子さん(シームストレス)」、看護師)を体験し成長していく物語で、これらの職業はオルコット自身が実際に体験したものと考えられる。19世紀後半に新たに開かれた労働市場に進出していく女性たちを知るうえで、興味深い作品である。

　オルコットはこの『労働』の最後に一つの夢物語を加えた。ヒロインが夫に選んだ相手と「共働き」をするという、未来の家族像である。夫は軍人、妻は看護師という、当時としては破格の共働きカップルである。このカップルにはパンジーという娘も誕生する。ギルマン自身が仕事か結婚かの選択に悩んでいたこの時代に、オルコットは小説の世界においてすでに、結婚も仕事も子どもを持つことさえ可能となるという、作者自身の願いをこめての未来の家族像を、大胆にも描いたのだった。

しかし現実のオルコットは、作家という職業を優先させることで、結婚をあきらめ生涯を独身でとおさざるをえなかった。オルコットの名を歴史にとどめた『小さな女たち(リトル・ウィメン)』(邦題『若草物語』)では、理想のアメリカン・ファミリーを描きながら、実生活では自分自身の家庭を持つことは生涯をとおしてなかった。家庭と仕事の両立はとうてい不可能だったから、とも言える。こうしたオルコットの作品と人生の乖離は、キャサリン・ビーチャーと同様であった。オルコットとキャサリンが、ともに家庭性(ドメスティシティ)の美徳とのせめぎあいを体験することなく仕事に専念した人生は、「ヴィクトリア朝時代」に生きた才能ある多くのフェミニストたちがたどったものである。

　現実の世界では、19世紀末までの中産階級の白人の働く女性たちの多くは、結婚を機会に仕事を辞めると、再び職業に復帰することはなかった。家庭性(ドメスティシティ)をめぐるジレンマが真にあらわとなるのは、ギルマンにおいてである。それは彼女が結婚し、母親となることから始まるのである。

第3節　ヴィクトリア朝時代の「病んだ母性」

1

　女性が愛する人と結ばれ妻となり、そして母となること。一般的に言えば、それは人生のなかで至福な時を約束するはずであった。ギルマンもおそらくそう願っただろう。ただしそれは自分の「個人的幸福」の追求をあきらめ、家庭性(ドメスティシティ)の美徳を受け入れて、女の領域での生活に満足することができれば、である。

　ギルマンことシャーロットは、「個人的幸福」への思いを捨てきれずにいたが、ウォルターとの結婚を決意し、1884年5月、ロードアイランド州プロヴィデンスに新居をかまえ、新しい生活を始めることになった。しかしまもなく新妻は、2人の結婚生活は「始めから何かが間違っていたのだった」[55]と不安を感じ始める。そして、新生活がスタートして1

週間目に、妻は夫にその間の家事労働への賃金を要求する。夫からの経済的保護を一方的に受ける立場になったシャーロットは、妻であることの無力さからくるいらだちをこう記した。「夫に私の家事労働に対して賃金を払うことを提案した。でも彼は私の考えが気に入らない。夫の気分を害したことで気分がふさぎ、お互いみじめな気分となる。ベッドで涙がでる。」[56]

さらに、7月の末には妊娠の兆候がおとずれた。母となる「喜び」よりも、身体の不自由さから不安と焦燥はつのるばかりである。そして、1885年3月23日、娘のキャサリンが生まれた。初めての出産の体験を若い母親は「今日、午前9時5分前、私の子どものキャサリンが生まれた。一瞬の恍惚、長い苦痛。やがて、喜びの時間も。母性とは──与えること。」[57]（傍点山内）そのように日記に記した。母性とは与えること。すなわちそれは、シャーロットにとって、母になることは命を「与える」喜びをあらわすと同時に、自分の人生を他者に「与える」ことも意味した。自分の「個人的幸福」をあきらめ、妻、母として家族に奉仕する義務を優先させなければならないのだ。

娘を出産した後、シャーロットの神経は衰弱していった。産後の精神の消耗で子どもの世話や家事も満足にできなくなったシャーロットは、母親のメアリや子どもの世話をする手伝いの女性の助けをかりることになったが、彼女の精神状態は回復しなかった。生まれたばかりのキャサリンを抱いても「……愛情も幸福も感じられない、辛さだけだった。涙がとめどもなく流れた──。母親であることがなんの喜びももたらさないことくらい辛いことはなかった」[58]と当時の心境を自伝で綴っている。

シャーロットを診察した医師のすすめで、夫と娘から離れて親友のグレース・E・チャニングが住むカリフォルニアへの転地療養に出かける機会を得た。「乗った列車が動きだした瞬間に症状はおさまった。」[59]しかし、カリフォルニアでの生活で体力が回復して、夫と子どもがいるプロヴィデンスの家族のもとに帰ると、症状は再発し、その症状はさらに

悪化した。

　キャサリンを出産して1年以上たっても、神経の衰弱に回復のきざしが見られなかった。1886年の秋、シャーロットに一つの転機が訪れた。結婚前にほとんど関心を持たなかった女性運動に心を向けるようなったのである。この「女性運動」という言葉を、ギルマンも『女性と経済』のなかで、「法の前の男女の平等と、政治的自由を女性と男性が共有することを要求する運動」[60]と説明している。「フェミニズム」という言葉がアメリカで一般的になるのは、1910年代以降のことである。

　19世紀に入り女性たちによる社会改革運動はしだいに活発化し、社会純化運動や禁酒運動へと活動の場が広がり、そして今や最大の女性運動は参政権獲得運動であった。シャーロットが神経症に苦しんでいた頃、アメリカの女性参政権運動は、黒人の投票権をめぐる立場や戦略の違いから二つに分裂していた。ニューヨーク派と呼ばれたエリザベス・C・スタントンとスーザン・B・アンソニーが主宰する「全国女性参政権協会」（NWSA）と、ルーシー・ストーン主宰のボストン派と呼ばれ穏健な路線をとる「アメリカ女性参政権協会」（AWSA）である[61]。

　AWSAのルーシー・ストーンと彼女の夫のヘンリー・ブラックウェルの演説を参政権の大会会場で聴く機会を得たシャーロットは、やがてストーン夫妻が発行する機関誌『ウーマンズ・ジャーナル』に詩やエッセイを投稿するようになった。シャーロットにとってようやく手にした自己表現の場である。1886年10月に『ウーマンズ・ジャーナル』に掲載された詩「神のこたえ」（"Nature's Answer"）は、神聖な仕事とされる妻の家事労働が徒労にすぎない、と「神」（Nature）に向かって嘆く女性の心情を吐露したもので[62]、当時のシャーロットのあふれる思いをはき出すような詩である。

　このように女性問題や参政権運動への興味をしだいに深め、活動家たちと交流しようとする妻の変化に、夫のウォルターは戸惑いを見せるようになった。そして、妻として母としての役割に満足できずに焦燥感を

つのらせ、さらに神経を疲弊させる妻に対し、ウォルターはまず何より
も妻が自分の身体と精神を回復させることを求めた。夫は知人からの財
政的援助を得て、シャーロットに当時のアメリカで神経症の第一人者で
あったS・ウィア・ミッチェル博士の診察を受けさせる手筈をととのえた。
シャーロット自身も、神経症の専門医から直接治療が受けられれば回復
できると期待し、1887年4月、フィラデルフィアの博士のサナトリュー
ムを訪ねることになった。

　ところがシャーロットの期待に反し、ミッチェル博士の診断は次のよ
うなものであった。

　　　ミッチェル博士は、それ〔私の神経症〕は単なる自己慢心が原因と考
　　えていた。博士はビーチャー一族に対し偏見を持っていて、「ここでは
　　ビーチャー家の2人の女性患者をすでに診ています」と冷ややかに言っ
　　た。この著名な医師は、二種類の神経症の疾患には十分精通していた。
　　一つは働きすぎのビジネスマン、もう一つは遊びすぎの社交婦人。私
　　の症状は、明らかに彼の力量を越えていた。しかし彼の診察は一つの
　　点の確認だけだった、精神の異常にあらず、単なるヒステリーである[63]、と。

　ミッチェル博士のいう「自己慢心」とは、「ヴィクトリア朝時代」の女
性としてはあまりにシャーロットが尊大でわがままであることを意味
したのであろう。「自己慢心」が原因のヒステリーと診断されたシャー
ロットは、博士の「安静療法(レスト・キュア)」を受けることになった。患者の生活すべ
てを外界から隔離して医師の管理下に置き、食事を十分に摂取させ、肉
体と精神を文字どおり「安静」にさせる博士独自の治療法である。そし
て、実際、女性患者のなかには、いっさいの家事労働から解放され、サ
ナトリュームでたっぷり「安静」の時間が与えられることで、顔色もよ
くなり体重も増えて、病弱だった身体を回復させる者も多々あったとい
う[64]。

　ミッチェル博士は、シャーロットにサナトリュームでの1ヶ月間の「安

静治療」をほどこした。さらに博士は、自宅に戻ってからも「できるかぎり家庭的な生活をすること、そして子どもと常に共に過ごすこと、〔中略〕食後は1時間横になり、頭を使う生活は1日2時間だけ、一生涯、ペンも絵筆も鉛筆にも触れないこと」[65]をシャーロットに指示した。それは、文字どおり、何もしてはならない生活を意味した。働くことも、ようやく手にした唯一の自己表現の術である、「書く」ことさえも。

　このミッチェル博士の「安静療法」にしたがったシャーロットは、数ヶ月の間、1日家の中でぼんやりと過ごし、「床やベッドの下を這いずり回る」[66]という、まさに狂気の縁をさまようことになった。ウォルターの日記には、自殺を口走り、追いつめられ、憔悴しきった妻の姿が綴られている[67]。「安静療法」が、シャーロットの場合、逆にその神経症の悪化を招いたのは明らかであった。

　1887年の秋、シャーロットとウォルターは、シャーロットにとって結婚生活そのものが精神の疲弊の原因であったことをようやく理解し、そして2人は離婚を決意する。

　1888年の夏、シャーロットは夫をプロヴィデンスに残し、娘のキャサリンを連れて以前療養生活を送ったカリフォルニア州パサデナへと移る。そして、このパサデナに滞在中の1890年の夏の日、「安静治療」の辛い体験をもとにわずか2日でシャーロットは「黄色い壁紙」を一気に書き上げた[68]。

2

　ギルマンの作品のなかで、現在最も多くの研究者たちから注目を集めている「黄色い壁紙」は、一人の若い母親が狂気へとおちいっていくさまを、まさに息詰まるような緊迫感で描き出した短篇小説である。すでに多くの文学批評の場では分析されつくした感のあるこの作品を、あえて本書で取り上げる理由は、この作品が、難解とされるギルマンのフェミニズム思想を分析するうえで欠くことはできないと考えたからだ。彼

女がわずか2日間で書き上げた「黄色い壁紙」は推敲を重ねた作品ではなかった。しかしそれゆえに、ギルマンの妻、母としての悩み、葛藤、女性抑圧への反発、そのすべてが赤裸々にストレートに表れて、不思議な魅力を放っている。私自身も、ギルマンの書として「黄色い壁紙」を初めて手にしてから今日まで、その魅力に取り込まれた一人である。

　なぜギルマンは、女の狂気をテーマとした衝撃的な物語を書かなければならなかったのだろう。経済的理由が書く大きな動機となったことは、想像に難くない。別れた夫からの経済援助は望むべくもなかった当時のギルマンが、「書く」ことで生活の糧を得ようと必死であったことは推察できる。この時期には「黄色い壁紙」以外にも、数多くの詩や評論、短篇小説をギルマンは書き続け、雑誌に発表している。こうした作品のなかで、例えば「黄色い壁紙」の数ヶ月前に発表された詩「類似した事情」("Similar Cases", 1890)[69]は、作家で評論家としてその名を知られたウィリアム・ディーン・ハウエルズの目にとまり、この詩を称賛するハウエルズからの手紙がギルマンに送られたという[70]。ちなみにこの詩は、「昔あるところに小さな動物がおりました……」という言葉で始まり、石器時代のエオヒップス（馬の先祖）を主人公とした人間社会を皮肉る寓話詩である。

　ギルマンはハウエルズの手紙を手づるとして、書き上げた「黄色い壁紙」を、まずハウエルズのもとに送った。ギルマンの思惑はあたり、ハウエルズは、当時流行したゴシック・ロマンスのスタイルで書かれたこの短篇を「少なくとも2世代にわたって若者の血を凍らせる小説」[71]と絶賛した。

　ところがギルマンの思惑どおりにことはすんなりとは進まなかった。女の狂気の物語「黄色い壁紙」は、ハウエルズの推薦により、当時アメリカで最も評判の高かった文芸雑誌『アトランティック・マンスリー』に送られた。しかし、担当のホーラス・E・スカッダーはこの短篇小説の掲載を拒否してしまったのである。あまりのリアルさに圧倒されたら

しいスカッダーは、ギルマンに宛てた手紙に「ハウエルズ氏からこの小説を渡されました。〔この小説を読むことで〕私と同様に他の人たちに悲惨な思いをさせることだけはできません！」[72]と書いてその出版を断った。

「黄色い壁紙」が日の目を見るのは、2年後の1892年のことである。ヘンリー・オースティンなる人物を介して、先にギルマンの短篇小説「巨大な藤の花」("Giant Wistaria", 1891)[73]を載せた雑誌『ニューイングランド・マガジン』が「黄色い壁紙」の掲載を引き受けたのである[74]。ただし、出版社がオースティンに支払ったとされる原稿料の40ドルを、ギルマンは1セントも手にすることはできなかった[75]。

このような次第で、「黄色い壁紙」は、ギルマンに経済的恩恵をもたらすことはなかったが、少なくとも、ゴシック・ロマンスの作家としての才能は、世間に認められるようになった。1920年、ハウエルズが編集したアメリカ短篇小説のアンソロジーに、イーディス・ウォートンやマーク・トウェイン、ヘンリー・ジェームズといった有名作家の作品と並んで、ギルマンの「黄色い壁紙」も収められている[76]。

後にギルマンは、目的を持たない作品は「凡作にすぎない」[77]とハウエルズに語っている。ギルマンにとって「黄色い壁紙」は、評論家たちの評価にかかわらず、「文学」ではなく、明白な意図を持って書かれた作品でなければならなかった。そうであるならギルマンが作品に託した意図とは何か。

「黄色い壁紙」のヒロインは、現実のギルマンを思わせる、産後まもない若い母親である。心と身体の休養のために、夫のジョンが借りた郊外の家に静養に訪れる場面から物語は始まる。医師の夫は、患者である妻の神経症の治療方法には絶大な自信を持っている。妻の1日の生活すべて、食事、散歩、食後の休息にいたるまで1時間毎のスケジュールを決め、妻を自分の管理下に置こうとする。ヒロインが「よくなるまで、絶対に働くことが禁止されていた」[78]わけは、神経症の原因は単なる肉

体的な疲労にある、とそう夫が信じて疑わなかったからである。

　この治療方法は、現実にギルマンがミッチェル博士から受けた「安静療法」であることは明らかである。医師の管理下の絶対安静、外界からの隔離、食事といった治療法が、この物語のなかではそのままヒロインが受ける神経症の治療方法として描かれる。ヒロインは、そのような治療法を採ろうとする夫を、「ジョンはどれほど私が苦しんでいるかわからないのだ。私には苦しむ理由がないと思っているし、そう思うことで満足なのだ」[79]と非難する。ヒロインの神経症の原因をめぐる医師と患者、すなわち夫と妻の間に横たわる深い不信と断絶が、物語の根には存在している。ヒロインが苦しむ本当の理由とは、すべてを自分の管理のもとで支配しようとする、その夫に対する嫌悪。そして、その彼を拒否せざるをえない、妻としての葛藤なのである。

　ヒロインは夫の目を盗み、またヒロインを監視する夫の姉のジェニーからも隠れて、夫が堅く禁ずる「働く」ことを試みようとする。ヒロインが「働く」こと、つまりは自らの幽閉の体験を「書く」ことで、夫の支配に抗おうとする。やがてヒロインは「書く」ことをとおし、その葛藤が、妻でもない、母でもない、一人の人間として自立しようとする自らの願望から発するものであることに気づく。夫のジョンは、自分の妻への愛情を疑うことはなく、ヒロインの葛藤もその原因にも思いをめぐらすことはない。

　愛情という名のもとの夫の支配。そして妻、母として家族へ自己犠牲をいとわない日々の務め。ヒロインの、それらの支配と務めからの解放と自立への願望。激しい葛藤によって神経を疲弊させるヒロイン。そもそもミッチェル博士考案の「安静療法」は、神経症に苦しむ女性患者に対し、その神経症の原因そのものを除去しようとする処置ではなかった。いわば「安静療法」とは、患者を妻、母として家庭に復帰させるための、その機能回復を目的とする、単なる対処療法でしかなかった。医師でもある夫もまた、ヒロインのこうした状況をまったく理解することはな

かった。

　こうした妻の心の苦しみを映し出すシンボルが、ヒロインを閉じ込める部屋の色あせた黄色い壁紙の模様である。その壁紙は、時が経つにつれ、そのけばけばしい唐草模様を、壁紙に閉じ込められた女性の姿へと変化させていく。夫の支配からのがれようとするヒロインの心象風景が、壁紙のなかから這い出ようともがく女たちの姿となって映し出されるのである。現実のギルマンの夫のウォルターが、なぜ妻が社会活動への関わりや、「書く」ことにこだわり続けるのか、その理由を最後まで理解できなかったように、ジョンも妻の変化に気づくこともなく、神経症は完治したと思い込む。完全に狂ったヒロインが壁紙をすべてはがし終えるところで、物語は終わる。

　以上が「黄色い壁紙」の粗筋である。以下、ギルマンがこの作品をとおして伝えようとした意図を考えてみたい。

　この作品を発表し、ほぼ20年という時が流れた後、自らが執筆・編集にあたった雑誌『フォアランナー』において、「黄色い壁紙」を書いた意図をギルマンは次にように説明した。「……物語の真の目的は、S・ウェア・ミッチェル博士に、彼の治療法の誤りを伝え納得させることであった。」[80]すなわち、「黄色い壁紙」はハウエルズが言うような「血を凍らせる」ゴシック・ロマンスを読者に提供するためではなく、また掲載を断った『アトランティック・マンスリー』誌のスカッダーの言う、読者に「悲惨な思いをさせる」ためでもなかった。人々を狂気に陥れるのではなく、そうではなく、博士のまちがった治療法で狂気におちいる人々を「救うために」書いた[81]、というのである。

　しかし、「黄色い壁紙」は「安静療法」を考案したミッチェル博士を告発する書、と冷静に自己分析してみせる余裕をギルマン自身が持てるのは、後年のことである。おそらくは、この作品はそのような明白な目的を意識して書かれたものではなく、作品を「書く」という行為そのものが、ギルマンの「書く」目的だったのではないか。狂気の淵に沈み込ん

でしまったヒロインには救いがない。しかし作者のギルマンは、自らの狂気を作品へと対象化し、「書く」という行為を遂行することによって、その狂気から救われたのだから。そして、この作品の成功によって、それ以降、ギルマンはフェミニストの思想家として、新たな一歩を踏みだしていくことになるのである。

　19世紀のアメリカにおいて、中産階級の白人女性の間に広がった「真の女らしさの信仰」は、女性たちが家庭にとどまり、妻や母として家族へ奉仕する無償の労働を正当化する規範となった。こうした「ヴィクトリア朝」的規範そのものに挑戦しようとしたのが、「ニュー・ウーマン」と呼ばれる女性たちであった。「ニュー・ウーマン」とは、19世紀末に現れた、経済的にも精神的にも自立した、多くの場合、高等教育を受けた未婚の、いわば新しい女性のイメージである[82]。

　「ニュー・ウーマン」を生みだしたのは、女性を取り巻く社会の変化であった。その変化とは、女性の労働機会の多様化と増加であり、女性の高等教育を学ぶ機会の広がりである。高等教育を受けて専門職に就く女性のなかには、結婚もせず、結婚しても子どもを産まなかったり、子どもを少なく産もうとする母親たちが多くいた[83]。結婚も母親になることにも関心を示そうとしない「ニュー・ウーマン」たちに、男性の医師たちは、女性が知的活動をすると生殖機能が低下すると警告を与えるようになった。ミッチェル博士の考案した「安静療法」とは、結局のところ、女性が「知的」であることを禁ずるための、対処的な処置療法にほかならなかったのだ。

　「ニュー・ウーマン」のなかには、ギルマンがそうであったように、妻や母の役割と自己実現への願望との葛藤によって、(男性医師はヒステリーと呼んだ)神経症に苦しむ者もいた。「ニュー・ウーマン」たちは、家庭性(ドメスティシティ)の美徳、すなわち女性が家庭的であること、そして自己実現との葛藤に苦しみ、神経を病んだのである。しかしミッチェル博士による「安静療法」は、家庭性(ドメスティシティ)そのものが神経症の原因であったにもかかわ

らず、家庭性(ドメスティシティ)こそが患者の回復剤であるかのごとく、「ニュー・ウーマン」の患者に伝統的女性の役割の再び受け入れるための治療をほどこそうとしていたのであった[84]。

「ヴィクトリア朝時代」の性と権力の関係性について、ミシェル・フーコーの言葉を引くならば、次のようになるだろう。ギルマンのような「神経質な女」、あるいは「ヒステリー症か神経衰弱の娘」の患者たちは、「正常な」結婚のシステムから「逸脱」するものであって、「家族のシステムに性的に適合しうる人間を家族に返してやるためにこそ、医師たちは介入したのである」[85]。ミッチェル博士の「安静療法」とは、まさしく、「ヴィクトリア朝時代」の男性医師と「ニュー・ウーマン」の患者の、ジェンダー・ヒエラルキーをまさに映しだす医学的言説の場にほかならなかった。

19世紀において、アメリカのフェミニズムの歴史は、まだ緒についたばかりの黎明期にあった。その黎明期におけるフェミニズムの理念は、「共和国の母」の伝統を受け継ぎつつ、「ヴィクトリア朝時代」の美徳である家庭性(ドメスティシティ)を女性の社会的地位の上昇に結びつけようとした。女性の差異や母性を強調しようとするこのフェミニズムは、ギルマンの大伯母のキャサリン・ビーチャーがそうであったように、男女の領域の非対称性を問題とするよりも、家庭性(ドメスティシティ)が「女の領域」でのジェンダー・ヒエラルキーを逆転させる力となることを期待したのである。

しかし、ギルマンにとって、大伯母たちの説く家庭性(ドメスティシティ)の美徳を体現した自己犠牲を求める母性は、ギルマンを狂気に陥れた「病んだ母性」以外の何ものでもなかった。家庭性(ドメスティシティ)の美徳は、女性の「個人的幸福」への願望よりも家族への奉仕を優先させる。自己犠牲とは、人を主体として生きることを困難にし、美徳の名のもとに主体としての自己放棄を強いる。狂気の淵からギルマンを救った「黄色い壁紙」は、「病んだ母性」ではない、「新しい母性」を求めるための、いわばそのための助走路を拓く役割を担ったのであった。

註

1 Gilman, *Women and Economics*, 181.
2 リンダ・ゴードンは世紀転換期の子どもへの暴力に注目する歴史家であるが、第1波のフェミニストたちの多くが参政権獲得運動だけでなく働く母と子どもの社会福祉のための改革運動に関わったのに対し、第2波のフェミニズムの担い手の多くは「若く、子どものいない女性たち」であったことで、一般的には子どもやその問題への関心が低かったと述べている。Linda Gordon, "Family Violence, Feminism, and Social Control," Ellen Carol DuBois and Vicki L. Ruiz eds., *Unequal Sisters: A Multicultural Reader in U.S. Women's History* (New York: Routledge, 1990), 145.
3 独立革命下のアメリカ女性の地位の変化、および「共和国の母」の思想については以下を参照。有賀夏紀『アメリカ・フェミニズムの社会史』、第1章。Sara M. Evans, *Born for Liberty: A History of Woman in America* (New York: Simon & Schuster, 1997), chapter. 3; Linda K. Kerber, *Women of the Republic: Intellect and Ideology in Revolutionary America* (Chapel Hill: The University of North Carolina Press), chapter 7; Jan Lewis, "The Republican Wife: Virtue and Seduction in the Early Republic," *The William and Mary Quarterly*, 44-4 (October 1987), 689-721; Ruth H. Block, "American Feminine Ideals in Transition: The Rise of the Moral Mother, 1785-1815," *Feminist Studies* 4-2 (June 1978), 100-126.
4 Gilman, *Women and Economics*, 174.
5 アメリカの母親は、他の先進諸国の母親と比べ、幼い子どもの養育は母親が担うべきとする価値観が強固であることが、多くの研究者によって指摘されている。Cheryl D. Hayes et al. eds., *Who Cares for America's Children?: Child Care Policy for the 1990s* (Washington, D.C.: National Academy Press, 1990), 48-50.
6 ピューリタニズムの影響下にあった17世紀から18世紀では、母親よりも父親がより優れた知性やモラルを持つものとされ、子どもを積極的に教育する役割は父親であった。Block, "American Feminine Ideals," 107.
7 最も有名なのが、ノース・カロライナのイーディントンに集まった51名の女性の誓約であった。女性たちは「国家の平和と幸福が影響を受けるような時に私たちは無関心ではいられない」と決議文に書いたのである。この集会をイギリスの風刺画家は、「イーディトンの女の茶会事件」として嘲りを

持って描いている。Evans, *Born for Liberty,* 49.
8　植民地時代の男性の識字率は8割以上であったのに対し、女性は40％から45％にすぎなかった。Cott, *The Bonds of Womanhood,* 103.
9　Ibid., 105.
10　Kerber, *Women of the Republic,* 229.
11　これらの特徴を竹内は、西欧近代の「近代合理主義」が生み出したものだとしている。竹内啓『近代合理主義の光と影』(新曜社、1979年)。
12　Degler, *At Odds,* 370.
13　工場労働者と教員の職業は新たな職種であったが、19世紀を通じて最も一般的な女性の職業は「家事労働」(domestic service)、いわゆる「お手伝いさん」であった。1850年には女性の家事労働者の数は、教員と工場労働者を合計した数よりも多かった。Degler, *At Odds,* 372, 380.
14　1860年のニュー・ヨーク州ポキプシー市での調査によると、白人の既婚女性の労働者の割合は、アメリカ生まれの女性では10％、アイルランド移民の女性は6％、ドイツ移民の女性では2％以下。1880年まで、黒人を除くすべての民族集団で働く白人既婚女性の割合はわずか4％以下で、1880年のピッツバーグでは、アメリカ生まれの女性も移民の女性も、賃金労働者のなかで既婚女性の割合は1％以下であった。Degler, *At Odds,* 384.
15　Mary Beth Norton, *Founding Mothers and Fathers: Gendered Power and the Forming of American Society* (New York: Vintage Books, 1996), 20-24.
16　Degler, *At Odds*, 8-9.
17　Ibid., 231.
18　人口統計学のよる百年間の出生率の変化は、1800年には7.04人、1840年には6.14人、1880年には4.24人、1900年には3.56人である。長い人類の歴史において、19世紀のわずか百年間に、出生率は半分に減少したことになる。Daniel Scott Smith, "Family Limitation, Sexual Control and Domestic Feminism in Victorian America," Cott and Pleck eds., *A Heritage of Her Own,* 226.
19　Ibid., 240.
20　「ヴィクトリア朝時代」の定義であるが、狭義には、イギリスのヴィクトリア女王の在位期間(1837-1901)を表す。「ヴィクトリア朝」的という言葉には、この時代に流布したイギリスの中産階級の人々の間に広まった「お上品ぶった態度、尊大さ、お行儀の良さ」などの特徴も持つ。*Webster's New*

World College Dictionary (New York: MacMillan, 1992), 1487.

　アメリカ思想史を論ずる本書においてこの言葉をあえて用いるのは、常松洋が述べているように、社会史や文化史が用いる「ヴィクトリアン」(ヴィクトリア人、ヴィクトリア朝)という概念・価値体系は、19世紀後半より20世紀初頭の社会を考察するうえで有効な視点を提供してくれると筆者も考えたからである。

　常松洋『ヴィクトリアン・アメリカの社会と政治』(昭和堂、2006年)。「序論、中産階級とアメリカ社会」と「第1章、アメリカのヴィクトリアニズムと中産階級」を参照。

21　Barbara Welter, "The Cult of True Womanhood: 1820-1860," *American Quarterly,* 18-2 (Summer 1966), 151-174.

22　Cott, *Bonds of Womanhood,* chapter 4.

23　Evans, *Born for Liberty,* 73. 有賀夏紀『アメリカ・フェミニズムの社会史』、44頁。

24　Eleanor Flexner, *Century of Struggle: The Woman's Rights Movement in the United States* (New York: Atheneum, 1972), 71. 有賀夏紀『アメリカ・フェミニズムの社会史』、73頁。栗原涼子『アメリカの女性参政権運動史』(武蔵野書房、1993年)、48頁。

25　宣言文は、アメリカ独立宣言文から引用され、「……すべての男女は神により平等に創られ……」は女性たちの「平等権」要求のマニフェストとなった。宣言文を読む限り、当時の女性たちが最も関心をよせたのは、参政権という政治的権利よりもむしろ、財産権、離婚や教育、職業における女性の不平等な状況への不満であったことがわかる。"Declaration of Sentiment, 1848,"Linda K. Kerber and Jane Sherron de Hart eds., *Women's America: in Refocusing the Past* (New York: Oxford University Press, 1995), 567-570.

26　エリザベスが女性の権利大会を開くきっかけであるが、エリザベスが夫ヘンリーと共に出席した1840年のロンドンで開催された世界奴隷制反対会議が、女性の会議への参加を認めないというセクシズムの大会であったことにあった。その大会にアメリカの奴隷制反対運動の代表の一人として参加していたルクレシア・モットとエリザベスは出逢い、その大会のセクシズムに憤慨し意気投合したのである。栗原涼子『アメリカの女性参政権運動史』、45-46頁。有賀夏紀『アメリカ・フェミニズムの社会史』、99頁。

　なおロンドンでの会議に女性の奴隷制反対の活動家7名が送られたという

事実は、(ちなみにイギリスでは女性の代表はいなかった) 当時のアメリカ女性の地位の高さがうかがわれるエピソードである。Kathryn Kish Sklar, "The Historical Foundations of Women's Power in the Creation of the American Welfare State, 1830-1930," Seth Koven and Sonya Michel eds., *Mothers of a New World: Maternalist Politics and the Origins of Welfare States* (New York: Routledege, 1993), 52.

27 Flexner, *Century of Struggle,* 75, 76.
28 Cott, *Bonds of Womanhood*, chapter 2.
  マシューズは、19世紀を「家庭性(ドメスティシティ)の時代」と呼んだ理由を「……家庭は、19世紀初頭から中葉において、歴史家たちが家庭性（domesticity）を信仰（cult）と表現したように、文化の中心となったのである」と説明している。Glenna Matthews, *"Just a Housewife": The Rise and Fall of Domesticity in America* (New York: Oxford University Press, 1987), 6.
29 Kathryn Kish Sklar, *Chatharine Beecher: A Study in American Domesticity* (New York: W.W. Norton Company, 1976), 136, 186.
30 Gilman, *Living*, 3.
31 Sklar, *Chatharine Beecher,* 180.
32 Evans, *Born for Liberty,* 141. 有賀夏紀『アメリカ・フェミニズムの社会史』、51頁。
33 Sklar, *Chatharine Beecher,* 134-135, 163.
34 Matthews, *"Just a Housewife,"* 46; Sklar, *Chatharine Beecher*, 186.
35 「家庭性(ドメスティシティ)」をめぐるキャサリンとギルマンの興味ある比較については以下に詳しい。Matthews, *"Just a Housewife,"* chapter 3, 4, 5.
36 Gilman, *Living*, 234.
37 Gilman, *Women and Economics,* 165-166.
38 Sklar, "The Historical Foundations," 61-62.
39 泉昌一「『禁酒運動』の諸位相」、阿部斉外編『世紀転換期のアメリカ―伝統と革新―』(東京大学出版会、1982年)、143頁。
40 Gilman, *Living*, 5.
41 Ibid., 8.
42 Ibid., 9.
43 Ibid., 35.
44 Ibid., 44.

45 Ibid.

46 父親フレデリックが娘に送ったのは、歴史関係の書が多かったようである。本のリストは以下。Rawlinson, *Five Great Empire; Six Great Empire; Seventh Great Empire;* Dawkins, *Cave Hunting;* Fergusson, *Rude Stone Monuments;* Lubbock, *Prehistoric Times and Origins of Civilization;* Tylor, *Early History of Mankind; Primitive Culture.* Gilman, *Living,* 36-37.

　フレデリックの手書きのメモについては以下を参照。"Frederick Beecher Perkins to Charlotte Anna Perkins, 1878, n.d. 2 letters and booklist." SL folder 26

47 Joanne B. Karpinski, "Introduction,"Joanne B. Karpinski ed., *Critical Essays on Charlotte Perkins Gilman* (New York: G. K. Hall & Co., 1992), 7.

48 *Evans, Born for Liberty,* 139; Carl N. Degler, *Out of Our Past: The Forces That Shaped Modern America* (New York: Harper & Row, Publishers, 1984), 385-386.

49 1862年施行のモリル法は、「すべの人に平等」に開かれた高等教育の施設の拡大を目的とするもので、政府により土地は無償で提供され、1870年までに8つの州(アイオワ、ウィスコンシン、カンザス、ミネソタ、ミズーリ、ミシガン、カリフォルニア)で開校された共学の大学に女子学生の入学が認められた。Sklar, "The Historical Foundations," 62-63.

50 Gilman, *Living,* 83.

51 産業自体の変化が女性に与えた変化が大きかったとデグラーは説明している。1880年を転換点として女性労働の割合が飛躍的に増加。女子労働者の割合の変化は、1870年に14.8％、1880年には20.6％、1910年には24.3％％まで上昇。1880年の10年間に女性人口が28％増加したのに対し、働く女性の割合は50％も増えたのである。デグラーはこの労働力の変動を「第1次変動」(The First Transformation) と呼んだ。Degler, *Out of Our Past,* 384; Degler, *At Odds,* chapter 15.

52 Degler, *At Odds,* 377.

53 オルコットは、フェミニズムへの関心から『ウーマンズ・ジャーナル』誌への寄稿、女性会議への出席、コンコードでの参政権活動へも関わった体験を持つ。Charles Stickland, *Victorian Domesticity: Families in the Life and Art of Louisa May Alcott* (Montgomery: The University of Alabama Press, 1985), 75-76.

54 Louisa May Alcott, *Work: A Story of Experince* ([1872], New York: Arno Press, 1977).

55　Gilman, *Living*, 88.
56　Knight, ed., *The Diaries of Charlotte Perkins Gilman,* vol. 1, 280.
57　Ibid., 326.
58　Gilman, *Living*, 91-92.
59　Ibid., 92.
60　1910年代以前、女性解放運動を人々は「女性運動」(woman's movement)、「女性問題」(woman's issues)と呼んでいた。ギルマン自身も「フェミニズム」という言葉を用いるのは1910年代になってからである。Gilman, *Women and Economics*, 144.
61　Flexnar, *Century of Struggle,* chapter 10.
62　1886年の『ウーマンズ・ジャーナル』誌に掲載された時のタイトルは"The Answer"であったが、その後に1893年に出版された詩集 (*In This World*) では"The Nature's Answer"に改題されている。Charlotte Perkins Stetson, *In This World* ([1893], New York: Arno Press, 1974), 2-4.
63　Gilman, *Living,* 95.
64　Patricia Vertinsky, "Feminist Charlotte Perkins Gilman's Pursuit of Health and Physical Fitness as a Strategy for Emancipation," *Journal of Sport History,* 1 (Spring 1989), 14.
65　Gilman, *Living,* 96.
66　Ibid.
67　「妻は鬱状態にあり、ピストルやクロロホルムについて口走る」とウォルターは日記に書いている。Mary A. Hill ed., *Endure: The Diaries fo Charles Walter Stetson* (Philadelphia: Temple University Press, 1985), 342.
68　Knight, ed., *The Diaries,* vol. 2 , 417, n. 905.
69　Gilman, "Similar Cases," *Nationalist*, 2 (April 1890), 165-166.
70　ハウエルズの手紙には「この詩を読んで以来――私は何度も何度も喜びをもって読まずにはいられなかったのですが――ずっと願っていたのは『ナショナリスト』誌の4月号に載ったあなたの詩にお礼をいうことでした」と、「類似した事情」を絶賛する言葉があった。Gilman, *Living,* 113.
71　William Dean Howells, "Introduction,"in William Dean Howells, ed., *The Great Modern American Stories* (New York: Boni & Liveright, Inc., 1920), vii. Quoted in Catherine Golden ed., *The Captive Imagination: A Casebook on The Yellow Wallpaper* (New York: The Feminist Press, 1992), 55.

72 Gilman, *Living,* 119.

73 Gilman, "The Giant Wistaria," *The New England Magazine,* 4 (June 1891), 480-485.

74 初版の雑誌にはジョー・H・ハットフィールドによる3枚の挿し絵が添えられている。Charlotte Perkins Stetson (Gilman), "The Yellow Wall-Paper," *The New England Magazine,* 5-5 (January 1892), 647-656.

75 「黄色い壁紙」の原稿料についてギルマンは、後の自伝で、そのいきさつとオースティンへの不満を書いている。原稿料についてはよほどのこだわりがあったのだろうか。Gilman, *Living,* 119.

76 Gilman, "The Yellow Wall-Paper," William Dean Howells ed., *The Great Modern American Stories* (New York: Boni and Liveright, Inc., 1920), 320-337.

77 ギルマンによれば、「黄色い壁紙」がハウエルズが編集する小説のアンソロジーに加えられたことについて、「黄色い壁紙」は他の作品と同様に「文学」ではなく、明白な「意図」を持って書かれたものである、とハウエルズに伝えたということであった。「意図」を持たずに書いたり話したものはつまらない、とギルマンは考えていたようだ。Gilman, *Living,* 121.

78 Gilman, "The Yellow Wallpaper," 10.

79 Ibid., 14.

80 Gilman, *Living,* 121.

81 Gilman, "Why I Wrote The Yellow Wallpaper?" *The Forerunner,* 4-10 (October 1913), 271. ギルマンが「黄色い壁紙」を発表することで、ミッチェル博士は「安静療法」の診療の方法を変えたと、後にギルマンは自伝に記している。Gilman, *Living,* 121.

82 「ニュー・ウーマン」(New Woman)という言葉は、もともと作家のヘンリー・ジェームズが、自分の小説に登場させたイザベル・アーチャーのような新しい女性のイメージを表すのに用いたのがきっかけであった。Carroll Smith-Rosenberg, "Bourgeois Discourse and the Progressive Era: An Introduction," *Disorderly Conduct: Vision of Gender in Victorian America* (New York: Oxford University Press, 1985), 176.

83 ジョン・デューイによる1886年の『大衆科学月報』(*The Popular Science Monthly*)の調査によると、高等教育を受けた女性の26％が結婚、結婚した女性で出産するものはそのなかで63％であった。Carl N. Degler, *In Search of Human Nature: The Decline and Revival of Darwinism in American Social*

Thought (New York: Oxford University Press, 1991), 28.

東部の名門女子大の一つ、ブリンマー女子大学の卒業生で、1889年から1908年の間に結婚したものは55％にすぎなかった。Smith-Rosenberg, "The New Woman as An Androgyne: Social Disorder and Gender Crisis, 1870-1936," *Disorderly Conduct*, 281.

84 Vertinsky, "Physical Fitness,"15.
85 Michel Foucault, *Histoire de la sexualité, I, La volonté de savoir*, (Gallimard, 1976), 137, 143, 146, 147-148. ミシェル・フーコー、渡辺守章訳『性の歴史I ―知への意志―』(新潮社、1991年)、134頁、139頁、142頁、143頁。

第2章　新しい母性の模索

> 『女性と経済』は〔中略〕19世紀の伝統的母性
> を、おそらく最も痛烈に告発した書であろう。
> 　　　　　　　　　　　カール・N・デグラー[1]

第1節　折衷的思想

1

　「黄色い壁紙」はギルマンに「病んだ母性」を発見させた。そして「病んだ母性」の発見は、ギルマンを目覚めさせ、「新しい母性」の模索へとうながした。ギルマンが新しい人生に向けて一歩を踏みだそうとしたこの時期、アメリカでは改革の気運が高まり、ギルマンが「私の子ども時代はたくさんの運動でいっぱいだった」と記したように、政治や社会、文化などさまざまな分野で改革を求める運動が興っていた。そしてこの革新主義（プログレッシブ）と呼ばれた時代において、ギルマン自身もまた、「ナショナリズム」運動、社会主義運動、女性参政権運動、都市の貧民を救済するセツルメント運動などと関わりを持つことになった。ギルマンのフェミニズム思想は、この新たな時代との関わりのなかで形成されていったのである。

　新時代の主義や信条には、社会主義のユートピア思想や理想主義、専門家主義、社会学の思想、テクノロジーへの信奉などがあった。これらは、西欧近代の合理主義や科学主義の産物であったが、これら時代の潮流をどん欲に取り込もうとしたギルマンの思想的傾向を、「独創的（オリジナル）というよ

り折衷的」[2]と表現したのは、ギルマンの伝記を著したメアリ・A・ヒルである。ギルマンの思考がヒルの言うように独創的であれ、あるいはまた折衷的であれ、いずれにしてもその思考の形成を彼女の生きた時代の歴史のなかに探ろうとすることに異論はないだろう。

　ギルマンにとって、夫と別れたカリフォルニアでの暮らし、その後アメリカ各地を講演旅行しながら『女性と経済』の構想を暖めていくほぼ10年という歳月は、女性解放の思想を成熟させるきわめて重要な時期となった。なかでも注目しなければならないのが、当時のアメリカの中産階級の人々に広がった社会主義思想の一派、エドワード・ベラミーによる「ナショナリズム」、あるいは「ナショナリスト」と呼ばれる運動との出会いである。

　ギルマンがこの運動に興味を持ったきっかけは、ベラミーのユートピア小説『顧みれば——2000年から1887年へ——』である。『顧みれば』の舞台は、この本が出版された1888年に都市問題が最も顕在化していたボストンである。南北戦争後のアメリカでは産業化と都市化が急速に進み、自由放任主義を是とする資本主義経済のもと富の蓄積の不均衡が生じ、さまざまな社会問題を噴出させていた。1870年代から1890年代にかけて度重なる不況による労働争議も各地で頻発し、こうした危機的社会状況を反映して生まれたのが人々のユートピアへの希求であった。『顧みれば』では、そのタイトルが示すように、失業や貧困に苦しむ1887年の現実のボストンが、2000年には社会主義化された理想社会として再現される。ベラミーは、富の配分が平等化された労働者の未来のユートピア国家を描き、人々のユートピアを待望する気持ちに応えようとしたのである。「ナショナリズム」の名称の由来は、労働問題を「完全に解決する」ために、「国家が唯一の雇用者」となり「国民のすべてが国の被雇用者」となること、すなわち産業の「国有化」からとられたと言われる[3]。

　出版されるやいなや、『顧みれば』は1週間に1万冊という驚異的ペー

スで売れ続けた。「ナショナリスト・クラブ」はアメリカ各地で作られたが、東部よりもむしろ、より自由な雰囲気が広がるカリフォルニア州に数多くのクラブが誕生した。1890年5月までに全国千以上あったクラブの内、47のクラブがカリフォルニア州に集中し[4]、三千人以上いた会員の多くは女性たちであったと言われる。ウォルターとの結婚に躓いたギルマンが、人生の再出発の一歩を踏みだす地として選んだのが、活気と改革の気運にあふれたカルフォルニアであったことは幸いであった。カルフォルニアに集まった「ナショナリスト」のメンバーとの交流をとおして新たな道は拓かれた。

W・D・ハウエルズが絶賛したギルマンの詩、「類似した事情」("Similar Cases," 1890）を掲載したのは、実はこの「ナショナリスト」運動の機関誌『ナショナリスト』であった[5]。こうしてギルマンは、「ナショナリスト・クラブ」での講演も依頼されるようになり、詩人、講演家として名前が知られるようになった。

娘のキャサリンを引き取り、女手一つで生計をたてていたシングル・マザーのギルマンにとって、収入も約束される講演依頼は朗報であったにちがいない。講演家としての初めての仕事は1890年6月15日。「ナショナリスト・クラブで『人間の本質』について講演する。大成功」[6]とギルマンは日記に記している。この日の講演をまとめてみよう。

人間はその本質を完全にコントロールすることで、その本質を変えることができるだろうか。当時の人々がかかえる困難な状況が「人間の本質」に由来するものであったとしても、こうした状況を変えうる方法が「ナショナリズム」による「土地と産業の国有化」である。「ナショナリズム」が実現することで、衣・食・住はすべての人々に十分に提供され、男女は共に働くことによって「女性問題」は解決されるだろう、とギルマンはしめくくる[7]。若き日のギルマンが、「ナショナリスト・クラブ」での初めての講演にどれほど期待に胸をふくらませたことか、想像に難くない。

これまでは単なる自己表現の手段にすぎなかったギルマンの言葉は、

熱心に耳を傾ける聴衆に向けて語られるようになった。後に名講演家と呼ばれるギルマンの才能が、ここに開花した。講演会場では彼女の声はすみずみまで響き、聴衆の多くはギルマンの語る様子に魅了されたという[8]。社会改革の名門の一族に生まれたギルマンにとって、「講演は楽しい仕事」であり、それは「自分には話すべき多くのこと、そしてそれを伝えるビーチャー家の才能を持っていた」からだ[9]。これ以後これらの講演による収入は、ペンによる活動と共に生涯にわたってギルマンの経済的支えになっていく。

ギルマンが1回の講演で得た報酬は、ほぼ3ドルから5ドル。当時の生活費を月30ドルとしていたギルマンにとって、その収入は当時の働く女性の平均的稼ぎの額と比較すると決して低いものではなかった[10]。いわばプロの講演家としてのギルマンの活動は、日々のパンを稼ぐ術であると同時に、自分の思想を表現し、伝える重要な手段となった。ウォルターと離れて暮らすカリフォルニアでの生活のなかで、ギルマンは経済的にも精神的にも、ようやく自立への希望を持つことができるようになった。社会が彼女に与えた、作家、詩人、そして講演家というこれらの呼称は、時代を動かす力(パワー)を言葉に託そうとするギルマンにふさわしい肩書きとなった[11]。

「ナショナリスト・クラブ」で行ったギルマンの数々のスピーチは、当時のギルマンが社会主義をどう認識していたかを知るうえで参考になる。例えば、ギルマンが残したスピーチの原稿のなかからいくつかを選んでみると、「ナショナリズムと美徳」、「ナショナリズムと愛」、「ナショナリズムと芸術」、「ナショナリズムとは何か？」などがあげられる[12]。これらの講演の内容からギルマンの主張をまとめると、以下のようになる。「ナショナリズム」こそが、資本主義の無秩序の競争が引きおこす社会的、経済的不平等を解決できること。「ナショナリズム」が実現されると、宗教や道徳(モラル)が蔑ろにされることを危ぶむ人もあるが、むしろ逆に、人々は満たされることで、人々の行動は正しいものとなること。金

銭的目的から無縁となった芸術は、より人間社会に役立つものとなるはずであること。すなわち、「国家が雇用者、すべての国民が被雇用者」となる国家的資本主義社会への展望と期待が、ギルマンの講演のテーマとなった。

ただ、このようにギルマンは「ナショナリズム」による空想的理想社会(ユートピア)の理念を語ることはできても、その理想社会の実現のための、現実世界の労働者の問題にどう応え、社会改革をどう進めるのかといった具体的かつ根本的問題にまで踏み込むことはしていない。ギルマンが語る「ナショナリズム」待望論は、階級的対立も暴力革命もない、あくまでも空想的(ユートピア)労働者解放論に依るものである。

そもそも、ニュー・イングランドの知識階級出身のギルマンが言うところの「すべての国民」という概念もあいまいであり、暴力革命によって労働者の真の解放を目指そうとする階級意識はもとよりギルマンには希薄であった。したがって、講演の内容に見られるギルマンの「ナショナリズム」の理解は、彼女自身が社会主義思想を系統的に学んで得たものではなく、あくまでベラミーのユートピア小説のなかで語られる「ナショナリズム」をとおして得たものでしかなかった。

しかしギルマンにとって、「ナショナリズム」が目指す、労働運動もなく暴力革命にも依らない平等社会の実現は魅力的であった。ギルマンの関心は別にあったからだ。何よりギルマンを惹きつけたのは、平等や富を手にする労働者の姿ではなく、空想(ユートピア)の世界にあって働く女性たちの姿であった。ベラミーが描く未来の女性たちは、現実のギルマンがそうであったように仕事か結婚かの選択に悩むことはない。男性と同様に「産業部隊(インダストリアル・アーミー)」に入り「女性にふさわしい類のしごと」をし、結婚して子どもが生まれても、子育て後の職場に復帰することが可能である。女性が男性と同等に仕事をするための社会のシステム化が進み、家事労働は軽減されている。そのため妻であり母であることが女性の社会進出の妨げとはならない。女性は男性に扶養してもらうために結婚するので

はなく、純粋な愛情によって結ばれる[13]。女性が家庭から解放されるためには、まず夫に扶養されている女性の状況を認識すること。そして経済力を持つことで「自立」すること。女性解放を模索するギルマンに行くべき方向を示したのが、『顧みれば』のユートピアの世界のなかで、家事労働から解放され、生き生きと働く未来の女性たちの姿であった。

「ナショナリスト」運動そのものは、19世紀末の人々にユートピア的世界を描いてみせたものの、現実の社会不安や経済問題を根本的に解決する方法を示すものではなく、やがて運動は20世紀初頭までには姿を消すことになる[14]。しかし、その運動の理念がギルマンに与えた影響は大きかった。ベラミーをとおして得た自分の社会主義思想の傾向を、ギルマンは次のように語っている。

　　私の社会主義は、初期の博愛主義的な特色を帯び、フランスやイギリスの初代の〔社会〕主義者たちに依拠し、アメリカの熱狂的ベラミー支持を加えたものであった。階級意識や階級闘争を伴う、マルクス主義の狭隘で硬直した経済決定論や、マルクス主義者たちが追求する政治的方法を、私は決して受け入れなかった[15]。

実際のところ、「ナショナリズム」は社会主義としてはあまりにも「お上品」な運動であり、ギルマン自身が指摘したとおり、19世紀のヨーロッパに広がった空想的社会主義思想の一つのバリエーションと言えなくもなかった[16]。暴力革命に依ることなく、階級闘争もない平等社会の実現は、アメリカの中産階級の社会改革の嗜好と合致したのである。ギルマンが「ナショナリスト」運動に惹かれたのは、当時のアメリカのリベラルな知識人と同様、それが中産階級に広がった理想主義を穏健かつ平和的に実現しようとした思想であり、運動体だったからである。しかしまた、ギルマンの関心の対象はあくまで女性の問題を解決する、そのための思想や運動であって、たとえそれらが階級的視点を欠落させた啓蒙主義的な社会改良運動にすぎなかったとしても、そのことはギルマンに

とってはさほど重要ではなかった。

　1893年、「ナショナリズム」の仲間たちが出版の費用を捻出してくれ、「類似した事情」を含むギルマンの詩のアンソロジー『この我らの世界で』(*In This Our World*, 1893) が、ギルマンの初めての著書として出版された。こうしてギルマンは「ナショナリズムの詩人」としての名声を獲得したのだった[17]。しかし同時に、この年と翌年の1894年は彼女にとって厳しい試練の年ともなった。看病のためにカリフォルニアのアパートに引き取った母親を癌で亡くしたことで、娘のキャサリンを育てながら仕事を続けることを断念せざるをえない状態におちいったからである。女手一つで子どもを育てることは経済的、精神的に大きな負担であり、計り知れない困難を伴うことは1世紀以上を経た現代においてもその状況は同様である。ようやく自立の道を歩みだしたギルマンにも、働く母親として苦渋の選択が求められた。仕事を優先し子育てをあきらめ、子どもを手放すのか。あるいはこのままシングル・マザーとして働き続けるのか。

　ギルマンに決断の時が訪れた。1894年4月、難航していた夫のウォルターとの離婚もようやく認められ、ウォルターは、カリフォルニア時代にギルマンを常に励まし続けてきた親友のグレース・チャニングとその年の6月に結婚することになった。ここでギルマンはようやく決意をする。9歳になった娘をグレースとウォルターのもとへ送るという選択であった。ギルマンは娘のキャサリンの養育を2人に任せることにしたのだ。しかしながらギルマンの、子どもよりも仕事を優先する人生を選んだことが、母と娘の2人の心に深い傷跡を残すことになったことは否めない。娘のキャサリンは、自分を「捨てた」母親ギルマンを決して許すことはなかったという[18]。働く母親と子どもの幸せな姿が、オルコットの小説やベラミーのユートピアの物語のなかでは語られることはあっても、それはあくまでフィクションのなかの絵空事にすぎない。現実の世界を生きなければならないギルマンとキャサリンには苛酷な試練となったのである。ギルマン親子が背負った厳しい現実を私たちが知るのは、

その後のギルマンの「母性」との格闘の軌跡からである。

2

　ギルマンは、時代的潮流から大きな影響を受けてフェミニズム思想を成熟させたように、人々との出会いによっても育てられた。それらの人々のなかには、雑誌『インプレス』の共同編集者であったヘレン・キャンベル、セツルメント運動で活躍したジェーン・アダムズ、女性参政権運動家のスーザン・B・アンソニーらがいた。これらの人々との出会いは、ギルマン独自の女性解放論の構築にどのように関わったのか、以下見ていこう。

　母親とも死別し娘も手放して身軽になった後、ひとり身となったギルマンは1894年の夏にはサンフランシスコに移り、ヘレン・キャンベルと出会う。キャンベルは、ギルマンに思想的影響を深く与えたほか、私生活においてもギルマンを生涯にわたり支援した女性である。ギルマンもまたキャンベルを「養子縁組した母（アドプテッド・マザー）」と呼び慕った[19]。キャンベルは、増加しつつあった働く女性のために、能率的な家事改革を提唱する家政学の分野で名前を知られたホーム・エコノミストであった[20]。専門家による家事労働や協同家事を主張するキャンベルから、ギルマンは多くを学んだ。合理的な家事と言えば、ギルマンの大伯母、キャサリン・ビーチャーもまた家庭内に合理主義的経営感覚を取り入れようとしたソーシャル・リフォーマーの大先輩である。ホーム・エコノミストとしてのキャンベルもまた、キャサリンと同様、後のギルマンの家事労働の社会化の構想に、大きな影響力を持つことになった。

　ギルマンは、「黄色い壁紙」の作家、「ナショナリズムの詩人」、あるいは「ナショナリズムの講演家」として、言葉を綴る才に恵まれていたこともあり、生涯を通じて組織的な活動や政治運動に直接的な関わりを持つことはほとんどなかった。しかしこのカリフォルニア時代、キャンベルの影響もあったのか、個人の活動を好んだギルマンにしてはめずら

しく、キャンベルと共に政治的な場にも関わりを持った。キャンベルの誘いを受け、彼女が主催する「太平洋岸女性誌協会」(PCWPA) の機関誌、『インプレス』の編集にギルマンは加わった。『インプレス』誌は、カリフォルニアに住む知識人や左翼活動家の支持を得たリベラル派の雑誌であったが、ギルマンとキャンベルとの共同編集作業は5ヶ月しか続かなかった[21]。その間にギルマンはキャンベルらと評論、書評、詩などあらゆる記事を執筆し、雑誌編集のための知識と技術を身につけた。この間に身につけたジャーナリズムのテクニックとノウハウは、後にギルマンがたった一人で取り組んだ雑誌『フォアランナー』へと生かされることになる。

　ギルマンの数少ない政治活動の一つに、1894年と翌95年にサンフランシスコで開かれた女性会議を準備し成功させたことがある[22]。ギルマンの大会計画のもと全国から2千人以上の女性たちは集まり、社会改革の諸問題について熱い議論を交した。大会に集まったメンバーのなかには、シカゴのセツルメント運動で有名なジェーン・アダムズや、スーザン・B・アンソニーもいて、アダムズやアンソニーからは、セツルメント活動や参政権運動に加わるよう誘いを受けるほどギルマンは交流を深めることになった。

　ギルマンはアンソニーらからの申し出は断ったが、アダムズからの誘いには応じて、後にシカゴにある彼女の「ハル・ハウス」を訪ねている。改革の時代と呼ばれたこの19世紀末、アダムズのように高等教育を受けた女性たちが都市の貧困地区に住み込み、貧しい人々の救済のため福祉活動をするセツルメント運動は盛り上がっていた。アダムズの「ハル・ハウス」では、メンバー同士を「姉妹」、教師を「お母さん」と呼びあい、都市の貧困地区でおこるさまざまな問題に、階級と人種を越え結束して取り組んだ。彼女たちは、貧困地区の住民の職業訓練や移民たちの語学教育、働く母親のための共同キッチンや保育センターの設置、給食のサーヴィスなどを提供していった。まさにこれは、「共和国の母」をルーツ

とし、家庭性(ドメスティシティ)の文化によって育まれたアメリカの「母性主義」の伝統が、都市の貧困救済という政治的行動に結びついた運動であった。

　イギリスを発祥の地として始まったセツルメント運動は、そのイギリスでは男女に関わりなくその活動は行われたが、アメリカでの事情は異なり、アダムズをはじめとする高等教育を受けた女性たちが、セツルメント運動の主となる担い手となっていた。女子高等教育の場が拓かれた19世紀末のアメリカであったが、そのキャリアを生かせる場はまだほとんどなく、いわばその卒業生たちの受け皿となったのが、こうしたセツルメント運動であった[23]。女性たちによるこのセツルメント活動を日本女性のお手本にしようとしたのが、ギルマンを日本に初めて紹介した成瀬仁蔵である。アメリカでの留学体験のあった成瀬仁蔵は、日本初の女子高等教育機関となる日本女子大学校を設立し、アダムズの「ハル・ハウス」の活動についても、女子大の機関誌に「市俄古(シカゴ)にフール・ハウスあり」[24]と掲載するなどして日本女性を啓蒙し、女子教育向上に尽力した教育者である。成瀬の活動を含む日本でのギルマンの受容については、第4章で詳論したい。

　その「ハル・ハウス」には、多くの女性たちがアメリカ各地から集まってきていた。後に連邦政府の児童局(チルドレンズ・ビューロー)の局長となって、母性保護法などの法令制定に取り組むフローレンス・ケリーもいた。ケリーは夫と別れ3人の子どもを連れて「ハル・ハウス」の活動に加わった。ケリーは、8年間「ハル・ハウス」での活動をとおして学び、その後ニュー・ヨークに移り住み、イースト・サイドのセツルメントで27年間を過ごした。ギルマンは、ケリーのように政治の世界にまで踏み込むことはなかったが、ケリーは、労働者階級の母親と子ども守ろうと法制定のためにロビー活動にも積極的に関わった。ケリーは革新主義時代の最もパワフルな活動家の一人である[25]。

　ギルマンはといえば、「ハル・ハウス」での3ヶ月の滞在を終えた後、アダムズはギルマンに対しても、シカゴのノース・サイドのセツルメン

トの所長になるように要請した。しかしギルマンは、アンソニーからの女性参政権運動への誘いに応じなかったように、アダムズからの申し出もこれを断った。ギルマンの関心は、アダムズやケリーがライフ・ワークとした都市の貧民救済の問題や、アンソニーの参政権運動にも向けられなかった。ギルマンは、革新主義時代のさまざまな運動や人々との出会いをとおして、自分が求めるものが結実しようとするその手応えを、ようやく感じとろうとしていた。

　ギルマンの、作家、詩人、講演家としての名声が高まるにつれて、有名であるがゆえに世間の目はギルマンに一層厳しくなった。離婚し、子どもを手放してまでも、仕事を優先させたギルマンに向けられる世間の視線は冷たかった。当時の人々が子育てを放棄した母親にどれほど容赦なく非難の言葉を浴びせるものか、ギルマンは身をもって知ることとなった。ギルマンが耐えなければならなかった試練の数々は、例えば、正式な離婚の手続きがなされた後に、新聞各紙が興味本位にギルマンの離婚を取り上げて、スキャンダラスな女性として非難したこと。夫ウォルターに対し心ない中傷の記事が掲載されたこと[26]。末期癌の病状に苦しむギルマンの母メアリのもとにも、娘のギルマンのスキャンダラスな記事の切り抜きをわざわざ送る人もあったことなど、であった。「自分の名前は、まるでフットボールのようになって、カリフォルニアの新聞のあちこちに載った」[27]と、自分に向けられた試練について語っている。さらに、キャンベルと共同編集した『インプレス』誌が廃刊の追い込まれた理由にも、ギルマンが離婚し子どもを手放した私生活に対する世間の非難があったからだと言われる。

　なぜ世間はこれほど執拗に、スキャンダラスな女性としてギルマンを非難しようとしたのか。人々がギルマンをスキャンダラスな女性として非難する理由とは、別れた夫ウォルターがギルマンの親友のグレースと再婚したことでも、その2人とギルマンが離婚後も親しくつきあっていることも、たとえそれが好ましいものではなかったとしても、それらは

理由にはなりえなかった。人々が眉をひそめてギルマンを最も非難したのは、母としてのギルマンの行動にあった。娘のキャサリンを2人に託したことに対し、「彼女があまりにも、罪の意識がなく無責任であった」[28]ように見えるほど、平然と振舞ったことであった。少なくとも、ギルマンの心の葛藤を知る由もない人々の目に、ギルマンの母としての行動はあまりにも「不自然」に映った。子どもを手放しても平静をよそおうギルマンに対し、母性愛のかけらもない「不自然な母親(アンナチュラル・マザー)」という烙印を、人々は押しつけたのである[29]。それは、母の役割を女性の天職とし、女性は家庭性(ドメスティシティ)の美徳を遵守することが何よりも大切だと信じた当時の人々が、ギルマンに与えた厳しい試練であった。

　1895年の夏、ギルマンは、自分への非難が高まるカリフォルニアを離れる決心をする。母親のメアリに手をひかれ親戚の家を転々と渡り歩く子供時代を過ごしたギルマンは、再び放浪の旅に身を置くことになったが、たった一人のこの旅は『女性と経済』をより深く構想する旅となった。1895年から『女性と経済』を書き始める1897年の夏までに、1896年6月には、ロンドンで開かれた「国際社会主義・労働者会議」に出席したりしている。ギルマンにとって初めて合衆国を離れた旅でもあった。滞在したロンドンでは、フェビアン協会の人々や社会主義者のオーギュスト・ベーベルらとも会った。ベーベルからは、男性と経済という二重の女性への抑圧構造を告発したその社会主義思想を[30]、またフェビアン社会主義からは公的社会サービスや協同組合主義を学ぶ機会を得た[31]。イギリスでの滞在は約5ヶ月に及び、ギルマンはアメリカに戻った。

　このようにギルマンは、さまざまな主義・信条が交差する革新主義時代の思潮を吸収しつつ、また人々と交流するなかで、自分のフェミニズム思想を成熟させていったが、どの組織にも、また社会主義のいかなる運動体にも身を投じようとはしなかった。さまざまな革新主義運動が盛りあがるなか、ギルマンは独自のフェミニズムのスタイルを確立させていくのであるが、こうした思想的傾向をギルマン自身は次のように説明

している。

> 私は保守主義者からは社会主義者として信用されず、その一方で正統派の社会主義者たちからはまったくの門外漢とされてきた。同じように、反女性参政権運動家(アンチ・サフラジスト)からは「女性参政権運動家」として邪険に扱われ、参政権運動家たちからは、私の経済的自立論によって危険人物と言われないまでも、疑わしい人物とみなされてきた[32]。

「黄色い壁紙」を世に送り出してほぼ10年の後、精神と空間を放浪するギルマンの旅は終わろうとしていた。ギルマンは、放浪の旅のなかで構想を温め続けた『女性と経済』の執筆にとりかかった[33]。一心不乱に取り組んだギルマンは、驚異的ともいえる集中力でペンを走らせ、最も進んだ時には1日で4千語も書き、ほぼ40日で完成させた。1897年の10月8日までに356頁の初稿を書き上げ、秋には原稿の手直しを終了させ、クリスマス直前の12月19日には出版社に原稿を提出。翌年の6月に出版された。発表されるや否や、この『女性と経済』はたちまち反響を呼び、1920年までに9版を重ねるベスト・セラーとなった。日本を含む世界7ヶ国(ドイツ、フランス、オランダ、イタリア、ハンガリー、ロシア)で翻訳されてギルマンの名前は世界的なものとなった[34]。

第2節　『女性と経済』における二つの科学思想の意義と限界

1

『女性と経済』の原題は *Women and Economics* である。文字どおり女性と経済をテーマに、ギルマンがそのフェミニズム思想を結晶させたものである。邦題には「女性と経済学」、あるいは「女性と経済関係」とするものもあるが、本書ではあえて原題のまま「女性と経済」とすることにした。

『女性と経済』のサブ・タイトルは、「社会進化の要因としての男女の

経済的関係の研究」(A Study of the Economic Relation Between Men and Women as a Factor in Social Evolution)である。このサブ・タイトルが示すように、ギルマンに女性解放の理論を提供したのは、C・R・ダーウィンによる進化論であった。進化論という「科学」思想はダーウィンを生んだイギリスを激震させたが、19世紀末から20世紀初頭までの合衆国においては、イギリス本国よりもはるかに影響力を持つ存在となった[35]。進化思想は、アメリカ経済の自由放任主義(レッセフェール)を容認する一方、人間社会の限りない進歩・発展の理論的根拠も示す科学思想として、多くの知識人たちは共感してこれを受け入れた。ギルマンも例外ではなかった。

そこで第2節では、『女性と経済』に取り込まれた進化論が、女性の状況分析や解放の理論としてどう貢献したのか。また、『女性と経済』に貢献したもう一つの科学思想の社会主義思想についても注目していきたい。これら進化論や社会主義といった科学思想にはどのような限界があったのかも、あわせて検証していくことにする。

まず『女性と経済』の目的について、ギルマンは次のように語っている。

> この書において、すべての女性は自活するために働くべきである、という基本的な提案をする。この提案による二つの重要な問題——なぜ強制されなくても働かなければならないのか、どのような方法で働き、さらに家庭や家族のための家事労働をどうするのか——に答えなければならない[36]。

この『女性と経済』が対象とした女性たちとは、賃金労働者として家族を養うために働くことを「強制」されることのない、しかも家事労働と仕事を両立させる必要のある女性たち、すなわち、中産階級の既婚の女性たちである。そこでギルマンは、夫への経済依存を自明の理とするこれらの既婚女性たちに対し、次のように語りかける。「動物のなかで男性に食物を依存し、その性関係もまた、経済的関係になっているのは人間の女性だけなのだ[37]」と。動物のアナロジーを用いた、『女性と経済』

への巧みな導入である。

> 人間の女性は男性によって扶養されている。けれども他の動物は、雄も雌も生存のために同様に牧草を食み、歩み、狩りをして獲物を殺し、駈け上り、泳ぎ、穴を掘り、走り、空を飛ぶ。人間の女性は生きるために特別の活動をせず、男性に食物を与えられるのだ[38]。

　人間の女性だけなぜ、生存手段を男性に依存するという、動物にはない「不自然(アンナチュラル)」な歴史を歩むことになったのか。男性に劣るとされた人間の女性の「劣性」の歴史は、ギルマンによれば次のようになる。
　原始時代、男女は平等に自分たちの食物を採集し、互いに自立した生活を送っていた。文明が進むにつれ、体力的に勝る男性が食物の採集において有利となり、女性は男性に食物を依存する状況へと追い込まれ、女性は自立する能力をしだいに退化させてしまった。社会は進化・発展する一つの有機体である。人間もまた生物進化の基本原則「自然選択(ナチュラル・セレクション)」にしたがって生きる生物の一種類にすぎない。人類もその進化のメカニズムにしたがいその文明を発展させてきた、というわけだ。
　ところが、人間の女性だけがその自然選択が及ばない、男性を唯一の環境として生きる特異な生物となってしまった。女性の「劣性」の歴史の原因は、女性が進化の法則から取り残され、男性が女性にとっての唯一の環境になってしまった、まさにそこにある。人間社会が求める女らしさとは、そもそも人間の持つ本来の特性とはほど遠いものであって、女性にとって唯一の環境であり食物提供者になってしまった男性の歓心を買うための、過剰な「女らしさ(フェミニニティ)」にすぎない。ギルマンは、過剰な性差を発達させすぎたこうした状態を「性差過剰」と呼び、性差過剰な人間女性を、乳を採るという人間の都合にあわせて品種改良された乳牛に例える。

> 野生の雌牛は敏捷で、頑丈、俊敏でたくましい生き物である。走り跳

ぶこともできるし、必要であれば戦うこともできる。人間は、雌牛を経済的に利用するために、雌牛の乳牛としての能力を発達させてきた。雌牛は歩く・ミ・ル・ク・・マ・シ・ー・ン・となってしまった〔中略〕[39]。(傍点山内)

男性の歓心を引くため過剰に女らしく振る舞う人間の女性も、野生の雌牛が人間のために第２次性徴を発達させ「歩くミルク・マシーン」と化した乳牛も、ギルマンによれば同類なのである。

そもそもダーウィンのいう自然選択とは、生物が生存競争をし、種を多様に変化させることで環境に適応してきた自然界の法則を説明した学説であって、それを人間女性の状況分析に取り込んだのは、いかにも科学好きのギルマンらしい着想である。乳牛のアナロジーを引いたこの例え話はすっかり有名になり、ギルマンを発掘したデグラーもその論文において乳牛のイラスト入りで紹介している[40]。

『女性と経済』には、この乳牛に限らず、実に多くの動物たちが登場する。それらは馬、孔雀、蜜蜂、きつね、ひつじ、鹿、雌鶏、猫、犬、蜘蛛、鱈、ヒトデ、ギニア・ピッグ（モルモット）など、その種類の多様さはあたかもギルマン版の進化論のようである。馬とのアナロジーでは、女性による無償の家事労働と馬の労働とを比較し、人と家畜による労働が、主人である男性の富を豊かにするだけの例としてあげたり[41]、あるいはまた、理想の母親を説明する例として雌鶏を引き、「雌鶏は卵を産み、暖め、雛がかえるとえさを与えて育てる。さらに雛に鶏としての教育もほどこす。有能な母親のお手本」[42]と雌鶏をほめた。このようにして、人間の女性の「不自然」な状況を、動物たちの「自然」な状況と比較することで、ギルマンは際だたせてみせたのだ。

当時のギルマンのように進化論を人間社会の諸現象の説明に応用しようとした人物は多かった。その目的を大きく二つに分類するとすれば、一つは強者擁護のため、もう一つは弱者救済のためであった。前者で最も有名な人物は、イギリスの思想家ハーバート・スペンサーであろう。

スペンサーは自らを社会進化論者(ソーシャル・ダーヴィニスト)と称し、人間社会に生物学の「適者生存」論をあてはめようとする社会進化論(ソーシャル・ダーヴィニズム)の主唱者となった。スペンサーの唱える社会進化論は、アメリカ経済における野放図な競争社会を肯定し、その結果生じた社会の階層化や格差、混乱を生物学によって正当化しようとする、いわば体制擁護派に利する思想であった。評論家ハウエルズに絶賛され、「黄色い壁紙」のデビューのきっかけを作ったギルマンの詩「類似した事情」は、実は、その時の体制側を擁護しようとするスペンサーら社会進化論者たちを、動物の寓話詩に託して批判したものであった[43]。

ギルマンが寓話詩においてその保守性を皮肉った社会進化論者たちが社会的強者の側に立ったのに対し、ギルマンが師と仰いだのが、社会学者のレスター・F・ウォードであった。ウォードは、いわば弱者側に立つ生物学の論理の提供者である。彼の議論を自分のフェミニズムに取り込もうとした経緯について、ギルマンは、『女性と経済』を書くうえで参考にした本は「たったの２冊だけ！」で、その２冊のうちの１冊が、ウォードの「我らのベター・ハーフ」の論文であると説明している[44]。

人間社会のさまざまな権力関係を生物学で説明しようとしたスペンサーやウォードに対し、ダーウィン自身『種の起源』では、生物界での進化の法則や「自然選択」説を人間社会に応用しようとする意図は持たなかったと言われている[45]。しかしそのダーウィンが、『人間の起源』では、男性主導の性選択(セックス・セレクション)によって男性の優位性を論証しようとしたのは周知のことである[46]。こうした男性優位のダーウィンのジェンダー観は、ダーウィンが性差別主義者だったからというよりむしろ、当時の「ヴィクトリア朝時代」の伝統的価値観がそのままダーウィンの言葉に映しだされたもの、と言えるのではないか。

「無意識」だったとはいえ、性差別的ジェンダー観を引き受けたダーウィンに対し、弱者の側に立ったウォードは、体制擁護の社会進化論者にもならず、性差別主義者になることもなかった。ウォードはギルマン

の『女性と経済』に分析のための方法論を提供するとともに、後のギルマンのフェミニズムや母性の思想にも大きな影響を与えた。そのウォードの「我らのベター・ハーフ」での議論を見てみたい。

> 私は、有機的な自然界の秩序において、女性は〔人類の〕原型(プライマリー)であって、男性は2次的要素にすぎないと理解している。〔中略〕女性は生物進化の系統樹の永久不変の幹であり、一方男性は、その優越性を自惚れているようであるが、単なる枝であり、接ぎ木にすぎないのだ。〔中略〕女性は人類(レイス)そのものであり、女性が進歩することによってのみ人類は進歩するのである。「自然」には一方の性が他方の性より優れるという決まったルールはないのである〔中略〕[47]。

ウォードによれば、男性は自然界では生殖に必要な存在であっても、本質的には男性は付属物にすぎない。男性は、いわば生命進化の過程で付加的に発生したにもかかわらずなぜ女性に優越する性となったのか。それは、自然界においては女性にパートナーの男性を選ぶ選択権があり、女性主導の性選択が働いたからである。男女の性による差異は体力差のみであり、それは女性主導の性選択が、より強くより大きな男性を選んできた結果生じたことなのだ。ウォードは、生物進化の源に生命を生みだす女性性の存在を認めることで、「生命の原型は女性」であるとの確信を得るにいたった。当時としては独創的とも言える女性主導による性選択説である。

ギルマンが生涯の師と仰いだウォードは、進化論のなかに、男性の女性に対する優位の正当性を読みとろうとしなかった数少ない学者の一人であった[48]。社会学者としてウォードは、進化論が人間に自然界の法則に従う根拠と限界を与えるのではなく、進化論を人間を進化・発展させる行為主体ととらえた。ウォードの目的は、生物学の進化の法則を人間社会の協力や結束をうながす理論とすることで、社会改革の展望を開こうとすることにあった。こうしたウォードの進化論に対する考え方は、

進化論を女性解放に取り込もうとするギルマンのフェミニズムの目的に合致するものとなった。

　世紀転換期の知識人の多くが、それぞれの思惑のなかで進化論という科学思想を利用し、ダーウィンが本来言わんとする意図をはるかにこえたレベルで、19世紀末の優勝劣敗の風潮があたかも社会の原理であるかのように弁護しようとしたことを考えると、弱者擁護の学者ウォードをギルマンが力強い味方と感じた理由も納得できる。ウォードは後に、ギルマンが『女性と経済』に引用した「我らのベター・ハーフ」での女性優位説をさらに発展させ、『純粋社会学』の中では「女性中心説」として詳細に論じている[49]。ウォードのこの「女性中心説」は、発表当時は話題となり日本でも堺利彦や山川菊栄らによって紹介され注目を集めはしたが[50]、男性優位の当時のジェンダー観とその説の間にあまりの落差があったからであろう、以降はほとんど評価されることなく忘れさられてしまった[51]。

　しかし1980年代以降、生命科学での性染色体の研究が飛躍的に進むなか、生命の基本形は女性であり男性は女性を加工することでようやくできあがるのだ、とする、いわば現代版「女性中心説」が免疫学者の多田富雄によって議論されるようになった。百年前のウォードの説く「女性中心説」と、最先端のDNA研究の成果による現代版「女性中心説」との奇妙なこの接近は、それぞれの学説を支持する科学の根拠に相違があるにしても、その不思議な類似性に私は深い興味をおぼえる[52]。科学思想とは、「中立」をよそおいながらも、結局のところはそれぞれの時代の力関係をしっかりと映しだすものなのだ。

　いずれにしてもギルマンは、女性の本来の性は、男性に劣る性でも、病弱な性でもなく、女性に男性と同じく環境や活動の機会が与えられ、社会に出て自立できる能力が備われば、女性は進歩しうるという理論的支柱を、ウォードの女性優位起源説のなかに見いだした。ギルマンが、ウォードによるこの女性優位説を発展させ、フェミニストのユートピア

を描くには、さらに20年近くの歳月を必要とした。女性が一方的に自然界の法則に支配されるのではなく、女性本来の力を取りもどし、社会改革に邁進して国家の中心的役割を担うユートピアの物語が、小説『ハーランド』である。これについては第3章で論じたい。

2

『女性と経済』に取り込まれた二つの科学思想のうち、進化論は女性の現状分析をし、女性の「劣性」は本来のものではなく、女性が進歩・発展の法則から取り残されてきた結果であることを、ギルマンは解き明かしてみせた。そして、女性を「劣性」の歴史から解放し女性本来の特性を取り戻す方法を示したのが、ギルマンが選んだもう一つの科学思想、社会主義思想である。社会主義思想は、進化論と共に『女性と経済』での科学思想の、いわば両輪をなすものである。

ギルマンは、動物にはない人間の女性の「劣性」の原因を、女性が男性に経済的に依存してきた結果であると考えた。一方の性が他方の性に経済的に依存する人間社会特有の不自然な男女の関係を、ギルマンは独自の造語「性による経済的関係」(セクシオ・エコノミック・リレーション)[53]と表現した。性関係が経済関係と結びつき、経済力を男性が独占することで、男性による女性の経済的支配が生みだされるのである。その男性支配のメカニズムを、ギルマンは次のように分析する。

「公」的領域での労働は賃金価値を生みだすものとしての評価を得るが、「私」的領域での家事労働は、社会的にはいかなる経済的価値をも生みださない。「公」と「私」の領域はジェンダーによって振り分けられるので、妻が担う家事労働の質も量も妻の能力や社会的地位には何ら関係ない。それらを決定するのは夫の社会的地位であり経済力である。ギルマンは貧乏人の妻と金持ちの妻の例を引きながら、「最も働く者が最も得るものが少なく、最もお金を持つものが最も少なく働くのである」[54]と説明をする。性による経済的関係の最も端的な例であろう。

その性による関係が制度、慣習化したものが結婚制度であり売買春である。女性が複数の男性と性による経済的関係を結べば売買春であり、個人的行為で社会的に承認された制度では結婚となる。多くの男から金を得ようとすれば不道徳にされ、たとえ愛情がなくとも一人の男から金銭を得る結婚制度であればその性関係は認められる[55]。売買春と結婚制度は、女性が男性に経済的に従属するという意味では、社会制度化された性による経済的関係の、いわばコインの裏と表なのである。

女性が、こうした性による経済的関係から抜けだすには、夫に経済的に依存することをやめることである。すなわち、女性が自分のパンを自分自身で稼ぎ、男性から経済的に自立することにおいてしかない。賃金労働者として働くことで、女性はこの性による経済的関係から解き放たれるはずである。働く女性たちの二重労働のくびきとなった家事労働が社会化される必要性がここにあった。

19世紀の多くの女性たちは、家庭内での無償の家事労働を尊く価値あるものだと説く家庭性(ドメスティシティ)の美徳を信奉してきた。家事労働は神が定めた女性の天職であり、家族に奉仕する労働は金銭に変えることなどできない、愛情に基づく行為なのだ、と。愛情と家事労働の結びつきは、女性たちを家庭へと追いやる理由にもなったが、しかし同時に、家庭のなかで担う単調で退屈な労働が、家族への愛情によって神聖化された行為であると信ずる根拠も女性たちに与えた。特に、食事作りや子育てに関する行為や習慣は、信仰心に基づく家族愛、母性神話としっかりと結びついてきたのであった。

家事労働の社会化のためには、これらの神話から女性を解放することが必要であった。食べるという行為は、性と共に人間のプライバシーに最も深く関わる。人々は「飲食と愛情とを結びつけ神聖化してきた」が、それはむしろ飲食も愛情も共に冒涜するものである、とギルマンは主張する。食と愛情のこうした不幸な結合は「キューピッド〔エロスの神〕を台所に配する」ようなものである[56]。本来、家事労働と愛情には因果関

係はないのだから、とギルマンは説明し、食事作りは食事作りのプロに任せてもよいではないか、と結ぶ。性に基づく男女の関係である婚姻制度から経済的要因を取り払うために、家事労働の神話からエロスの神のキューピッドを、ギルマンは解き放ったのであった。愛情と結びついた家事労働との決別である。

　神話の呪縛から解放され、家事労働が社会化されるとすれば、それは働く女性の夢のアパートになるにちがいない。「もし仮にこのようなアパートが都市に建てられたオープンしたら〔中略〕あっという間に満員になることでしょう」とギルマンは期待を込めて語る。

　　　アパートには台所がありません。好みによって、調理済みの食事が台所のある各自の部屋に配達されたり、共同の食堂で食事をとることも可能です。このアパートには掃除も、てきぱきした働き手によって行われますし〔中略〕よく訓練されたプロの保母や教師が監督する屋上の庭、保育所や幼稚園において、子どもの保育も保証されています[57]。

　ギルマンによれば、こうした「台所のない家（キッチンレス・ハウス）」が実現し、食事作りが家庭という「私」的領域から専門職の手による「公」的領域での労働に移行する。当時の女が担っていた、最も重労働で時間を費やす食事作りから女性たちは自由になれるはずであった。共同の食堂での食事では家庭のプライバシーが問題になるかもしれないが、女性が食事作りから解放されれば、むしろ家族と団らんしたり趣味を楽しむ時間を持つことも可能になる。家族は、それぞれが独立した社会的役割を持ち、性関係から経済的ファクターが取り除かれ、夫婦は自立した個人として結ばれるべきなのである。「テーブルクロスだけでつながっている家族の絆の価値には疑問である」[58]、あるいは「胃袋が家族の絆として機能を強いられる必要はなくなる」[59]として、ギルマンは家庭という「私」の領域のなかで愛情が付加されることで金銭的価値への交換を拒否してきた家事労働を、「公」の領域へと拡大する道を拓いてみせた。

ギルマンが『女性と経済』のなかでの主張、職業と化した結婚制度への批判、女性の経済的自立論、自立のための家事労働の社会化の議論は、ギルマンの個人的体験に裏づけられたものであったが、ギルマンのオリジナルではない。女性の家事労働は「私」的領域での無償労働として評価されず、しかも女性は社会においても二流の労働者として差別を受け、いわば男性と社会から二重の従属を強いられた階級であるという主張も、ベーベルら社会主義者たちによってすでになされていた[60]。ギルマンの構想とされ有名になった「台所のない家」の主張も、ベーベルが家庭生活改革論のなかで提唱していたものである[61]。

　しかし、ギルマンによる、こうした女性の経済的自立論と家事労働の社会化論は、ジェンダーによる社会の棲み分けを自明の理とする近代の家族制度そのものを、批判の俎上に載せることになった。「女性の自立は、婚姻関係から男性の女性への経済的抑圧の関係を取りさる」ことであり、そのことは「必然的に家庭および家族関係の変化を意味する」ことをギルマンは確信したのである[62]。当時の第1波フェミニストたちの多くが、投票権という、いわば法制度の平等権獲得を目指していたのに対し、ギルマンの関心はより本質的な性差別のメカニズムそのものへと向けられた。彼女が衝いたのは、近代社会が是とした家族制度の性による経済的関係であり、ジェンダーによって分断された「公」と「私」の領域の非対称性であった。ギルマンの女性の経済自立論と家事労働の社会化論は、分断された二つの領域の境界線を取りはらうこと、あるいは女性がその境界線を越えることをも意味していた。

　そのギルマンに、分析と方法の理論を提供したのが、進化論と社会主義思想という19世紀を席巻した二つの科学思想であった。しかしまた、その結果、ギルマンのフェミニズムは、依拠したこれらの思想の限界をも抱え込むことになった。

　家族史の見地からは、近代の家族制度の成立は、資本主義の発達と不可分の関係にあると言われる。この家族制度が、私有財産の発生ととも

にその富の継承の役割を担うことで、経済と強固に結びついてきたことを解明したのはフリードリッヒ・エンゲルスである。エンゲルスは『家族・私有財産・国家の起源』において、私有財産の発生により男女に経済的不平等が生じたこと、人類史上最初の階級対立は家族のなかの男性による女性への性の支配であったと指摘している[63]。経済決定論による性差別論である。こうした経済決定論では、私有財産が廃止されることで階級差は解消され、その結果男性による女性への性差別も当然なくなると考えられた。

　ギルマンの『女性と経済』での性差別解消の議論は、基本的には、このエンゲルスらの経済決定論に基づくものであった。W・H・チェイフの言う、ギルマンによるフェミニズムと社会主義の統合の試みである。しかしながらそのギルマンのフェミニズムと社会主義の統合は、失敗に終わる。その理由をチェイフは、ギルマンが失敗したのは、伝統的な家族制度が持つ感情面と制度面をギルマンがあまりにも過小評価しすぎたため、と説明している。しかしその原因は、ギルマンの社会的慣習への認識の甘さにあったというよりもむしろ、ギルマン自身が社会主義者というにはあまりにも決定的な誤りを犯したから、と私は考える。

　実際のところ、ギルマンたちにより提案された「フェミニストの夢のアパート」は、ギルマンが楽観的に語ったように「あっという間に満員になる」ことなく無惨な結果に終わった。高校の英語教師であったヘンリエッタ・ロドマンは12階建てのフェミニスト用アパートを建設し、ギルマンのプランを実行しようとしたが、採算がとれず、成功しなかった[64]。また1902年、ピッツバーグで馬車による調理済みの食事の配達サービスが行われ、1903年にはオハイオ州で共同食堂の試みがなされた。1880年から1930年の間、企業家や主婦によるこうした取り組みは各地で行われたが、これらもまた商業ベースで利益をあげられず継続できなかったというのが真相である[65]。

　ドロレス・ハイデンは「フェミニストの夢のアパート」失敗の理由と

して、当時の家事労働者のほとんどが移民と黒人女性だったことで、労働の組織化が困難であったこと。既婚女性の就業者は増加していたがその数はまだ少なく、こうした家事労働が商業ベースで採算がとれるほどの需要がなかったこと。そして最大の原因に、家事労働者に賃金を払う側の女性が、現実にはその賃金が支払えるほどの経済力を持たなかったことをあげている。さらには、働く中産階級の女性の家事労働を支えるのは移民や黒人女性の薄給である、とするフェミニストたちの前提そのものに誤りがあった。そのうえで、ギルマンらの家事労働の共同化論に対し、それは「社会主義フェミニズムというよりもむしろ慈善的資本主義への信奉」である、とハイデンは批判している[66]。

　ハイデンのこうした批判は、ギルマン個人に向けられたものというよりはむしろ、ギルマンが社会主義思想を学んだ「ナショナリズム」やフェビアン社会主義者たちに共通する、階級的視点の欠如という限界に向けられたものと考えるほうが妥当であろう。さらにつけ加えるなら、エンゲルスらの社会主義者が主張する、経済決定論による女性解放論そのものにも問題がないわけではない。私有財産制度を廃止することで社会での階級解消を目標としてきた社会主義国家が実現しても、こうした社会主義国家においてもなお女性への差別の構造は温存されてきたという歴史的事実がある[67]。階級と性の差異による差別構造の解消は、決してパラレルには作動しないのである。これらの社会主義思想に通用の問題点をギルマンもまた、自身のフェミニズム構想に内包することになった。

第3節　「新しい母性」のアポリア

1

　ギルマンのフェミニズム思想について、メアリ・A・ヒルは「独創的というよりは折衷的」と批判をしたが、なるほどヒルが指摘するとおり、ベラミーからは「ナショナリズム」をとおして社会主義による女性解放

の視点を、ホーム・エコノミストのキャンベルからは専門家による合理的・科学的家事の方法を、社会学者のウォードからは進化論の解釈に女性優位起源説を加える知恵を得て、それらを「折衷」することに成功した。いわばギルマンは、革新主義時代の主義・主張の申し子のようなフェミニストだったと言えるかもしれない。しかしその「折衷」された彼女の思想のなかに「独創」の視点を見るとすれば、「新しい母性」の主張がそれである。

　ギルマンにとって、「新しい母性」のための議論は困難をきわめた。女性が労働するさいに「最も困難であるのは、母親であることを考慮すること」[68]で、ギルマン自身が自らの体験からもそれを熟知していた。『女性と経済』での主張、女性の経済的自立論と家事労働の社会化論は、多くの同邦女性たちの支持を得て、世界の人々からも評価もされたが、母性の議論についてはほとんど関心をひかれることもなく、ギルマンの真意も理解されずむしろ多くの批判にさらされたのである。どのような理由からギルマンの「新しい母性」論は批判を受けたのか。

　まずギルマンの母性論の特徴であるが、第一は、働く母親こそが理想の女性であり、社会の進歩に貢献できること。第二は、専門家による科学的な保育を理想としたこと、である。新しい時代にふさわしい、働く母親のためのフェミニズム構想である。同時代の、ギルマン以外のいかなるフェミニストも、働く母親のためのフェミニズムを語ろうとはしなかったが、ギルマンが挑んだのがこの難題であった。

　まずギルマンの母性論の第一の特徴についてである。なぜフェミニストたちの多くが母性について、また母性とフェミニズムについて語ろうとしなかったのか。ギルマンによれば、母性は「宗教よりも神聖化され、法律よりも拘束力があり、食事よりも習慣化」してきたため「こうした母性崇拝は、より深く、広く、長きにわたってすべての階層に支配的な感情であった」。それは、一方で宗教的感情と結びつくことによってあまりにも汚れなきものとして、また一方では性的感情と結びつくことで

あまりにも汚れたものとして母性を語ることが許されなかった、とギルマンは説明する[69]。

　近代の家族制度における母性の役割は、家庭性(ドメスティシティ)の美徳がまさに説くように、神が授けた天職としてこの役割を女性たちに受け入れられてきた。また同時に、その母性は、生殖とセクシュアリティに関わる女性の属性として、国家によって管理される対象でもあった[70]。しかし、母性は崇拝されるのでもなく、汚れたものでもない。新しい時代にふさわしい新しい母性のあり方について、語らなければならない時が今ようやく来たのだ。

　かくも長きにわたって女性に「自然」に備わる属性とされたこの母性の自明性に、ギルマンはまず疑問を示し、母性機能を二つに分けて次のように説明する。生物として人間の女性は子どもを出産するが、単に産むだけでは動物と同じである。それは個人的行為であるからだ。人間が動物と異なるのは、子どもを教育する役割があるからである。教育は集団的、人間的、そして社会的行為なのである。ギルマンは、母性の機能を「子どもを産み、世話をする」役割と、子どもを「教育する」役割に分別した。すなわちそれらは、生物学的な「産み、育てる」機能、そして、女性固有の特性と結びつけられた、ジェンダーとしての「教育する母性」機能である。

　このように母性の機能を分類したうえでギルマンは、すべての母親が子どもを「教育する母性」を持つとは限らない、と語る。その理由をギルマンは三つ示す。まず第一に、女性がすべて、子どもの世話ができる特別な能力があるわけではないこと。第二に、すべての女性が子育てのための教育を受けているわけではないこと。第三は、子育ては自分の体験以上に子どもを育てる知識を持つことができないこと、である。すなわち、ギルマンが主張する母性とは、女性の本質的な属性ではなく、子育てに不向きな母親も含め、個々それぞれの母親が担うものではなくなる。「教育する母性」の役割は、個々の女性から切り離され、社会が担

う機能であるべきとギルマンは主張する[71]。「個人的な仕事ではない社会的な仕事としての母性」[72]の主張である。

　ギルマンが主張するように、子どもを「教育する母性」の役割が社会的な機能であるとすれば、家庭において、夫に経済的に依存している妻、母親としての役割は、どのようなものになるのだろう。妻の夫への経済的依存を最も正当化したのが、母性の役割であるのだが、ギルマンはこれに疑問をつきつける。男性に依存する女性の状況は母性にとって有利であるどころか、むしろ「病的な母性」の原因そのものであるのだ、と[73]。夫に従属し、自己犠牲的に家族に奉仕する人生に満足する母親は、ギルマンにとって「病的」以外の何ものでもない。自己犠牲的人生を美徳として受け入れた母親の運命がどうなるかは、狂気におちた「黄色い壁紙」のヒロインの人生からも明らかではなかったのか。

　ギルマンは、同時代の女性たちに対し、自己犠牲的な母性像が、(ギルマンの言うところの)人間本来の真の母性からどれほど遠いものであり、自己犠牲の母性がどれほど「不自然」であるかを、宇宙の彼方から地球にやって来た地球外生物ET ("extra-terrestrial"は、ギルマン自身の言葉である)の社会学者の見解という例え話のかたちで、ユーモアとアイロニーを込めて、次のように語る。

　　　ETの社会学者が、人間の生活を研究し、種としての有益な手段とされる「母性的犠牲(マターナル・サクリファイス)」を初めて耳にしたとしたら、おそらく心を動かされて感動してこう言うことだろう。「なんと美しい！　なんと涙をさそう、優しきことか！　人類の半分が、自分のすべての利益と活動を放棄して、母性の役割に時間と精力、愛情を注いでいる！　なんと偉大ですばらしき殉教！」[74]

　ギルマンは、こうした自己犠牲的母性は人類の進歩発展には有害で「病的な母性」であって、病的な母親に育てられる子どももまた「病的」だと説明する。人間の母親が病的であるのは、男性に依存した生活をし、

性差異過剰だからである。「〔人間の女性は〕完璧な母親であるにはあまりにも女でありすぎる！」[75]と、ギルマンはいう。

　性差過剰ではない、人として自立した母親に必要なのが、科学的保育である。これがギルマンの母性論の第二の特徴である。母親には子どもを産むだけでなく、その子どもを教育することが求められる。単に子どもを産み育てさえすれば良しとする時代は終わった。母と子どもの関係もまた新しい時代の要求に応えなければならない。無学な母親による非科学的な子育てでは、あまりにも時代遅れな教育になる恐れがある。

　ギルマンが勧める科学的な子育てでは、例えば子どもに与えるベビー・フードも科学的に吟味され、調理されなければならない。「〔市販のさまざまなベビー・フードは〕母性本能から作られたものではなく、化学的分析と生理学に基づくものである。その栄養効果は証明済みであり、その調理は医師によりバラエティに富むものとなっている〔中略〕。」[76]ギルマンが考える望ましい育児方法とは、つまるところは母親たちが家庭ではできないような、完璧なやり方で、教育にふさわしい環境において、子どもたちには吟味されたベビー・フードを与える、教育の専門家による子育てであった。ありていに言えば集団保育の勧めである。

　こうして母親たちは子どもを科学的に教育する専門家にあずけることで育児から解放され、母親は社会に出て働く経済的に自立した「社会の奉仕者（ワールド・サーバント）」になることができる。女性の一生は家族に自己犠牲的に奉仕し、「家庭の奉仕者（ハウス・サーバント）」としてその生涯を終わるだけであってはならない。女性の一生が「子どもを産み、世話をして育て、愛し、そしてそのすべてを失う」ことだけで果たしてよいのか[77]。こうギルマンは問いかける。

　ギルマンにとって社会の奉仕者となった母親こそが、新しい時代にふさわしい「ニュー・マザー」なのだ。女性は子育てだけの人生から解放されるべきである。家事労働の軽減のために台所のない家を提案したように、働く母親のための子育ての社会化、集団保育の必要性を、ギルマンは説いたのであった。

働く母親のための「新しい母性」論を構想しようとしたギルマンであったが、この「ニュー・マザー」のための子育ての社会化論は、ギルマンの期待に反して大きな反発を受けることになる。その理由とは、ギルマンはフェミニズムの名のもと、母の役割までも否定しようとしている、そのような危惧の念を人々に抱かせたからであった。女性労働者の二重の抑圧に対して、解放のための家事改革論を提唱した社会主義者のベーベルでさえ、家庭での母親の役割は認め、女性は有能な職業人であると同時に、子どもを教育し保育する者であることは当然であるとした[78]。こうしたなかにあっては、『女性と経済』において子育てまでも社会化し、他人任せにしようとするギルマンの母性論に対し、人々の反発は強く、それはギルマンの予想をはるかに超えるものとなった。

2

こうした風潮にあっても、20世紀に入ると革新主義時代の科学思想や専門家主義の影響もあって、子育ての分野においても科学的な育児に対する関心が人々の間に広がった。1914年には、連邦政府の児童局の刊行物として『インファント・ケア』が創刊され、また育児書としては最初の大衆雑誌『ペアレンツ』が1926年に創刊された。科学的な育児方法についての情報や教育方法への助言を、人々が求める時代となったのだ。こうしたなかで、ギルマンの『女性と経済』での主張は、科学的な子育て論に先鞭を着けた形となった。

しかしながら、ギルマンの『女性と経済』での科学的育児法が、母親に経済的自立をうながすための方法論を示そうとしたのにたいし、これらの育児書が対象としたのは、働く母親ではなく、育児に専念する家庭の母親であった。これらの冊子や雑誌は、家庭において子どもを育て教育するのは母親であることを前提とし、むしろ働く母親には否定的な記述さえ見られた。こうした母親の役割重視の傾向は、アメリカ国民が総力戦に巻き込まれていく1940年まで続いたのであった[79]。育児の担い手

は家庭の母親でなければならないとする考えに変化の兆しをもたらしたのは、第2次世界大戦という非常事態であった。軍需産業への労働力不足を補うための、既婚女性の労働市場への参加である。デグラーの言う女性の労働力の「第2次変動」[80]の到来であった。1944年、アメリカ史上で初めて、既婚女性の労働者の割合が未婚女性の労働者のそれを上回ることになる[81]。

ギルマンの働く母親のためのフェミニズムに人々が反発した20世紀初頭のアメリカにおいては、設置された保育所の多くは、主に急増する移民や労働者階級の母親のために、いわば福祉事業の一環として設けられたものであって[82]、ギルマンが属する白人の中産階級の女性が利用できる施設ではなかった。したがって、ギルマンが勧める集団保育は、子育てを女性の天職として受けとめ、子どもは母親自身が家庭のなかで世話すべきであると固く信ずる多くの中産階級の母親たちに、むしろ不信の念をかきたてる結果となった。

そもそもアメリカの歴史のなかで、子どもの教育の責任を誰が担ってきたのかを考えると、その役割を家庭の母親が担うようになるのは、独立革命以降である。独立革命期に生まれた「共和国の母」の思想は、共和国の市民を育てる母としての役割を女性たちに与えたが、革命以前においては、子どもの主たる教育者は家父長である父親であった。近代社会において、母性に対する人々の態度がこのように変化したのは、18世紀末から19世紀初頭にかけておこった社会と家族の形態の変化によるものでもあった。

19世紀初頭までにおこった家族の最も大きな変化は、男女の役割が「公」と「私」、すなわちジェンダーにより社会と家庭に振り分けられたことである。それまで「小さな大人」であった子どもは、家庭のなかで「特別な存在」となり、とりわけ母親の愛情を一身に受けて育てられる存在となった。デグラーが指摘するように、「分離した領域と呼ばれた家庭での女性の役割は、子どもは大人とは異なる、かけがえのないものだと

する新たな考えとしっかりと結びついたのだ。」[83]近代家族の性役割分業と結びついた母性の概念の成立である。

このようにして、子どもを「教育する母性」の概念は確固なものとなった。すべての階級の家族が同じ状況にあったわけではなかったが、少なくともギルマンの属する白人の中産階級にとって、家庭は小さな子どもたちの教育の場となり、母親だけが幼い子どもたちを愛情を持って「教育する母性」の役割を担うことになったのである[84]。19世紀の女性たちは、社会から切り離された「私」の領域において、妻として母として、愛情深く穏和で、自己を犠牲にして家族のために尽くすことが期待された。とりわけ子どもを「教育する母性」の役割は、宗教観と結びついて神聖化されたのであった。

「家庭性(ドメスティシティ)の時代」と呼ばれた19世紀においては、女性たちによるさまざまな社会改革運動が活発化した。それらは社会純化運動、奴隷制廃止運動、禁酒運動であったが、革新主義時代のセツルメント運動でさえも、家庭の道徳(モラル)を守る母の役割の延長線上にあるものとして、これらの改革運動に女性たちが参加することは正当化されることになった[85]。

「公」の領域に踏み込み、男性と同等の政治的権利を要求する女性参政権運動は、「私」の領域を超えようとしたという点からすれば、最もラディカルな運動であった。しかし、この参政権運動も時代の変化に応じて変質していく。この点について、アイリーン・S・クレディターは、女性参政権運動は当初、人間平等の理念に基づく運動であったが、19世紀末の改革の時代に入ると、社会的弊害を改良しようとする社会改革運動に組み込まれ、時の体制を維持しようとする便宜主義的な運動へと変貌していった、と説明する[86]。クレディターが指摘するのは、参政権運動が便宜主義的な運動になることで、運動はより多くの人々の賛同を得て成功したという点である。「全国アメリカ女性参政権協会」(NAWSA)の会長であったキャリー・C・キャットも、なぜ女性に参政権が必要なのかとの問いに、人として平等であることはもちろんであるが母としての判断

力も必要だから、と答えたといわれる[87]。男女平等の理念による運動よりも、道徳(モラル)を守る母が必要とする運動であるほうがはるかに説得力があったのである。

結局のところ、アメリカの第1波フェミニズム運動は、男女の政治的平等権を求めた運動だったにもかかわらず、運動体として大きく盛り上がることができたのは、男女は「平等」であるべきという理念にあったからではなかった。平等よりはむしろ、母であり妻であるという女性の特性が強調され、その「差異」の力がある種の推進力となったのが、第1波フェミニズムという運動体であった。

ギルマンが、このような参政権獲得をはじめとする運動体に関わろうとしなかったのは、「ヴィクトリア朝」的美徳に依拠したこの伝統的母性観から、自分が最も遠い存在であることを認識していたからである。そしてギルマンは、この伝統的母性との決別を余儀なくされたのである。母親たちが社会という「公」の領域へ労働者として踏みだすさい、「母性を根拠に、労働から疎外されてきた」ことであり、「この根拠こそが過ち」だとギルマンは確信するにいたったのである[88]。

近代の産業資本主義体制が進展するなかで、既婚女性の労働が増加し、その労働が搾取の対象となる危惧をマルクスら社会主義者たちはしばしば指摘してきた[89]。しかし彼らの言う女性解放とは、階級格差の解消による性の格差の解消であって、彼らによって性差別のための根本的解決の議論がなされることはなかった。ギルマンの説く「新しい母性」論は、母性が家庭にとどまることで「公」的領域から疎外され、あるいは母性を理由に二流の労働者として搾取されてきたことに対し、その母性から女性を解き放つための可能性を提示したのであった。しかし女性は母性から解き放たれるべきとするギルマンの主張、すなわち集団保育を勧める「新しい母性」は、母性を女性だけの特権と信ずる多くの女性たちにとって、集団保育イコール母性の放棄を意味し、母性のすべてが否定されるという恐れを抱かせることにもなった。女性を解放するはずのギル

マンの母性の主張が、逆に、女性たちの参政権をはじめとするさまざまな改革運動の根拠となってきた、母性という女性の特権そのものを窮地に追い込むことになり、その結果、ギルマンには「不自然な母親(アンナチュラル・マザー)」という烙印が押され、「新しい母性」はアポリアにおちいったのである。

註

1　Degler, "Introduction," to Gilman, *Women and Economics,* xxvi.
2　Mary A. Hill, "Charlotte Perkins Gilman: A Feminist's Struggle with Womanhood," Sheryl L. Meyering ed., *Charlotte Perkins Gilman: The Woman and Her Work* (Ann Arbor: U.M.I Research Press, 1989), 39.
3　Edward Bellamy, *Looking Backward: 2000-1887* ([1888], New York: Dolphin Books, 1980), 47. ベラミー、山本政喜訳『顧りみれば』(岩波書店、1986年)、62頁。
4　Gary Scharnhorst, "Making Her Fame: Charlotte Perkins Gilman in California," *California History,* 64-3 (Summer 1985), 194.
5　Charlotte Perkins Gilman, "Similar Cases," *Nationalist,* 2 (April 1890), 165-166.
6　Knights, ed., *The Diaries,* vol. 2, 415.
7　ギルマンの講演の原稿に関しては、アンドレア・M・リリーの博士論文を参考に、その論文より引用した。Andrea M. Leary, "'To Point To a Solution': A Collection of Charlotte Perkins Gilman's Lectures," Ph.D. Dissertation, The University of Delaware, 1998, 75. SL, folder 163.
8　Gilman, *Living,* 122.
9　Ibid., 122-123.
10　ギルマンによれば、自分1人の1ヶ月の生活費は30ドル。内訳は、住居費に5ドル、食費に15ドル、被服その他が10ドルであった。また当時の女性たちの賃金の状況であるが、19世紀末の女性の平均賃金として、ある程度の熟練した女工の週給(60時間)で6ドル、女性の就労率が最も高い家事労働者、いわゆる「お手伝いさん」の週給は2ドルから6ドルであった。こうした女子労働者の賃金はほぼ男性の半分の水準であったが、ギルマンの収入が講演1回につきほぼ3ドルだったのは、それほど悪いものではなかったと言える。Gilman, *Living,* 165; Degler, *At Odds,* 382.

11　1935年8月20日付『ニューヨーク・タイムズ』のギルマンの死亡記事では、肩書きは「詩人、作家、講演家」であった。当時の日本でギルマンの女性解放論を紹介した山川菊栄も「米国の女詩人シャーロット・パーキンス・ギルマン」と書いている。生前のギルマンは、フェミニストの詩人という評価を得ていたことは明らかである。"Charlotte Perkins Gilman Dies to Avoid Pain," *The New York Times* (20 August 1935), 44.
　　山川菊栄「現代婦人論」『社会経済体系』(日本評論社、1926年)、9頁。
12　4つの論文の講演日は以下である。"Nationalism and the Virtues," on November 16, 1890; "Nationalism and Love," on December 21, 1890; "Nationalism and the Arts," on April 24, 1891; "What is Nationalism?" on January 15, 1892. Leary, "To Point To a Solution", 77-83; SL, folder 164, 168.
13　Bellamy, *Looking Backward*, chapter 15 passim.
14　「ナショナリズム」運動そのものは「ポピュリズム」へと吸収され、1901年には社会党も誕生し、アメリカの社会主義運動は新局面をむかえていくことになる。Mark Pittenger, *American Socialists and Evolutionary Thought, 1870-1920* (Madison: The University of Wisconsin Press, 1993), 71-72.
15　Gilman, *Living*, 131.
16　F・エンゲルスによれば、初期の空想的社会主義(ユートピア)とは、ヨーロッパ啓蒙主義時代の思想を基盤として生まれた「お上品」な社会改良主義であって、後のマルクスの唯物史観による根本的社会変革を目指すものではなかった。Friedrich Engels, *Die Entwicklung des Sozialismus von der Utopie zur Wissenschaft* (1883). エンゲルス、大内兵衛訳『空想より科学へ―社会主義の発展―』(岩波書店、1991年)。
17　Scharnhorst, "Making Her Fame," 198.
18　ギルマンの娘キャサリンにインタビューしたヒルもレーンも、仕事を優先させた母ギルマンと、再婚した父のもとに送られた娘との間に壮絶な葛藤の歴史があったことを認めている。キャサリンは「私は9歳で母親に捨てられた。私を捨てた母を許さない」とギルマンの行為を非難している。Hill, *Radical Feminist*, 232-237; Lane, *To Herland*, 307-328.
19　Gilman, Living, 171; Hill, *Radical Feminist*, 238-241.
20　ヘレン・キャンベルの家政学の著者では、『家事と料理の最も簡便なる方法』(*The Easiest Way in Housekeeping and Cooking*, 1881) や、『家庭経済学』(*Household Economics*, 1897) などが有名である。Matthews, "*Just a Housewife*,"

145-171.

21 ギルマンは『インプレス』の編集長、キャンベルは副編集長、雑誌発行の業務にはキャンベルの養子のポール・タイナーが担当した。Lane, *To Herland,* 163-64; Hill, *Radical Feminist,* 255.

22 1895年のPCWPA（Pacific Coast Woman's Press Association）女性会議の出席者の写真のなかに、ギルマンの姿がある。Gilman, *Living,* 174; Marion K. Towne, "Charlotte Perkins Gilman in California," *The Pacific Historian,* 8-1 (Spring 1984), 15.

23 Sklar, "The Historical Foundations," 67.

24 成瀬は大学教育を社会に拡大させることを期待し、日本女子大学校の卒業生がその能力を活かせる場として、イギリスやアメリカでのセツルメント活動の様子を、1908年の『家庭週報』（第51号～第54号）において紹介している。成瀬仁蔵『成瀬仁蔵著作集（第2巻）』（日本女子大学、1976年）、899–902頁。

25 Kathryn Kish Sklar, "Hull House in the 1890s: A Community of Women Reformers," *Signs,* 10-4 (Summer 1985), 658-677.

26 新聞のなかには、ギルマンへの非難ではなく、別れた夫のウォルターに対し、「ヴィクトリア朝時代」の男として妻の言いなりでふがいない、と嘲笑気味に書く記事もあった。Towne, "Charlotte Gilman in California," 12-13.

27 Gilman, *Living,* 142-143.

28 Hill, *Radical Feminist,* 255.

29 こうした世間に対し、ギルマンは1895年に「不自然な母親」("An Unnatural Mother") という短編小説を『インプレス』に発表した。後に自分の雑誌『フォアランナー』に掲載することになる「不自然な母親」("The Unnatural Mother", 1916) とストーリー、展開はほぼ同じである。この「不自然な母親」の短編については、第3章において詳しく触れたい。Hill, *Radical Feminist,* 256-57, fn. 256; Charlotte Perkins Gilman, " An Unnatural Mother," *Impress,* 16 (February 1895), 4-5.

30 ベーベルはドイツの社会主義者で「未来は社会主義者のものである。何よりも労働者と女性のものである」という彼の著書『女性と社会主義』（邦題は『婦人論』）の結びの言葉は有名である。資本主義社会での女性の経済的抑圧からの解放を訴えた彼の主張に、ギルマン自身も大きな思想的影響を受けたものと思われる。Gilman, *Living,* 201; August Bebel, *Die Frau und der*

第2章　新しい母性の模索　103

Sozialisus, fifteenth version (1909). ベーベル、草間平作訳『婦人論(上・下)』(岩波書店、1967年)。

31　フェビアン協会のメンバーにはH・G・ウェルズ (Herbert George Wells)、ジョージ・バーナード・ショー (George Bernard Shaw)、ウェッブ夫妻(Sidney and Beatrice Webb)らがいた。フェビアン社会主義は、ベラミーの「ナショナリズム」と同様の穏健な社会主義の一派で、1884年にロンドンに設立され、革命や闘争などといった暴力的な手段に訴えることなく、社会主義社会の実現を目指す団体である。あくまで民主主義的伝統を保守しつつ、資本主義体制により生ずる社会のひずみを是正しようとする啓蒙的社会主義の運動の一つである。名古忠行『フェビアン協会の研究』(法律文化社、1987年)。ギルマンがロンドンで出会ったショーやフェビアンの人たちの服装は、膝までのニッカー式のズボン、靴下とサンダルというスタイルで、後のギルマンの小説『ハーランド』の女性の服装にヒントを与えた。Gilman, *Living*, 203.

32　Gilman, *Living*, 198.

33　ギルマンの日記によると、『女性と経済』執筆開始は1897年8月31日である。Knight ed., *The Dairies*, 690.

34　ギルマンの友人の一人、E・ウェリントンは、当時の女性解放の最も優れた3冊の理論書として、メアリ・ウルストンクラフトの『女性の権利と擁護』、南アフリカの思想家、オリーブ・シュライナー (Olieve Schreiner) の『女性と労働』(*Woman and Labor*, 1911)、そしてギルマンの『女性と経済』の3冊をあげ、この書を絶賛している。Wellington, "Charlotte Perkins Gilman," 125.

　ギルマンは自伝のなかで、自分の著書が各国で翻訳されたが、イタリアを除く6ヶ国の国の翻訳書に関して、何の謝礼もなかったと書いている。唯一イタリア語版への翻訳者ピロンティ伯爵夫人 (Contessa Pironti) だけが、ギルマンに30ドルを送った。そのイタリア語版への『女性と経済』の序論の執筆者は、ヴァーノン・リー (Vernon Lee) というイギリス人で、後にギルマンは彼をフローレンスに訪ねている。Gilman, *Living*, 270, 299-300.

　なお諸外国で翻訳された『女性と経済』への書評のうち、シュレジンジャー・ライブラリーの資料にあったのが、以下のイタリア語版への書評のみである。『女性と経済』のイタリア語のタイトルは『女性と社会経済』(*La Donna d L'Economia Sociale*)。『女性と経済』を紹介する記事では、ギルマン

の女性の経済的自立論には理解は示しても、「台所のない家」などの家事労働の社会化論には懐疑的であった、とある。Carolina Pirouti, "La Donna e L' Economia Sociale," *Il Bollettino Bibliografico*, 48-45 (Gennaio 1902), 1-2.

35　Richard Hofstadter, *Social Darwinism in American Thought* ([1944], Boston: Beacon Press, 1992), 4-5.

36　1898年の初版には「序論」はなかったが、1920年の第9版からギルマンが新たに序論を書き加えた。Gilman, *Living*, 270; Gilman, "Introduction," *Women and Economics*, xiii..

37　Gilman, *Women and Economics*, 5.

38　Ibid., 18.

39　Ibid., 44.

40　Ibid., 43-44; Degler, "Charlotte Perkins Gilman," 39.

41　Gilman, *Women and Economics*, 7.

42　Ibid., 184.

43　Gilman, "Similar Cases," 165-166.

44　Gilman, *Living*, 259. ギルマンが参考文献としてあげた2冊は、ウォードの論文と、ゲディーズとトムソンによる両性の生物進化をテーマとする生物学の専門書、『性の進化』であった。Lester F. Ward, "Our Better Halves," *The Forum*, 6 (1888), 266-275; Patrick Geddes and J. Arthur Thomson, *The Evolution of Sex* (New York: The Humboldt Publishing Co., 1890).

45　Degler, *In Search of Human Nature*, 7.

46　ダーウィンによれば、性選択において、オスはメスを求める求愛で、より積極的で、魅力的、またメスよりも発達した武器を持つように進化してきたのである。この性選択の原理は人間の進化にもあてはまり、男性は女性よりも身体的にも心理的能力（脳の発達も含め）も進歩発達させてきたのである。

　　Charles Darwin, "The Descent of Man," in Philip Appleman ed., *Darwin: A Norton Critical Edition*, 203-208.

47　Ward, "Our Better Halves," 266, 275.

48　ダーウィンの進化論は、ハーバート・スペンサーらの保守派が体制擁護に利用しただけではなく、弱者側に立つ社会改革派であるウォードやギルマン、さらにはギャンブル（Eliza Burt Gamble）やコマンダー（Lydia Commander）らは、逆に進化論を利用することで環境を変えうるのは人間

であることを主張した。Degler, *In Serach for Human Nature,* 14, 21, 108-112.
49　Lester Frank Ward, *Pure Sociology: A Treatise on the Origin and Spontaneous Development of Society* ([1903], New York: The Macmillan Company, 1919), 290-416.
50　1916年、堺利彦はウォードの『純粋社会学』のなかの「女性中心説」のみを翻訳している。このほか山川菊栄による解説書もある。堺利彦訳『女性中心説』(牧民社、1916年)。山川菊栄「ウォードの女性中心説」『社会経済体系』、第2巻 (日本評論社、1926年)、13-16頁。
51　ホフスタッターはウォードの章において、この「女性中心説」については触れていない。Hofstadter, "Lester Ward: Critic," *Social Darwinism*, chapter 4.
52　多田富雄『生命の意味論』(新潮社、1997年)、101-117頁。山内俊雄『性の境界―からだの性とこころの性』(岩波書店、2000年)、27-52頁。
53　Gilman, *Women and Econimics,* 94, 121.
54　Ibid., 14-15.
55　Ibid., 106-107.
56　Ibid., 236.
57　Ibid., 242.
58　Ibid., 244.
59　Ibid., 253.
60　ベーベルは、女性は、男性による社会的従属と経済的従属という二重の抑圧に苦しんでいると主張し、結婚制度と売買春制度はコインの裏表であるという例を引いて「職業としての結婚」を非難している。ベーベル『婦人論 (上)』、19-21頁。
61　同書、314-322頁。
62　Gilman, *Women and Economics*, 210.
63　Friedrich Engels, *Der Ursprung der Familie, des Privateigenthums und des Staats* (1953). エンゲルス、戸原四郎訳『家族・私有財産・国家の起源』(岩波書店、1992年)。
64　Ladd-Talor, *Mother-Work,* 114-115.
65　Dolores Hayden, "Charlotte Perkins Gilman and the Kitchenless House," *Radical History Review*, 21 (Fall 1979), 243-244.
66　Ibid., 245; Hayden, *The Grand Domestic Revolution*, 181-278.
67　上野千鶴子ほか著『ドイツの見えない壁―女が問い直す統一―』(岩波書

店、1993年)。
68　Gilman, *Women and Economics*, 270.
69　Ibid., 174-175.
70　女性が「性」について語ることがタブーだった「ヴィクトリア朝時代」に、生殖を女性自らがコントロールする運動、「産児制限運動」をおこしたマーガレット・サンガー (Margaret Sanger) がいる。David M. Kennedy, *Birth Control in America: The Career of Margaret Sanger* (New Haven: Yale University Press, 1970).
71　Gilman, *Women and Economics*, 246, 283-284, 292-293.
72　コーベンとマイケルによれば、「ギルマンは、ラディカルな家族の再構築を要求したことで、同時代の多くの人から母親の敵と誤解を受けたが、彼女の主張したのは『個人的な仕事ではない、社会的な仕事としての母性』の到来であった」と、その母性の主張の特徴を述べている。Seth Koven and Sonya Michel, "Introduction: 'Mother Worlds'," Seth Koven and Sonya Michel eds., *Mothers of A New World*, 3.
73　Gilman, *Women and Economics*, 169.
74　Ibid., 191.
75　Ibid., 181, 182.
76　Ibid., 196.
77　Ibid., 268-269.
78　ベーベルは「将来の女性」という章のなかで、新しい社会の女性は社会的にも経済的にも独立し、男性と同一条件のもとで働いているが、一定の職業に従事しながらも、なお1日の数時間は子どもの教育者、保母であることが、女性の肉体的、精神的能力にそうものであるとしている。ベーベル『婦人論 (下)』、217頁。
79　恒吉僚子ほか編著『育児の国際比較―子どもと社会と親たち―』(日本放送出版協会、1997年)、148-149頁。恒吉僚子「育児出版物から見たアメリカの育児観の変遷」『家庭教育研究所紀要』、家庭教育研究所、16号 (1994年)、82-90頁。
80　「第2次変動」(The Second Transformation) の女性労働の変化は、6歳以下の幼児を持つ若い母親の労働力をも、軍事産業が引きだしたことでも、アメリカ女性の生活に大きな変化を与えた。さらに、それまで男性に限られた職種、例えば、市電の車掌、溶接工、海軍や陸軍の後方部隊にも女性

が進出するようになった。Degler, *At Odds*, chapter 17.

81　有賀夏紀は、「〔第２次世界大戦の〕戦時下の女性の労働参加には、〔中略〕既婚者が大量に進出」したことで、女性労働が質的変化を遂げた点を指摘している。有賀『アメリカ・フェミニズムの社会史』、157-162頁。

82　Seth Koven and Sonya Michel, "Womanly Duties: Maternal Polotics and the Origins of Welfare States in France, Germany, Great Britain, and the United States, 1880-1920," *American Hsitorical Review*, 95 (1990), 1101.

83　Degler, *At Odds*, 73.

84　19世紀の半ばの時代では、例えばギルマンの大伯母の一人であるストー夫人は、作家としての仕事を持ちながらも、子どもたちを保育園に預けることはしなかった。小さな子どもが学校に行くことはほとんどまれで、「母親が教師であり、家庭が学校であった」からである。Degler, *At Odds*, 53.

85　Evans, *Born for Liberty*, chap. 6; 有賀夏紀『アメリカ・フェミニズムの社会史』、第2章、3章。

86　Aileen S. Kraditor, *The Ideas of the Woman Suffrage Movement, 1890-1920* (New York: Columbia University Press, 1965), 41-71.

87　Cott, *The Grounding*, 30.

88　Gilman, *Women and Economics*, 18-19, 21.

89　マルクスは、「近代」の産業の機械化が進み、熟練の技術や力を必要とする労働が減ることで、女性や児童労働が増加することの危惧を述べている。Karl Marx, Friedrich Engels, *Das Kommunistische Manifest* (1848). マルクス・エンゲルス、大内兵衛・向坂逸郎訳『共産党宣言』(岩波書店、1990年)、49頁。

第3章 「ハーランド」、あるいは「ニュー・マザー」のユートピア

> 世の中の母親たちが〔家庭から〕解き放たれ産業社会に参加できて初めて、私たち労働者の状況を本来のあるべき姿にすることができるのです。
> シャーロット・パーキンズ・ギルマン[1]

第1節　フェミニズムの実験室『フォアランナー』

1

シャーロット・パーキンズ・ギルマンの『女性と経済』での主張、女性の状況分析と女性の経済的自立論や家事労働の社会化論は、アメリカの世紀転換期に流布したさまざまな革新主義思想を「折衷」的にアレンジした女性解放論であったが、その主張は働く女性たちが増えた時代の潮流に乗り、確かな説得力を持って人々の心をとらえることができた。しかしギルマンの言う「新しい母性」の主張、すなわち働く母親のための子育ての社会化論は、あたかも人々に母性の放棄を強いるかのごとく受けとめられ、強い反発を招くことにもなった。そこでギルマンは、『女性と経済』以降の著書において、この「新しい母性」論をいかに人々に理解させるか、腐心することになる。

これらの仕事で本章において注目するのが、ギルマンにとって最後の仕事となった雑誌『フォアランナー』である。ギルマンの伝記を著したメアリ・A・ヒルは、「彼女（ギルマン）の理論的分析はそれだけで感動を与えるものであったが、ギルマンが人生という実験室において体験する

なかで、絶えずこれらの理論をテストし続けたことは感動的であった」[2]と述べている。ヒルの言葉を引用するならば、『フォアランナー』は文字どおり時代を「先駆ける(フォアランナー)」役割を担った、ギルマンのフェミニズム思想の「実験室」となる、ギルマン自身の手による雑誌である。

　第3章の考察として以下の点をあげたい。まず第一は『フォアランナー』創刊の背景とギルマンの雑誌発刊の目的について。第二はこの雑誌がギルマンの「新しい母性」への批判に応える論争の場となったことについて。第三は雑誌に連載された三つのユートピア小説、『山を動かす』(Moving the Mountain, 1911)、『ハーランド』(Herland, 1915)とその続編『我らの世界で彼女とともに』(With Her in Our Land, 1916)のなかの母性の主張について分析し考察すること、以上の三点である。

　これらの三点についての考察をふまえたうえで、ギルマンが生涯こだわり続けた「不自然な母親」というラベルに対しどのように応えようとしたのか、あるいはまた、性による役割分業体制を是とする近代社会を批判しつつ、その男性中心主義を超えようと模索するギルマンのフェミニズム思想の意義、その問題点とは何であったかも、明らかにしていきたい。

　まず『女性と経済』から『フォアランナー』発刊までの経緯について触れてみよう。ギルマンは生涯で2度の結婚をするが、著書や自伝においても自分自身の結婚や2人の夫について触れることはほとんどなかった。『女性と経済』以降のギルマンの執筆活動を支えたとされる2度目の夫、ジョージ・ヒュートン・ギルマンとの結婚のいきさつについても口を噤んだままである[3]。ヒュートンに宛てた膨大な手紙を残しながら、自伝においては夫についての記述をほとんど残そうとしなかった。ギルマンの人となりを知るうえで謎多き人とされるゆえんである。

　とまれ、1900年6月11日、弁護士で彼女よりも7歳年下の従弟のヒュートンとギルマンは再婚した。ヒュートンという理解あるパートナーを得て、フェミニストの思想家としてのギルマンの新たな活動はスタートし

たのであった。ヒュートンは、名声や富の獲得には執着しない清廉な弁護士であったと言われ、生涯にわたり妻であるシャーロットの働きたいという意志を尊重し理解を示す夫であった[4]。

　ヒュートンという生涯の伴侶を得た後のギルマンの活動はめざましかった。『女性と経済』の内容を補足するかたちで、1900年には『子どもについて』(Concerning Children)、1903年には『ホーム』(The Home)を発表。さらに、『人間の仕事』(Human Work, 1904)、『男の造った世界』(The Man-Made World, 1911)、『男の宗教、女の宗教』(His Religion and Hers, 1923)を精力的に執筆し、自死の直前に書かれた自伝『シャーロット・パーキンズ・ギルマンの生涯』(The Living of Charlotte Perkins Gilman, 1935)を含むこれらの作品を次々と世に送りだしていった。そして最後のライフ・ワークとなったのが、ギルマンのフェミニズム思想の実験室となった『フォアランナー』である。

　50歳を目前としたギルマンに、たった一人で執筆、編集し発行するリトル・マガジン『フォアランナー』の創刊を決意させたのは、作家のセオドア・ドライサーの言葉であった。作家としてのギルマンの名声は『女性と経済』への評価をピークに徐々に下がり始め、『女性と経済』以降に発表してきた数々の著書に対し、世間の評価はいずれも冷たかった。『女性と経済』でのギルマンの主張、女性の経済的自立と家事労働の社会化論を、発表当時こそはその主張の斬新さゆえに人々は熱狂し歓迎もしたが、『女性と経済』以後の著書においても相変わらず同じ主張を繰り返すかに見えるギルマンに対し、人々は興味をしだいに失っていった。現実の女性たちの経済的自立や家事労働への意識改革が、ギルマンの思惑どおりには進まなかったことも、読者の興味が離れる原因となった。読者の関心と、ギルマンのフェミニズムの主張の間に生じたこうしたずれに、ギルマン自身は頓着することはなかった。

　時流に迎合しようとしないギルマンに対し、「あなたは編集者の求めるものをもっと考慮すべきです」とアドバイスを与えたのは、苦労人の

作家のドライサーであった。しかしこのドライサーの言葉は、逆にギルマンに「もし編集者や出版社が私の作品を取り上げようとしないのなら、私が自分でやるしかない！」と、自分の雑誌発行を決意させることになる[5]。自分の信念に対し頑固一徹なギルマンの気性を表すエピソードであろう。

　1910年代のアメリカは、ギルマンの『フォアランナー』に限らずこうしたリトル・マガジンの全盛期で、その数は一千近くあったとされる。なかでも、ロシア革命に遭遇しそのルポルタージュで世界を震撼させたジョン・リードが執筆に加わった『マッシズ』や、無政府主義者として活躍したエマ・ゴールドマン主筆の『マザー・アース』は、日本の大逆事件を紹介するなどして歴史にその名を残している[6]。さらにまた、これらのリトル・マガジンのなかには、日本人の社会主義者の金子喜一が、夫人のジョセフィン・コンガー・金子を助けてシカゴで発行した『ソーシャリスト・ウーマン』といった、たとえ発行部数が少なくても個性的な社会主義の雑誌もあった[7]。こうした百家争鳴的なおびただしい数の雑誌のなかにあって、フェミニズム思想の実験室となったギルマンの『フォアランナー』も決して異色の雑誌ではなかった。

　『フォアランナー』は、執筆から編集まですべてをギルマン一人でこなした。他のリトル・マガジン同様、財政状態は豊かではなく、ギルマンは雑誌発行の営業や雑務のすべてを引き受けた。創刊は1909年1月。当初は32頁の月刊誌で、1部を10セント、年間購読料は1ドルでスタートすることになった。本屋やスタンドでの販売はせず、「全国アメリカ女性参政権協会」(NAWSA)や「社会主義者文芸社」といったリベラルな団体を通じて読者に届けられた。興味深いのは、雑誌の広告文までギルマン本人が書いていることである。詩人として、言葉を自由にあやつる才に長けたギルマンにとって、広告文を創作する作業はさほど難しい仕事ではなかったようである。

　創刊号には、石鹸やストッキング、万年筆などの広告がずらりと掲載

されている。例えばストッキングの広告文においてギルマンは、商品広告の体裁をとりながら、靴下のほころびを繕っている暇があったら読書に時間をお使いなさい、と読み手に知的生活を勧める彼女特有のメッセージを込める工夫をしている[8]。しかしギルマンお薦めのこれらの商品の、彼女らしいコピー文は広告主にはどうやら不評だったらしい。このことは、創刊号以降これらの広告がしだいに雑誌の頁から消えていったことからもうかがえる。

　雑誌の発刊には年間3千ドルの費用がかかったが、『フォアランナー』は採算ラインの最低3千人の購読者を獲得することができず、他のほとんどのリトル・マガジンと同様、常に経営の危機にさらされていた[9]。結局、赤字分を夫のヒュートンに借金したり、ギルマン自身が他の雑誌への投稿料や講演収入で補わなければならなかった。

　ギルマンの雑誌『フォアランナー』に限らず、少数の読者を対象としたリトル・マガジンの売れ行き不振とは対照的に、大衆の間で圧倒的な人気を誇ったのが、消費文化興隆の波に乗ったエドワード・ボックの『レディーズ・ホーム・ジャーナル』であった。1883年に創刊されたこの雑誌の発行部数は1912年に二百万部にも達した。商業雑誌としての成功は、当時の人気作家であったルイザ・M・オルコットの小説を連載するなどのボックの編集者としての手腕もあったが、何といっても雑誌に掲載される広告による莫大な収入にあった。読者層の地域が限定される新聞とは異なり、全国規模の読み手を対象とする大衆雑誌に掲載される広告収入が、雑誌経営の成否の鍵を握る時代でもあった[10]。ギルマンが『フォアランナー』の経営に四苦八苦していた20世紀初頭のアメリカでは、メディアと広告が手を結び、それらが人々の欲望を限りなくかき立てようとする大量生産・大量消費社会の幕が開こうとしていたのである[11]。

　こうした時流をよしとしない雑誌『フォアランナー』に、広告を依頼する者もやがてなくなり、1911年の2月号から広告の頁を減らし、その分雑誌も28頁と身軽になった。ギルマンの決意の言葉を引用するなら、

「精神的資本以外は無資本」で「言いたいことを言い尽くす」までの7年間、広告収入に頼ろうとせず自由に、公害問題から性病、教育、フェミニズム、女性参政権運動、社会主義といったテーマを取り上げ、女性に関わるすべての問題をギルマンは読者に訴え続けた。7年間にギルマンが書き続けた原稿量は膨大なものとなった。ギルマンの説明によれば、雑誌の総頁数は、1年間に1冊三万六千語の本が4冊、7年間にはその本が28冊にも匹敵する量だったという[12]。この膨大な実験室での試みは、ギルマン最後の仕事にふさわしく、さまざまな論争とフェミニズム思想の実践の場となった。

2

『フォアランナー』の表紙絵には、大きなゴム・ボールに乗る1人の子どもを中央に、若い夫婦と思われる男女のカップルが、左右からこの子どもを支えあう姿が描かれている。この表紙の作者は、ギルマンの娘のキャサリン・ステットソンである。娘のキャサリンは、9歳でギルマンのもとを離れて、再婚した父親の家庭で育てられた。父親ウォルターが絵を生業としていたことからキャサリンはその影響を受け、絵画を勉強するためにローマに渡り、その後アメリカに戻ってからも父親の助言を受けながら絵の勉強を続けていた。娘のキャサリンが描いた絵を、自分のライフ・ワークとなった雑誌の表紙絵にふさわしいものとして、ギルマンは選んだのであった[13]。

「母(ギルマン)が気に入るようになるまで、私は何度も描き直しました」と語るキャサリンは、原画では親子3人の姿をラフに描いたスケッチ画を、おそらくはギルマンの助言とアイディアがあったと思われるが、明確なメッセージを放つ作品へと仕上げることができた。そこには、幼児を中心に男女が支えあおうとする、ある種の調和のとれた家族の姿が描かれている。9歳の幼い娘の子育てを、仕事との両立不可能という理由で放棄したギルマンが、どのような思いで娘が描いたこのスケッチ画を

Volume 1. No. 12.　　　　　　　　　　　　OCTOBER 1910

THE FORERUNNER
BY
Charlotte Perkins Gilman.

CONTENTS

Only Mine.　　　　　　　　　　Woman and the State.
The Boys and the Butter.　　　　What Diantha Did. Chap. XII.
A Question.　　　　　　　　　　Our Androcentric Culture, Chap. XII.
Is It Wrong to Take Life.　　　　The Socialist and the Suffragist.
The World and the Three Artists.　Comment and Review.
In How Little Time.　　　　　　Personal Problems.

1.00 A YEAR　　　67 WALL ST.　NEW YORK　　**.10 A COPY**

選んだのか。この1枚の絵が私たちに語りかけるのは、ギルマンが『フォアランナー』に託そうとするフェミニストとしてのメッセージである。ギルマンの関心が「新しい母性論」の構築に向けられていたとすれば、おそらくこの表紙絵が示すのは、ギルマンが理想とする未来の家族のあるべき姿だったのではないかと私は想像する。『フォアランナー』には、キャサリンの表紙絵以外の挿し絵はいっさいなく、7年の間、ギルマンはキャサリンの描いたたった1枚の絵を使い続け、他の表紙絵を用いる

ことはなかった。

　当時最大の読者数を誇った『レディーズ・ホーム・ジャーナル』では、チャールズ・D・ギブソンのような人気画家の挿し絵を掲載することで話題を呼んだが[14]、こうした華やかさを売りにする女性雑誌とは対照的に、『フォアランナー』はシンプルさを守り続けた。フェミニズムの実験室である『フォアランナー』の目的とは、『女性と経済』では読者からの反発を招いた母性論を、より説得力のある議論にすること。具体的には、働く母親と子どもたちがかかえるさまざまな問題を、どう方法で解決するのか。子どもを尊重しつつ、女性が解放されることは可能なのか。可能であるとすれば、具体的に読者にどう説明すればよいのか、といった問いに答えることであった。ギルマンはそのために自分の最後の人生を賭けた。

　ギルマンは雑誌の目的を、読者に次のように説明している。

　まず『フォアランナー』は月刊誌として、短篇小説、連続小説、論文、演劇、詩、風刺小説、説話、対談、童話、ファンタジー、書評などをあつかうこと。執筆者は自分一人であること。女性解放を求める雑誌であるが、女性だけをあつかう雑誌ではなく、「3種類の人間──男性（メール）、女性（フィーメール）、人間（ヒューマン）」をあつかい、さらに論ずる対象は大人だけではなく、「最も大切な市民である子ども」についても雑誌で取り上げることを示した。働く母親にとって、子どもの問題が解決されることが最も大切であることをギルマン自身が誰よりもよく知っていたからである。さらに社会主義との関係についてもギルマンは、「〔『フォアランナー』は〕社会主義者の雑誌？──いいえ、ヒューマニティを目指す雑誌です」と語り、「ヒューマニティ」という言葉を使うことで、当時の社会主義者たちと自分は異なるのだと明言をした[15]。

　ギルマンのこうした思想傾向の表明は、「ナショナリズム」運動衰退後に優勢となったユージン・デブスを党首とする社会党の組合運動や、「世界産業労働者連合」（IWW）による過激な労働者運動からも距離を置

こうとするギルマンの立場を物語るものである。また、例えば先に述べた『ソーシャリスト・ウーマン』を創刊したジョセフィン・コンガー・金子が、彼女の雑誌の特徴を「資本家による豪華なブルジョア雑誌では得られない真実を提供する雑誌」[16]として、階級的視点を打ちだしていたのと比較すると、ギルマンの心がすでに社会主義思想から離反しようとしていたことは明らかだった。

　いずれにせよ、ギルマンは当時の女性雑誌としては破格の、作法やファッション、料理に関する記事をいっさい掲載しない雑誌を7年もの間頑なに発行し続けた。その『フォアランナー』に対して、「うんざりするほど同じことの繰り返し、その視野の狭さに、彼女(ギルマン)の雑誌を放りださざるをえなかった」[17]と辛辣に批判する読者もあった。しかしギルマンはこうした人々に、子どもと教育、働く女性と家庭といったテーマをとおして、人間の生活に真に大切と思われる問題について訴え続けた。しかしながら、ギルマンのこうした意図を理解する読者が増えることはほとんどなく、7年間の彼女の奮闘もむなしく、『フォアランナー』は1916年12月号の最終号をもって廃刊のやむなきにいたった。

　ギルマンが雑誌活動でペンを擱くことになったのは、読者が少なかったという財政的な理由もあったが、ギルマン自身が「語らなければならない最も重要なことを、十分、かつ存分に、言い切った」[18]ことで、ある種の達成感を得たからである。この『フォアランナー』は、当時二百万人の読者を獲得したボックの『レディーズ・ホーム・ジャーナル』のように、多様な読者の好みにあわせた話題を提供する雑誌でもないことは、ギルマン自身も認めるところであった。しかし、時の読者に迎合しようとしなかったギルマンがこの雑誌をとおして伝えようとしたのは、フェミニズムを『フォアランナー』という実験室のなかでよりわかりやすく実践的な形で描くことであった。それらは詩、短篇小説、連載小説、劇などで、自らのフェミニズム思想を伝える言葉の器として、そのジャンルを気にすることなく、ギルマンは自由にペンを執った。そし

て、「語らなければならない最も重要なことを、十分、かつ存分に、言い切った」のである。

　文芸評論家ハウエルズは、ギルマンの「黄色い壁紙」や詩集「類似した事情」を発掘し、絶賛を惜しまなかったが、『フォアランナー』に載った短篇小説や長篇小説についてギルマンが雑誌を送りコメントを求めても、ハウエルズからは何の返事も送られてこなかったという[19]。連載ものとして長篇小説、さらに数多くの短篇小説を雑誌の締め切り日に追われるようにして書き、推敲することもほとんどなかったとギルマンは語り、これらの『フォアランナー』に発表した膨大な量の読み物を、ギルマン自身も文学的作品ととらえていたのではなかった[20]。後の批評家も「シャーロットのノン・フィクションとフィクションには境界線がなかった」[21]と指摘するように、ギルマンにとってフェミニズムについて書くこと、語ることが、ギルマンの雑誌発刊の目的のすべてであった。これらの点に留意したうえで、次節において『フォアランナー』に連載されたユートピア3部作——『山を動かす』、『ハーランド』、『我らの世界で彼女と共に』（『我らの世界』と略記）——に注目していくことにする。

第2節　働く母親と子どものユートピア

1

　『山を動かす』は1911年、『ハーランド』は1915年に、『ハーランド』の続編である『我らの世界』は雑誌の廃刊の年の1916年に、それぞれ1年にわたり連載された長篇ユートピア小説である。最初に注目する『山を動かす』であるが、その構成も内容も未熟な点が多い作品であったが、ギルマン自身はこの作品を「ベビー・ユートピア」と呼び、働く母親と子どもたちを主役としてさまざまな「実験」を試みようとした。実験室での試みとは次のようなものである。

　ギルマンは、エドワード・ベラミーの『顧みれば』の物語の着想と展

第3章 「ハーランド」、あるいは「ニュー・マザー」のユートピア 119

開をほぼ模倣し、『山を動かす』の主人公にジョン・ロバートソンという探検家の男性を登場させる。そしてチベット旅行中に事故に遭遇し、30年の間の記憶を失うが、記憶を取りもどして母国のアメリカに戻ると、1940年のアメリカは「社会主義を超えた」倫理を確立した国になっていた、という筋書に仕立てあげた。

　ベラミーは『顧みれば』において、未来社会が科学やテクノロジーの進歩により変化したユートピアを描いたのに対し、ギルマンが描いた『山を動かす』での「最も大きな変化は……女性が目覚め、人間であることを自覚したこと」であった。すなわち、物質的変化によらない、女性たちの意識の変化による社会の改革である。その昔、女性は「少しだけ人間(ヒューマン)であったが、ほとんど女(フィーメール)」だった。しかし、「今では、ほとんど人間(ヒューマン)となった。それが大きな変化だった」[22]とギルマンは説明する。

　このように意識改革し「ニュー・ウーマン」へと変貌を遂げた女性に対し、男性はと言えば、「ヴィクトリア人」ギルマンが描く男性の古色蒼然たる様子は否めない。女性は家事労働から解放されても、男性が女性に代わって家事労働をするわけではないのである。ユートピアの世界の男性たちは、相も変わらず「昔と同じように多くの仕事に従事している」[23]のである。

　「ほとんど人間」となった女性たちと、伝統的男らしさに呪縛され変化することのない男性とが暮らす未来のユートピアの国家。新しさと古さが奇妙に混在する世界である。しかし「ほとんど人間」となった女性たちには、もはや男性に媚びる「過剰な女らしさ」は不要である。「過剰な女らしさ」が不要なのは、この国が、男性も女性も共に働く社会であるからだ。男性だけがパンの稼ぎ手である必要はもはやない。女性にとって、結婚することが唯一の食い扶持であった昔(現実、すなわち20世紀初頭のアメリカ)とは異なり、男性も女性もパートナーを選ぶ基準は「愛情」である。家族制度での、男性による女性への「性による経済的関係」が解消されることで、金銭目的の結婚も売買春制度もこの国には存在しな

い。未来社会では、女性の「性」が、男性にとっても女性自身にとっても、経済的ないかなる価値も消失しているのである。新しく生まれ変わった社会には新たな倫理が必要である。『山を動かす』の未来社会では、社会主義はとうの昔になくなり、今ではその社会主義を超えた「生活と生命」と呼ばれる倫理が、宗教のように人々から支持されている。

　マルクスら社会主義思想の主導者たちは、女性への性差別と階級問題とは不可分の関係にあると主張してきた[24]。彼らは、階級対立の解消によって必然的に性による差別も消滅すると楽観的にその解決を予測をしたが、しかし現実には社会主義思想による女性解放が実現しなかったことは周知の歴史的事実である。その理由の一つに、「公」の生産領域での労働者の解放を優先させるあまり、「私」の領域である家庭での女性の生命を産み育む再生産労働を軽視してきたことがある。ギルマンにとって、その社会主義の思想としての限界こそが、長い間それらの運動に関わりつつ、社会主義運動に直接的に参加するのを拒んできた大きな理由であった。ギルマンは、ユートピアの国の新しい倫理を「生活と生命」と命名することで、経済効率を優先するあまり生活と生命に関わる再生産労働を軽視してきた社会のありようを、問いただそうとしたのだった。

　ギルマンは『女性と経済』において集団保育の必要性を説いたが、その主張は「母性愛」は子どもにとってかけがえのないもの、と信じた人々から激しい反感を招くことになった。この反発に対し、ギルマンがユートピアの世界で描いてみせたのが、プロの保育者による集団保育と「母と子の分離」という実験である。

　ユートピアという実験室のなかの子どもたちの姿を、ギルマンは次のように描く。彼らは、母親の愛情を一方的に受けるだけの存在ではない、「新しい人間」となった子どもたちなのである。それらの子どもたちは、もはや「未熟な大人」でも「小さな大人」でもない。この未来の国の子どもたちは、「ひとつの永久不変の階級」として、国の未来を担う大切な国民なのだ。大切な国民であるからこそ育児のプロたちによって育てら

れ、子どもたちは真の幸福を得ることができる。

その昔 (つまり現実の世界)、男性に経済的に養われるだけの「病的」な母親に育てられた子どもたちもまた「病的」だった。したがって、私たちは幸福な子ども時代を過ごせたと思っていてもそれは単なる「神話」にすぎない、とギルマンは語る。主人公のジョンの妹のネリーは女医であり、大学の総長を務めるほどのキャリア・ウーマンであるが、「幸福な子ども時代」は大人たちが抱く欺瞞にすぎない、と語る。

> 私たちは、ある種の幸福な子ども時代という民族的神話をつい抱きがちだけれど、私たちの周囲にいる子どもの顔からそうだと言える人は誰もいない。〔中略〕
> 私たちがよく覚えているのは、臆病でおどおどした子どもたち、不機嫌な子どもたち、暗くて怒りっぽい子どもたち、神経質にぐずって泣いてばかりいる子どもたち、愚かで、悪さばかりして、ひきつけたようにゲラゲラ笑う子どもたち、うるさく、乱暴で、不安げな子どもたちなの。
> ここにいる新しい子どもたちは、不思議なことに大人としての風格を備えているわ、〔大人に〕従属したり頼ったりせず、平等な存在としてね[25]。

新しい子どもたちが、「人間」として大人たちと平等にあつかわれていることを示すのは、子どもたちにほどこされる一流の教育である。低年齢の幼児のためには「保育所」で、少し年齢の高い子どものためには「子どもの家」において、十分に訓練された教育の専門家が子どもの世話をしてくれる。それらの施設では、その道の一流の文学者や芸術家が子どもの教育を任されるのである。

ネリーが語る不幸な子どもたちの姿は、作者ギルマン自身の子ども時代の記憶が投影されたものであることは想像に難くない。実父フレデリックによる家庭放棄、実母メアリーも家族を養う術がなく、貧困と度重なる引っ越しを強いられたのがギルマンの子ども時代である。近代の

家族制度が、愛情で結ばれた婚姻という形態をとりながら、その婚姻関係が破綻するさいに、たとえ男性の側に非があったとしても、家庭崩壊の犠牲となるのは常に女性であり子どもたちであるという現実を、ギルマンは自分の体験から知り尽くしていた。性による経済的関係から逃れられず自立できない「病的」な母親は、幸福な子どもを育てることはできない、というのが『山を動かす』に託すギルマンのメッセージである。

『山を動かす』に描かれる、働く母親が自由に行き来きできる職場に隣接した保育園という設定や、食事や洗濯などの家事労働がサービス会社によって提供されているのは、ユートピアと言うよりも、ギルマンの実体験をふまえた実現可能な近未来的社会を描いたもの、と言ってよいだろう。現実には採算がとれずに失敗に終わった「調理済み食品」の配達サービスは、ユートピアの世界では、十分商売として成功することになっている。さらに子どもの保育所に関しても、その数は少なかったが、都市を中心に労働者階級の母親のための保育施設が少しずつ造られるようになっていた、という現実のアメリカの状況が背景にあった[26]。

ギルマンがこの小説のなかに描こうとした「ベビー・ユートピア」とは、実際のところ、子どものためのユートピアというよりもむしろ働く母親が切望する、理想的保育の施設で、理想的教育を受ける、理想的子どもたちの姿をギルマンが描いた、と私が言うとすれば、それはギルマンの働く母への思い入れをあまりにも誇張しすぎたことになるだろうか[27]。

ともあれギルマンが描いた『山を動かす』の、およそ現実の姿からほど遠い子どもたちとその母親たちは、あくまで「近代」という枠組みのなかで描かれた近未来的な家族の姿である。作品には家族も存在するし、家庭内での妻と母といった伝統的女性の性役割を、ギルマンは否定しているわけではない。あくまでこのユートピアは、ある種の、現実の家族と性役割分業を踏襲した、働く女性と子どものための近未来の理想郷にすぎない。

2

　しかし、ギルマンがユートピアで描いたように、子どものための理想的な保育所が完備され、女性たちが働きに出さえすれば、社会主義思想によっても不可能だった女性解放は果たして実現されるのだろうか。これ対し毅然として「否！」と反論し、ギルマンの子育ての社会化論に激しい批判の目を向けた思想家が登場したのである。それがスウェーデンの社会思想家、エレン・ケイであった。

　エレン・ケイは、現代の日本においてもその名前は一般的には知られており、彼女の著書も教育関係者の間では読まれる機会が多いとされる。そのケイを生んだスウェーデンは、今でこそ手厚い母性保護政策に恵まれ、世界で最も女性の社会進出のすすむ福祉国家の先頭を走る国であるが[28]、ケイが活躍した19世紀後半のスウェーデンは、西欧におこった近代化の波に遅れた北欧の一農業国家にすぎず、女性の社会的地位も今日ほど高くはなかった。社会改革の問題に関心を持つケイは、安価な賃金労働者として女性労働が急増していく時代にあって、働く母親の問題に心を痛めた。

　産業予備軍としてその労働が搾取の対象となった母親と、家庭に置き去りにされた子どもたちに関心をよせ、その悲惨な家族の状況を憂いて「女性よ、家庭に帰れ」と呼びかけた。ケイは著書『子どもの世紀』において、ギルマンが主張する子育ての社会化論は、女性にとっても子どもたちにとっても決して幸福な家庭生活をもたらすものではないとしてギルマンを厳しく非難した。

> ……あるアメリカの女性作家〔本文の註参照：Ch・ストレットン『婦人と経済』〕は、教育的才能を持つ母親はすべて、自分の子どもを含めた一つの子どもグループを世話すべきだと提案している。しかし、この母親の子どもはこのような環境のもとに育って、得るものは何であろうか？養護施設を営む親のもとで育つ子どもが気の毒なことはよく知られている。また、このような環境のもとでは、わが子のために十分

にしてやれないで悩む親が気の毒なこともよく知られている[29]。

このように激しく責めたケイに対し、ギルマンは「新しい母性」とは何かをケイに示し反駁することをせまられた。ギルマンとケイの論争は、子育ての社会化の是非をめぐる論争というかたちを取りながら、フェミニズムは母性という女性の属性をどう位置づけようとするのか、というギルマン自身が問い続けてきた難題をあぶりだすことになった。

　以下2人の論争を見ていこう。ケイの思想の原点には、「ヴィクトリア朝時代」においてタブーとされた性道徳への挑戦がある。それは多くの女性にとって生きるための手段と化した結婚制度への批判であった。「真」の結婚は真摯で自由な恋愛で結ばれることが必要であり、愛情もないのに経済的理由によって結ばれる結婚は、ケイにとって「真」の結婚とはほど遠いものであった。「真」の恋愛のみを結婚の条件とすべきと主張するケイと、結婚における男女の関係を「性による経済的関係」にすぎないと批判するギルマンとは、職業と化した結婚制度を糾弾するという意味においては、両者の思うところは等しい。ただ、ギルマンは、その「性による経済的関係」解消のために、女性の経済的自立、自立のための家事や育児の社会化を説いたのであるが、ケイはそうではなかった。ケイがラディカルさにおいてギルマンより際だつのは、女性がセクシュアリティの主体になることへの自由、その自由で真摯な恋愛によって結ばれる結婚制度、その結婚から自由になる離婚も制度として認められるべき、と説いたことである。職業と化した結婚制度に対し、ギルマンは女性が経済的自立を得ることで、ケイは主体としてのセクシュアリティの確立を女性に求めたことで、両者は家族制度にひそむ性の抑圧構造からの女性解放をそれぞれの方法で示そうとしたのである。

　当然のことながら、ケイにとって、セクシュアリティを含むすべての生殖に関わる役割、すなわち出産と子育ての役割は、女性が担う最も偉大かつ神聖な仕事でなくてはならなかった[30]。第2章において、母性

のレトリックを自らの政治的活動を正当化する手段としたWCTUのF・ウィラードや母性保護政策の制定で活躍したF・ケリーらを「母性主義者」と呼んできたが、母性を女性の最も重要な特性と位置づけるケイこそ、「母性主義者」と呼ぶのに最もふさわしい女性と言えるかもしれない。事実、ケイが大正期の日本で紹介されたさいに、平塚らいてうはケイを「母権論者」としてその思想に傾倒し、「婦人問題のチャンピオン」と賛辞を惜しまなかった[31]。そのケイにとって、女性たちが「真」の恋愛から生まれる子どもを育てる母の役割を放棄してまで、男性と同じ労働条件のもとで身をすりへらして働くことは論外であった。

　エレン・ケイが何よりもギルマンを非難したのは、ケイが神聖な天職と位置づける子育ての役割をギルマンが他人任せにしようとした点であった。ケイのギルマンへの論難をまとめると以下のようになる。

　ギルマンは『女性と経済』のなかで子どもの集団保育を提唱しているが、我が子も満足に育てられない女性に、社会で新しい立派な仕事が与えられるかどうか疑問である。我が子を本当に教育できるのは、一度に10人、20人、30人といった他人の子どもを育てなければならない保母ではなく、母親だけである。子どもに必要なのは母親の愛情だけなのだ。ギルマンの説く子育ての社会化論は、決して家族を幸福にするものではない。母親が家庭で子どもを育てることを妨げるようなことがあってはならない[32]。

　結局のところケイの主張とは、金銭にからめとられた結婚制度には反対しても、その結婚が「真」の恋愛によって結ばれるのであれば、男女の性関係にはいかなる主従の力を及ぼすものではなく、女性は母としての天職を持つがゆえに女性が男性に経済的な保護要求をすることは当然としたことであった。男性が既婚者であれば、妻に夫の収入のいくらかを分配し、さらに母子を扶助するための年金を国家が創設し、これを男性一般が負債として引き受けること。これをケイは要求したのである。

　ケイとギルマンが母性をめぐって対立する論者であったことは、当時

のアメリカの雑誌にとってもかっこうの関心の的だったようで、雑誌『カレント・オピニオン』は、ギルマンやアメリカのフェミニズムを批判するケイを次のように紹介している。

　ギルマンの主張する、子どもを保育所に預けて仕事をすべきとするアメリカのフェミニズムは、〔雑誌で紹介されたケイ自身の言葉によると〕「母性(マターナル)のかけらもないフェミニズム」であり、母性を放棄し、拒否した女性たちの運動なのだ。こうした「母性のかけらもない」フェミニストたちは、母親から母となる喜びを奪い、子どもたちからは母親を奪ってしまった。頭でっかちの理論好きの、母性の欠落したフェミニストたちは、家族のない社会を求めている者たちで、男性を敵にまわし、やがては男女の間の性による戦争を引きおこすであろう[33]。

　これらケイの浴びせた論難に対し、ギルマンの反撃の舞台となったのが『フォアランナー』であった。同誌上でギルマンは、母性をとおして女性が社会に貢献しうるというケイの主張については、両者は共通することを認め、そのうえでケイが理想とする母性が、社会から閉ざされた「私」的領域、すなわち家庭で子どもを教育することに限定されるものだと指摘した。ギルマンいわく、母性は母親個人のものでは決してなく、社会的役割なのだ、と。この社会的役割としての母性を、ギルマンは次のように説明する。

　　人生の目的は、社会との関係を進歩させることにあります。こうした進歩は、社会的役割を正しく行うことによって初めて達成できるのです。〔中略〕この目的のために私たちに必要なものが「社会的母性(ソーシャル・マザーフッド)」なのです[34]。

　この社会的役割となった「新しい母性」の主張について、さらにギルマンは「その主張（ケイが『子どもの世紀』で論じた母性論）は、原始的母性を要求するものであって、私は反対です」とケイの母性論へ反駁を加える。なぜならば、女性は「女であり母親」であるよりもまず「人間」であ

るべきと考えられるからだ。ケイが、まず「女」であることを強調したとすれば、ギルマンは何よりも「人」であることが重要なのだ。女性は、一人の人間として、社会で仕事を持った自立した母親となり、より広い視野と知識を持って子どもの教育にあたらなければならない。家に閉じ込もっているだけの社会経験の乏しい母親には子どもに十分な教育を与えることはできない。「新しい母性」とは、母性を母親個人のものとするのではなく、それを社会全体が担うべき義務だと認識することにある、こうギルマンはケイに応えたのであった[35]。

母性をめぐってケイと論争するなかで、ギルマンは「フェミニズムには二つの流れがあり、それらは異なるだけではなく、対立するものなのだ」[36]との認識を確信するにいたった。対立する二つのフェミニズムについてギルマンは、一方を「ヒューマン・フェミニズム」とし、女性が「公」の領域から閉めだされてきたことに異議申し立てをするが性差を女性の特性とは位置づけない思想であり、他方の「フィーメイル・フェミニズム」は、性差の差異を認め、何よりも女性であることにこそ価値があり、女性の特性に基づく自由な活動を求める思想である、と説明をする。まさにこれは序論において触れた、ナンシー・F・コットが言う近代フェミニズム史の「性差の二分法」の構図である。

ギルマンの言葉による「ヒューマン・フェミニズム」が性差を極小化しようとする「平等」派フェミニズムであり、「フィーメイル・フェミニズム」が性差を極大化する「差異」派フェミニズであるとして、「私は本来的には『フェミニスト』ではなく『ヒューマニスト』なのです」[37]とギルマンは自身のフェミニズムへの姿勢を言う。しかしながらギルマンは、ケイという論敵との母性をめぐる論争のなかで、自分が「平等」派フェミニストであることを、ギルマン自身が望むと望まざるとにかかわらず、認めざるをえなかった。

ケイやギルマンが生きた世紀転換期の社会は、急激な産業資本主義の発展によって多くの女性の労働力が求められた時代であった[38]。こうし

た急増する女性労働者が顕在化するなかでおこったのが、ケイとギルマンによる働く母親の母性をめぐる論争であった。それまでは参政権獲得といった観念的レベルにあったフェミニズムは、より現実的な問題と向きあわざるをえなくなった。ケイとギルマンの論争が興った合衆国において、働く母親の仕事と家事・育児の両立は、まさに現実の問題となった。具体的にこの時期には、母性保護を目的とする女性の長時間労働を禁ずるミューラー対オレゴン判決 (1908年) や、公的母子教育の推進を目的とするシェパード・タウナー法 (1921年) といった判決や法案が、女性社会改革者たちの活躍によって次々と成文化されていた[39]。

さらにまた、ケイとギルマンの母性をめぐる論争は、西欧の近代化を範とする大正期の日本においても、平塚らいてう、与謝野晶子、山川菊栄の3人の論者によって時を同じくして繰り返されることになる。いわゆる大正期に興った「母性保護論争」である[40]。この「母性保護論争」について詳しくは第4章にゆずるが、働く女性の母性保護のあり方をめぐり、ギルマンの平等論とケイの差異論がそれぞれ引用されて激しい論争が戦わされた。

ともあれ、ケイは恋愛の自由、母性至上主義を唱いながらも生涯を独身でとおし子どもを持たなかった。一方ギルマンは、離婚そして子どもの養育を放棄することで職業生活を優先させる人生を選択せざるをえなかった。ケイとの母性をめぐる論争をとおし、母性とフェミニズムをどうすり合わせるかいう難題を、近代フェミニズムの「性差の二分法」という図式のなかで論ずることの困難さを、ギルマンは改めて思い知ることとなった。

第3節　「ニュー・マザー」のユートピア

1

ケイとの母性をめぐる論争の数年の後、『フォアランナー』に1年間に

わたって連載した長編小説が『ハーランド』である。この作品では、近未来的社会の理想像を描いた『山を動かす』にはなかった、ギルマン独自のユートピアの世界が描かれた。ケイとの母性をめぐる論争をへてギルマンが到達した一つの境地、家族もなく、したがって男性も必要としない女性ばかりのユートピア、「ハーランド」国がその舞台である。

　ギルマンのユートピア3部作の第1作目となった『山を動かす』が、ベラミーの『顧みれば』のユートピアのヴィジョンをそのままギルマン流にリメイクした作品だったとすれば、母性のユートピアを描いた『ハーランド』は、その構成や人物設定などすべてギルマンのオリジナルである。小説としての質も完成度も共に高い。『ハーランド』が「黄色い壁紙」と共に、現在、ギルマンの作品のなかで最も注目を集める作品であるのも納得できる。アメリカと比較してギルマンへの関心が低かった日本においても、この『ハーランド』は1984年に邦題『フェミニジア』として翻訳されたことはすでに本書の「序論」で触れた[41]。この女の国の物語、『ハーランド』の世界を見ていくことにしよう。

　『ハーランド』の物語は、第1次世界大戦直前の、南米のジャングルと思われる仮想の国家「ハーランド」が舞台である。20世紀初頭というギルマンの生きた同時代を描きながら、仮想国家「ハーランド」が異次元の世界にも存在するという設定である。その異次元に挑もうとするのが、アメリカ合衆国の3人の若者、ヴァン、テリー、ジェフである。3人は南米を探検に訪れるが、現地のガイドから「女ばかりの国」があるとの噂を聞きつける。好奇心にかられた3人は「女ばかりのアマゾネス」に入り込もうと「ハーランド」に潜入して捕らえられてしまう。捕らえられた若者たちは、この「女ばかりの国」の文化や歴史、理念などを学ばせられる。3人は「ハーランド」の女性教師によって厳しく教育されるなかで、どれほど自分たちが「男性文化」に毒されているかに気づいていく。そして最後には、若者はそれぞれ「ハーランド」の娘たちと恋に落ちて結ばれ、そのなかの1組のカップルが、外の世界（すなわち現実の

世界)へと戻っていくまでが描かれる。

「ハーランド」はなぜ女ばかりの国なのか。それは、二千年の間、男性がいなくても女の赤ちゃんが生まれ続ける、つまり「単為生殖」[42]を繰り返してきたから、とギルマンは説明する。「ハーランド」はその昔、両性の住む社会であったが、戦争と火山の勃発という不幸がこの国をおそい、男性は全員が死亡して若い女性だけが生き残った。その後、奇跡がおこり、処女であるにもかかわらず、赤ん坊を生む女性が現れ、その女性から生まれた女性が、また女の赤ん坊を生み続け、そしてとうとう二千年もの間、「単為生殖」による「女ばかりの国、ハーランド」ができあがったというのである。

「ハーランド」が女性だけの国家という想定は、レスター・F・ウォードが『純粋社会学』で論じた「女性中心説」[43]から得た着想であろう。ギルマンの『女性と経済』がダーウィンの進化論を巧みに取り込んだ女性解放論であるとすれば、『ハーランド』は、ウォードの「女性中心説」の女性性の優位を、ユートピアの世界に描いてみせた作品と言える。

「単為生殖」によって赤ん坊が次々と生まれるユートピア、女性が生命のメーン・ストリームであることを具現した国家「ハーランド」は、現実には存在しない。しかしギルマンは、アリマキやミジンコなどの生物がオスの精子を必要とせず、卵細胞だけで子が生まれ増殖していくという生物界の単為生殖のプロセスから女ばかりの国家「ハーランド」を思いついたとすれば、それは『女性と経済』において動物のアナロジーを用いることで人間社会の女性の性抑圧の構造を解明しようとした、いかにも「科学」好きなギルマンらしい着想である。

ギルマンが社会主義的な思考方法を学んだベラミーは、そのユートピア小説『顧みれば』のなかで働く女性たちを描くにさいし、「ヴィクトリア朝」的性役割に固執するという限界をさらけだした。『顧みれば』に登場する女性たちは、男性より「体力は劣り」、労働者としては男性より「はるかに不適格」な存在にすぎなかった[44]。しかし、ギルマンの筆による

「ハーランド」の女たちはちがった。『山を動かす』において、女性たちは「女」から「ほとんど人間」へと意識改革した。この『ハーランド』では、女性たちは「人間」へと昇格(レベルアップ)し、一人一人が「ハーランド」国民としての義務を果たすにふさわしい十分な体力も知力も備えている。「ヴィクトリア朝」的美徳や慣習に縛られることなく、また家族のために奉仕する義務からも解放された。国民の一員として道路工事もこなせば建築も手がける。畑仕事も当然だ。裁判官や庭師も女性である。男性の専門職や重労働とされる仕事にも精をだす、働き者のこれらの女性たちの姿を描くことによって、女性とは本来「劣った性」でも「病弱な性」でもなく、体力においても男性とほとんど変わらぬ素質を持つ性であることを、ギルマンは示そうとしたのだ。

「ハーランド」の人々は、自分の国の母性の理念を次のように語る。

　　　ここには「人間としての母性(ヒューマン・マザーフッド)」があるのです。十分にいかされてね。〔中略〕それは、何よりも私たちの源である、文字どおりの姉妹愛そのものですし、社会の進歩の結束をより高く、より深く結ぶものなのです。
　　　この国の子どもたちは、私たちの思想の核であり、中心なのです[45]。

「ハーランド」国の人々は、すべて母親であり、あるいはこれから母親になる未来の母親たちから構成される。女性たちが人間へと昇格したように、この国では母性も「人間としての母性」となった。「人間としての母性」はいかなる差別も抑圧も、もはや受けることはない。「ハーランド」国の基本理念は母性であり、子どもたちは国家の「存在理由(レーゾン・デートル)」となった。

母性が基本理念となった「ハーランド」国では、『山を動かす』には存在した家庭も家族もない。「ハーランド」全体が一つの家族を作るのだ。子どもは幼児期の数年間を母親と過ごしても、その後は一人一人に個室が与えられ、自立した大人へと成長していく。国家の存在理由である子どもたちは、決して母親個人が所有するのではなく、「ハーランド」国

全体のものなのである。集団保育と「母と子の分離」は、こうして「ハーランド」というユートピアを得てようやく実現したのだ。

　したがって、「ハーランド」国では子どもが生まれても、母親はその愛情を自分の子どもだけに注ぐことはない。「ハーランド」国の母の役割は、もはや個人の領域に属するものではなく、社会という「公」の領域へと解き放たれたのである。いな、男性も家族も消去されて、ジェンダーによって分離される領域という境界そのものが存在しないのだから、「公」の空間、社会という概念すらも存在しないと言うべきだろう。あるいはいっさいが社会であると言うべきか。女性が担うべきとされた子育ての役割は、「公」と「私」を分け隔てる境界が消去されることで、「ハーランド」の国民全員が引き受ける役割へと変化したのだ。『女性と経済』においてギルマンが語った「社会の奉仕者(ワールド・サーバント)」としての母性、あるいはケイとの論争をとおして語られた社会的役割としての母性の理念が、ここ「ハーランド」においては具現されたのだ。「ニュー・マザー」ギルマンの面目躍如たる、ユートピアに解き放たれた母性であった。

　母性を国家の理念とする仮想国家「ハーランド」の構想に、ウォードの「女性中心説」という科学思想を取り込んだギルマンは、もう一つの科学思想にも接近した。優生学思想である[46]。

　「ハーランド」国は、性差別も階級による差別もない平等社会であるが、唯一の特権階級があるとすれば、それは多くの子どもの出産が許される「多産の母たち」である。「多産の母たち」とは、国家にとって有益とされる「優秀」な国民を出産することが許された女性たちであった[47]。その一方で、産むにはふさわしくないとみなされた女性は、国家によって出産を禁じられたのである。「多産の母たち」が「ハーランド」国では称賛を受け、悪い種や遺伝子を持ち社会に不適格とされた母たちは、出産の淘汰の対象となり選別される。ギルマンの描く理想の女性たちとは、あくまで「アーリア系」の「白人」の「人種として、背が高く、強靭で、健康、そして美しい」人たちなのだ[48]。優秀な種を持つ

人々の出産を奨励する「積極的優生学(ポジティブ・ユージェニックス)」と不適格者とされ出産を禁ずる「否定的優生学(ネガティブ・ユージェニックス)」[49]があざやかに映しだされたのが、「ハーランド」国であった。『ハーランド』はギルマンが描いた「優生学的フェミニズム」[50]のディストピアだとする批判もあるが、優生思想によって選別された女性たちで構成される、均質で「クリーン」な社会が「ハーランド」国の正体だったと言える。

　いずれにしても、ギルマンの『ハーランド』での優生学への接近は、この作品が書かれた1915年が、優生学がアメリカで最も人々の支持を得ていた頂点の年であったことと無縁ではない[51]。優生学が流布していた1910年代のアメリカは、新移民と呼ばれる東・南ヨーロッパからの移民たちを毎年百万人単位の数で受け入れていた時代にあった。こうしたなかで、先に移住した旧移民たちの間で新移民を排除しようとする移民排斥のネイティビズムが高揚した。異質なものを排除し、均質な社会しか容認しようとしない反移民感情が、ギルマンの言う「クリーン」で優秀な人種からなる「ハーランド」国というユートピア世界にも映しだされることになった。ギルマンにとっては、後の研究者のこうした批判は不本意であっただろうが、『ハーランド』はフェミニズムを語りながら、人種の差異を持つ他者に対してきわめて不寛容にならざるをえなかった。

　当時の知識人の多くを席巻した優生学へのこうした傾倒は、ギルマンに限ることではなかった。例えば、「産児制限」運動をすすめたマーガレット・サンガーも、運動の当初はネオ・マルサス主義の視点から労働者階級の産児制限を主張していたが、1910年代以降は、むしろ優生学的視点から「富者からはより多くの子どもを、貧者からはより少ない子どもを」[52]と発言するようになっている。当時のヨーロッパや合衆国に広がった優生学運動の担い手たちの多くはギルマンやサンガーがそうであったように、ダーウィンが指摘した「善意のヒューマニズム」[53]への盲信によって人口を管理・制限しようとした、エリート知識人たちであった。

2

さてギルマンは、このユートピア小説の最後で、この女だけの国「ハーランド」に誕生した1組のカップルに、外界(すなわち現実の世界)にでることを許す。自分たちより長い歴史を持つ外の世界が、平和で牧歌的な「ハーランド」国と自由に行き来するに値する世界かどうか、つまり両性にとって理想の社会であるのか否かの判断を、このヴァンとエラドーのカップルに託すことにした。ユートピア3部作の最後は、『ハーランド』の続編『我らの世界で彼女と共に』となったのだ。

女ばかりの国「ハーランド」は異次元の空間に描かれた、文字どおりの「ユートピア」(ラテン語で、あるはずのない場所の意味)である。小説の舞台が、異次元の「ハーランド」国から現実の「我らの世界」へと転移するのは、現実の世界で働く母親たちが「ニュー・マザー」であることは果たして可能なのか、その難題に挑戦しようとするギルマンの決意の表れと見ることができるだろう。『我らの世界』は『フォアランナー』を1909年より発行し続けた最後の年、1916年の連載小説となった。『我らの世界』は、男性と女性にとって理想の社会の模索という任務を背負ったヴァンとエラドーが、第1次世界大戦が勃発したヨーロッパを訪ねるところから始まる。

エラドーの故郷である「ハーランド」は生命を育む母性を基本理念としており、平和的、忍耐強く、協力しあい、戦争も諍いもない社会を実現することができた。女性解放のユートピア「ハーランド」を「ポジ」の世界とすれば、争いの絶えることのない現実の「我らの世界」は「ハーランド」を反転させた「ネガ」の世界である。

「ハーランド」から現実の世界にやってきたエラドーは、空高く舞い上がった鳥が地上の人間社会を見下ろすように、因習に毒されない「クリーン」な目で、「ポジ」の世界から「ネガ」の世界を観察する[54]。『我らの世界』の物語の大半は、ヴァンとエラドーの2人の対話で進行し、「ポジ」の世界から眺めた、混乱と喧噪、暴力に満ちた「ネガ」の世界の描

写に費やされている。おりしもこの『我らの世界』が書かれた1916年という年は、2人が物語のなかで訪ねる欧州諸国は第1次世界大戦のさなかにあり、人々は人類が初めて手にした大量殺戮を可能とする兵器により壮絶な戦いを繰り広げていた。

凄惨な戦場となったヨーロッパを後にして、アジアをへてやってきたヴァンの母国アメリカ合衆国でエラドーが見たものとは何か。エラドーは、「ポジ」の国「ハーランド」から来た「査察官」として、この「ネガ」の国アメリカに、「診断」を下すことになった。エラドーの「処方箋」に書かれたアメリカの病状とは、「時代錯誤の奴隷制、物質主義の急激な膨張、女性を〔社会から〕排除したこと」[55]であり、とりわけその奇妙な男女の「分離」は深刻な社会の問題であった。エラドーは言う。

> 私たち(「ハーランド」の住人)にほとんど問題がなかったのは、男性がいなかったからなの、そのことには確信があるわ。〔中略〕あなたたち〔外界の世界の人々〕にこれほど多くの問題があるのは、男性に原因があるのではなくて、こうした奇妙な男女の分離があるからなの。お互いにスムーズに助け合える関係の代わりに、これほど多くの不幸があるじゃないの〔中略〕。2種類の人間を、明らかに完全に協調した行動をとるのに適しているのに——今じゃ時にはそう思うでしょう——そのような人間を、互いに傷つけ、貶めてしまっているのよ[56]。(傍点山内)

エラドーは、作者ギルマンの代弁者として、近代の家族制度を特徴づける性役割分業が「奇妙な男女の分離」であること、すなわちジェンダー化された社会こそが、「我らの世界」がかかえる病状の元凶であることを、「ハーランド」国からの査察官として診断を下したのであった。エラドーの指摘する「奇妙な男女の分離」が引きおこす「多くの不幸」とは、具体的には、女だけが担う自己犠牲的な「病んだ母性」や「病んだ」母親に育てられる子どもたちであり、男だけが主導権を握る社会で繰り返される熾烈な競争、戦争や犯罪であった。こうしたエラドーによるジェンダー

化された領域への批判は、ギルマンが『女性と経済』で主張した女性の経済的自立論を超える、さらに深く踏み込んだ近代社会のあり方そのものへの疑義であり、その批判は家族制度の根幹へギルマンが打ち込もうとしたくさびであり、打ち込まなければならないくさびでもあった。

　この小説が書かれた1916年は、女性参政権運動がピークをむかえ、第1波フェミニズムが最も高揚した時期にあたる。これまですでに述べてきたように、19世紀半ばから女性による社会純化運動や禁酒運動といったさまざまな社会改革運動が興った。19世紀末から20世紀初頭には、都市の貧民救済活動であるセツルメント運動、さらには女性社会改革家による連邦政府への母子福祉政策の法案要求などの運動へと拡大し、1910年代にはラディカルな政治的権利の要求である女性参政権獲得運動へと発展した。これらの運動体を担った女性たちが拠りどころとしたのが、家庭性（ドメスティシティ）の美徳であった。本来的には政治という「公」の領域から最も遠いはずの、性役割分業を守るはずの家庭性（ドメスティシティ）の美徳が、むしろ女性たちの運動体にある種の推進力を与えることになるという、逆説的なフェミニズムの成立が可能となった。ここに、平等を求めて参政権を手にしようとしながら、しかも家庭性（ドメスティシティ）の美徳を育んだ性役割分業体制は容認しようとする、近代フェミニズムのジレンマが端的に映しだされることにもなった。

　ケイからの問い、すなわち母性はフェミニズムとどのように折り合いをつけるのか、という難題に挑んだギルマンは、女性が生産労働に参加することで、女性の経済的自立は実現され、家事労働や子育てが社会化されれば、働く女性の母性の問題がすべて解決される、という楽観的考えにとらわれていたわけではない。ケイとの論争からも、女性が男性並みを目指すことで母性が危機にさらされることも認識した。その認識とは、近代に生まれた「女の思想」であるフェミニズムが、男性主体の近代という枠組みを容認したままで男女の平等を求める限り、フェミニズム思想そのものがはらむ矛盾と限界を、抱え込むことであった。

第3章 「ハーランド」、あるいは「ニュー・マザー」のユートピア

　フェミニストの文化人類学者のカレン・サックスは、論文「エンゲルス再訪」において、エンゲルスが「女性の世界史的敗北」は男性の女性への経済的支配が原因だと主張したのを批判して、女性が男性に経済的に依存せざるをえなくなったのは、私有財産の発生とともに、女性が公的な領域での生産労働から閉め出されたからであると反論する[57]。近代の産業資本主義体制のもとでは、利潤の追求と効率優先のルールによって、生命に関わる再生産の労働を担う女性は不利となり、「私」的な領域である家庭へと追いやられることが宿命づけられる。「普遍的人間」の基準は男性によって規定され、男性には生産労働が、その「普遍的人間」の範疇からはじかれた女性には再生産労働が振り分けられた。こうして近代社会の、男女の性役割分業の体制ができあがったというのである。

　さらにまたサックスは、ジェンダーによって分離された二つの領域が解消され、「私」的領域で無償化された家事や育児の労働が「公」の生産労働に組み込まれることで、男女が平等に再生産と生産労働に参加することが可能になると説く。換言すれば、「公」と「私」の領域に男女が共に関与できることが、両性間の関係をより平等にする条件というのが、サックスの主張である。このサックスに先んずること半世紀以上も前、ギルマンは、家庭内での不払い労働(アンペイド・ワーク)である家事や育児といった再生産労働を公的領域に解放する議論を提唱し、さらに近代の家族制度の役割分業体制そのものに対しても、異議の申し立てをしたのであった。第2波フェミニズム興隆によってようやく提議された家庭内の不払い労働を、すでに予見したギルマンの時代を先取る卓越性がここにある。

　「公」と「私」の領域の解消は、すなわち家庭と社会を隔てる境界の解消でもあり、今や母性は女の領域から解き放たれたはずである。「ニュー・マザー」の未来への展望は、時代の「フォアランナー」ギルマンによって拓かれたかに見えた。ところがギルマンは、『我らの世界』の最後で、理想の両性のカップルとなるはずのヴァンとエラドーを、「我らの世界」(すなわち現実の世界)にとどめさせることをしなかった。否、そうでき

なかったと言ってよいだろう。両性にとっての理想の社会を模索する旅の最後で、新しい生命を身ごもったエラドーはヴァンに「あなたの国〔アメリカ〕ではとても子どもを育てる場所がないのよ」[58]と語り、「ハーランド」に戻る決心を伝えるのである。エラドーが、「我らの世界」という現実の世界での子育てを断念して、現実にはありえないユートピアの国「ハーランド」に戻らざるをえないという物語の帰結。これは「新しい母性」のあり方を求め続けたギルマンが、母性とフェミニズムの調和という難題を断念しようとしたことの表れ、と見るべきなのか。

第4節 「不自然な母親」と呼ばれたフェミニスト

ギルマンのユートピアの世界は、ユートピア小説の古典とも言われるトーマス・モアの『ユートピア』や、ベラミーの『顧みれば』とよく比較し論じられる。しかし、これらの男性作家によるユートピアが、科学やテクノロジーの改革といった社会構造的、物質的な改革によって実現された理想郷を描いたのに対し、ギルマンの世界は人々の意識の改革によって実現した、言うならば、近代社会が追究した物質的豊かさとは無縁の、牧歌的なユートピアが描かれている。それは、古典的ユートピアのどのカテゴリーにも属さないギルマン独自の世界である。

ギルマンが三つのユートピア小説において描こうとしたのは、家族という制度から解き放たれた母親と子ども、すなわち、ギルマン自身が長い間暖めてきた「新しい母性」の構想を示そうとする具体的ヴィジョンであったと思われる。ギルマンが三つのユートピア小説のなかで模索し続けた「ニュー・マザー」の夢を、いま一度まとめ確認してみたい。

ユートピア3部作の第1作目となった『山を動かす』では、新しい社会の改革に関わったのは、意識を改革させることで「ほとんど人間」となった女性たちだけであった。変革を期待されなかった男たちは、あくまで「透明」な存在のままで読者の関心をひくこともなく、ギルマンはその父性について語ることさえしなかった。家族制度も性役割分業体制

も維持され、母親から分離された子どもたちだけが、不思議なほど大人びた物腰で明るかった。ユートピアのなかに住むこれらの人々はすべて、「あるはずのない場所(ユートピア)」の住人であって、それ以上の何者でもなかった。ギルマンは「ベビー・ユートピア」を描こうとしながら、しかし実際に描いたのは、働く母親にとっての理想郷にすぎず、母性とフェミニズムをどう折り合いをつけるかという難題に対し、何も語ることはできなかった。

　第2作目となった『ハーランド』では、男性たちはその姿を消すことになった。世界から男性を消去することで、「ハーランド」国はようやく女のユートピアを実現することが可能となった。「ハーランド」国の理念となった「人間としての母性(ヒューマン・マザーフッド)」とは、結局のところ、近代が普遍的とする「人間」という意味の、「人間」＝「男性」並みとなった母親たちであった。したがって、男性と肩を並べ男性と遜色なく働こうとする「男並み」の母親たちは子育てを放棄し、子どもの教育を国家にゆだねざるをえなかった。

　自らを「ヒューマン・フェミニスト」と認めざるをえなかったギルマンへの、「ヒューマン」＝「男性」並みを目指そうとする「平等」派フェミニスト・ギルマンへのケイの批判は、的を射ていたのである。女性が普遍的な「人間」＝「男性」並みとなることでしか母性はフェミニズムと折りあえないとすれば、フェミニズムは母性を放棄するしかない。唯一フェミニズムが母性を放棄しない方法があるとすれば、それはフェミニズムとその思想を生んだ「近代」という枠組みそのものを覆すしかない。新しい時代にふさわしい「新しい母性」のあり方は、新たな「女性による規範」[59]によって作り直されなければならない、とギルマンは結ぶ。最後のライフワークとなった雑誌『フォアランナー』でギルマンが示した「近代」に打ち込もうとした「くさび」は、まさに「男が造った世界」転覆を目論むものだったのだ。しかし、振り上げたこのくさびは振り下ろされず、ギルマンの描いた女のユートピアは「あるはずのない場所」へ

と封印せざるをえなかった。男性を消去することでしか成立しない女のユートピアは、結局のところ「男が造った世界」の「ネガ」の位相(トポス)にすぎないのだから。

　それを示したのが、最後のユートピア小説『我らの世界』においてであった。エラドーとヴァンのカップルは男女が共生可能な社会の模索を続けるのであるが、物語の最後でギルマンは、母性とフェミニズムの調和のヴィジョンを示すことができず、2人をユートピア世界へと戻さざるをえなかった。ギルマンが、2人のために現実の世界で「子どもを育てる」場所も方法も示すことができなかったのは、エラドーが指摘したように、「分離した領域」が社会の病状の原因であるとしてその領域を解体することは、近代社会とその家族のありようを揺るがせかねないことを、ギルマンが察したからである。

　あくまで「透明」な存在にすぎなかったユートピアのなかの男たち。父親も母親も、家族さえも必要としない、大人びた風情の子どもたち。「男性」を必要とすることのない男並みとなった「女性」たち。これらすべてが、ギルマンが理想としたはずの、ユートピア世界に描いた登場人物であった。

　ギルマンのライフ・ワークとなった『フォアランナー』の表紙絵を飾ったのは、未来の家族を思わせる子どもを中心とした男女のカップルの絵である。ギルマンが『フォアランナー』において模索したのは、フェミニズムと親和力を持つ「新しい母性」という課題であり、『フォアランナー』はそのための実験室であった。しかし、ライフ・ワークとなった最後の仕事で、その実験室から取り出されたのは、解体を余儀なくされた未来の家族の姿であった。『フォアランナー』の表紙絵は、皮肉なことに、解体を予期させる家族の最後の姿を映しだすものとなったのである。

　『我らの世界』を連載した『フォアランナー』の最後の年の11月号に、ギルマンは短編小説「不自然な母親(アンナチュラル・マザー)」[60]を載せた。20年ほど前、キャンベルと共同編集で携わった『インプレス』に発表した短篇とほぼ同じも

のである。それを再び自分の雑誌において、しかも廃刊する直前の『フォアランナー』に発表したのであった。

　タイトルの「不自然な母親」とは、村を洪水がおそったときに、自分の子どもの命を救うことよりも村全体の人々の命を優先させたヒロインのエスターに対し、村人たちが投げつけた非難の言葉である。我が子の命を犠牲にしてまで村人を救おうとした女性を、村人はなぜ「不自然は母親」と非難したのか。

　ギルマンは、カリフォルニア時代に、9歳の娘のキャサリンを親友のグレースと再婚した夫のもとに送ったことで、我が子を捨てた「不自然な母親」として人々から激しい叱責を浴びた。また、ケイとの論争では、子育ての社会化論に対し「母性のかけらもない」フェミニストとの叱責も甘んじて受けた。ギルマンが、この短篇に託そうとした「新しい母性」への思いについて、最後に考えてみたい。

　ギルマンは母性を「自然(ナチュラル)」、あるいは「不自然(アンナチュラル)」と呼ぶことについて、1900年に出版した著書『子どもについて』(*Concerning Children*) のなかで次のように説明している[61]。

> 「自然な母親(ナチュラル・マザー)」とは、もしその母親が金持ちであるなら、自分の子どもの世話を子守りか召使いに任せる母親である。自分で育てる母親なら、生みの母親こそが最も良い母親になれると信じて、我が子の子育てだけに満足する母親である。これに対し「不自然な母親(アンナチュラル・マザー)」とは、1日24時間のうち16時間は子どもと過ごしても、残りの8時間は子どもを保育の専門家に任せ、社会のために仕事をする母親であり、自分の子ども以外の社会すべての子どもにも我が子同様の愛情を向ける女性である。

　この書においてギルマンが説明する「自然」と「不自然」は、世間の人々が是とする母性という理念をめぐり、世俗的母性観とギルマン自身の考え方のちがいを示すもの、と考えられる。世俗的な母性観にかなう「自然」な母親とは、我が子のみを愛し、母性を社会的な役割とすることを拒否

する母親であり、また逆に「不自然」な母親とは、子育ての社会化を受け入れ「個人的な仕事である母性」に執着することのない母親なのである。

『ハーランド』という現実には存在しないユートピア世界でのみ、働く母親たちが子育てから解放されて、生産労働に参加できる世界。そして『我らの世界』では、現実世界でエラドーが子育てを断念せざるをえないという結末。短編小説「不自然な母親」のなかでの、世間からのエスターへ「不自然な母親」という理不尽な非難が浴びせられる、その物語の意味。これらすべては、ギルマンに「不自然な母親」という烙印を捺した人々に対して、「ヴィクトリア朝」的母性の規範に呪縛されることを拒否した「不自然な母親」エスターとは私自身ですよ、と胸を張って応えようとするギルマンのフェミニストとしての意気地を示すもの、そう私は考える。

ギルマンは、ユートピア３部作の最後で、母となるエラドーを「不自然な母親」として、「ニュー・マザー」のユートピア、「ハーランド」のなかに封印することを決意したのであった。このエラドー、そして短編小説「不自然な母親」のヒロインのエスター、ギルマン自身もまた「不自然な母親」のままで。

「新しい母性」の構想を断念したかに見えるギルマンであるが、「新しい世界の新しい母たち」と題する論考のなかで、近代社会がいかに男性原理によって支配されてきたかについて、次のように語っている[62]。男たちは過去の歴史において主導権を握り「女の人生を湯水のように浪費しつつ」戦争や犯罪を繰り返し、「国家間のすべての憎悪や競争は、男性の歴史であって女性の歴史ではない。私たちの背後に存在する膨大な伝統慣習は男たちが造ったものなのだ」と。こうしたギルマンの男性原理批判が注目されるのはようやく1980年代に入ってからである。

ギルマンの後ほぼ半世紀を経て登場したフランスの哲学者、シモーヌ・ド・ボーヴォワールは、ギルマンの言う男性原理主義批判をさらに精緻

に理論化させ、女性差別の構造を解明する『第二の性』を著した。しかしそのボーヴォワールでさえ、女性差別を歴史的、哲学的に究明することには成功しても、差別の根幹にある「生殖の役目〔母性〕と生産の仕事をどう調和させるか」について、解決への明確な展望を示すにはいたっていない[63]。

その後のギルマンであるが、1916年に『フォアランナー』の最終号をもって雑誌編集から手を引くことになった。以後は『ニューヨーク・トリビューン』に時評を寄稿したり、評論集『男の宗教、女の宗教』を1923年に出版。晩年には、自伝『シャーロット・パーキンズ・ギルマンの生涯』を執筆し、そのなかで『フォアランナー』を含む自書がいつの日か「全集」として刊行される望みを記した後[64]、これを最後に再びペンを執ることはなかった。そして1935年8月19日、前年に脳溢血で亡くなった夫のヒュートンの後を追うように、クロロホルムを飲み自らの生涯に終止符を打った。

ギルマンの遺書には、「癌よりもクロロフォルムを選んだという問題について〔中略〕より広い観点から、私の〔自死の〕選択が社会的任務(ソーシャル・サービス)であることを信じている」[65]という言葉が添えられている。それは、母性が「個人的仕事ではなく社会的な母性」となることへの希望を抱きつつ、しかしその夢を果たすことができなかった、フェミニストの思想家らしい最後の言葉であった。

註

1　Gilman, "Maternity Benefits and Reformers," *The Forerunner,* 7-3 (March 1916), 66.
2　Hill, "A Feminist's Struggle," 46.
3　伝記で「私たちは結婚しました。そして2人はいつまでも幸せに暮らしました。もしこれが小説なら、めでたしめでたしのハッピー・エンドなのだけれど」と語ったギルマンであるが、心の内面を決して見せようとしなかった彼女の私生活は、研究者にとって今なお「未開拓」な分野のままである。

Gilman, *Living,* 281.

4 Lane, *To Herland,* 190.

5 Gilman, *Living,* 304.

6 John Tebbel, *The American Magazine: A Compact History* (New York: Hawthorn Books, Inc., 1969), 213-214.

　1910年代は、アメリカ史のなかで最も社会主義が力を得ていた時代で、1912年だけでも公表された社会主義雑誌は323誌もあったと言われる。しかしそれらはいずれも短命であった。Joseph R. Colin ed., *The American Radical Press: 1880-1960,* vol. 1-2 (Westport: Greenwood Press, 1974).

7 Mari Jo Buhle, "Socialist Woman; Progressive Woman; Coming Nation," Joseph R. Colin ed., *The American Radical Press,* 442-449; Buhle, *Women and American Socialism,* 304-310. 松尾章一「金子喜一とジョセフィン・コンガーをアメリカに追って」『歴史評論』、第395号 (1983年)、77-92頁。

8 Gilman, *The Forerunner,* 1 (November 1909), 30.

　　靴下の広告文は次のような内容である。「主婦は、さほどではない量の自分の靴下の繕いをしなければなりません。夫の、もっとたくさんの靴下を。子どもの、もっともっとたくさんの靴下を。

　　主婦は、シジフォスのように膨大な時間を浪費しているのです。…

　　読書をして過ごしなさい、そうすれば頭が良くなります。繕いものはそうはしてくれません。休息をとりましょう、そうすれば健康になります。繕いものはそうはしてくれません。…

　　新しい靴下を買いましょう。……

　　……〔新しい〕靴下はすぐには穴があきません、もしあなたが『穴のあかない^(ホール・プルーフ)靴下』社の製品をお買いになるとすればですが。」

9 月刊誌の経営をまかなう雑誌収入の採算ラインは、月三千人の読者が必要であったが、『フォアランナー』の読者は増加することはなかった。ギルマン自身の表現によると、購読者は1年間でもおよそ五千人から七千人、7年間の延べ購読者数はほぼ3万5千人にすぎなかったということである。Gilman, "A Summary of Purpose," *The Forerunner,* 7-11 (November 1916), 287.

10 1919年の秋には売り上げのピークをむかえ、ボックは年間10万ドルの稼ぎを得たといわれる。John Tebbel, *The American Magazine,* 181-195.

　女性誌の原型を作ったのはL・ゴッディとS・J・ヘイルの『ゴッディの婦人雑誌』(*The Godey's Lady's Book*) であったが、ボックは女性雑誌の路

線（ファッション、料理、エチケット、室内装飾など）を引き継ぎながら、女性読者の社会・政治的関心の広がりにも応じ成功した。James Playsted Wood, *Magazine in the United States* (New York: The Roland Press Company, 1971), 456.

11　Frederick Lewis Allen, *Only Yesterday: An Informal History of the 1920's* ([1931], New York: Harper-Perennial, 1992), chap. 8. F・L・アレン、藤久ミネ訳『オンリー・イエスタデイ―1920年代・アメリカ―』（筑摩書房、1986年）、第8章。

12　ギルマンは自伝のなかで、7年間の『フォアランナー』の総量を、1頁の単語数を計算することから始めて、雑誌を本に換算してその総冊数を詳しく示して見せた。Gilman, Living, 304; Madeleine B. Stein, "Introduction," Charlotte Perkins Gilman, *The Forerunner,* 1 (repr., New York: Greenwood Reprint Corporation,1968), 5.

13　絵に添えられたキャサリン自身のメモには、「私はこの表紙を1900年頃（21歳）描きました。子どもっぽい考えで描いたのだけれど〔中略〕母（ギルマン）は『フォアランナー』の表紙として気に入ってくれました」とある。キャサリンのスケッチについては、"*The Forerunner*: Cover design by Katharine B. Stetson," SL folder 239.

14　人気画家チャールズ・D・ギブソンが描く女性たちは「ギブソン・ガール」として人気を博していた。ギルマン自身もこうした「ギブソン・ガール」のイメージを、「昔の女性たちを比較すると、すべての点で、誠実、勇気に満ち、健康、強靱、有能、自由で人間的」であると書いている。「ギブソン・ガール」は、ヴィクトリア朝時代とは異なる新しい女性のイメージ、「ニュー・ウーマン」を表象するものであった。しかし実際には、ギブソンは「ニュー・ウーマン」の本質をとらえて描いたわけではなかった。Gilman, *Women and Economics,* 148-149; Lois W. Banner, *American Beauty* (New York: Alfred A. Knope, 1983), 156.

15　Gilman, "As to Purposes," *The Forerunner,* 1-12 (December 1909), 33.

16　Josephine Conger Kaneko, "Why "*The Socialist Woman*" Comes into Existence," *The Socialist Woman,* 1 (June 1907), 4.

17　Larry Ceplair, ed., *Charlotte Perkins Gilman: A Nonfiction Reader* (New York: Columbia University Press, 1991), 188-189.

18　ギルマンは、「7年間の『フォアランナー』の仕事の後は、当分の間、書く

気力を失った」と自伝に書くほど力を出し尽くしたようだ。Gilman, *Living*, 327.

19　Joanne B. Karpinski, "Introduction," to Joanne B. Karpinski, ed., *Critical Essays on Charlotte Perkins Gilman* (New York: B.K.Hall & Co., 1992), 5.

20　「〔『フォアランナー』の〕主題のほとんどは、『文学』とみなされるべきものではない」と、ギルマンは繰り返し述べている。Gilman, "A Summary of Purpose," *The Forerunner,* 7-11 (November 1916), 286.

21　Ceplair, *Nonfiction Reader,* x.

22　Gilman, "Moving the Mountain," *The Forerunner,* 2-5 (May 1911), 136.

23　Gilman, "Moving the Mountain," *The Forerunner,* 2-1 (January 1911), 25.

24　例えば、マルクスは『共産党宣言』において「ブルジョアの結婚は、実際には妻の共有である。〔中略〕いずれにせよ、現在の生産諸関係の廃止とともに、この関係から生ずる婦人の共有もまた、すなわち公認および非公認の売淫もまた消滅することは自明である」と述べている。マルクスは階級対立が解消すれば、性差による差別も消滅するものと考えていたのである。マルクス・エンゲルス『共産党宣言』、65-66頁。

25　Gilman, "Moving the Mountain," *The Forerunner,* 2-9 (September 1911), 250.

26　コーベンとマイケルによる、ドイツ、フランス、イギリス、合衆国の保育施設や行政の4ヶ国比較研究によると、世紀転換期の保育施設は、1904年のパリとベルリンでは、政府の補助金を受けた保育施設の数は66箇所。ロンドンとニューヨークでは、パリとベルリンのほぼ2倍の人口に対して、それぞれ54箇所、92箇所の施設があった。両者とも、フランスやドイツと比較し、公的な補助や制度が不足するなかでの保育所数である。都市以外の保育所の総数は、1912年で、合衆国では約700箇所あったと言われている。Koven and Michel, "Womanly Duties," 1101-1102.

27　ギルマンが描いた「働く母親にとって都合のよい『ユートピア』の子供」というテーマに関しては、以下を参照。山内惠「シャーロット・パーキンズ・ギルマンにおける『ユートピアの子供』」『アメリカ史研究』、アメリカ史研究会、第18号（1995年）、44-51頁。

28　岡沢憲夫『スウェーデンの挑戦』（岩波書店、1991年）、103-107頁。

29　Ellen Key, Barnets århundrade I-II (Albert Bonniers Förlag, 1927). エレン・ケイ、小野寺信・小野寺百合子訳『児童の世紀』（冨山房、1991年）、206頁。

30　当時の雑誌に紹介されたケイの「母性」に対する考え方は次のようなもの

である。「母性こそ、他人を思いやる倫理の真骨頂であり〔中略〕女性の思考、感情、行動における最高の責務とならなければならないのだ。〔中略〕もし来るべき未来の母親たちが、子育てをとおして人類がより崇高な人間性を目指し、進歩することを母親自身の至上の幸福と考えるのであるなら、私たちの将来への夢は、こうした女性たちによって実現されうるのである。」*The Current Opinion,* 56 (January-June 1914), 292.

31　平塚らいてうとケイについては、第4章3節で詳しく触れたい。

32　エレン・ケイのギルマンへの批判は、ギルマンの著書『女性と経済』での育児の社会化に対するものである。それらの批判は、主に以下の著書や雑誌のなかで、ギルマンや合衆国のフェミニズム運動に向けられた。Ellen Key, *The Century of the Child* ([1900], New York: Putnam's Sons, 1909), 234; Ellen Key, *Love and Marriage* ([1903], New York: Putnam's Sons, 1912), 229-230, 237; Ellen Key, *The Woman Movement* ([1909], New York: Putnam's Sons, 1912), chapter 1 passim; Ellen Key, *The Atlantic Monthly,* 112 (July 1913), 49.

33　ギルマンとケイの母性をめぐる論争を紹介した雑誌の記事については、以下を参照。"Ellen Key's Attack on 'Amaternal' Feminism," *The Current Opinion*, 54 (January-June 1913), 138-139; "Charlotte Gilman's Reply to Ellen Key," *The Current Opinion,* 54 (January-June 1913), 220-221; "The Conflict Between 'Human' and 'Female' Feminism," *The Current Opinion,* 56 (January-June 1914), 291-292.

34　Gilman, "On Ellen Key and Woman Movement," *The Forerunner,* 4-2 (February 1913), 36.

35　Gilman, "The New Motherhood," *The Forerunner,* 1-14 (December 1910), 17-18.

36　Gilman, "As to 'Feminism'," *The Forerunner,* 5-2 (February 1914), 45.

37　Gilman, "On Ellen Key and the Woman Movement," *The Forerunner,* 4-2 (February 1913), 35-38.

38　大辻千恵子は、農業以外の職種に就く10歳以上の有業女性の人口の急速な増加について、以下のような数字をあげている。1880年（205万人）、1890年（324万人）、1900年（434万人）、1910年（627万人）、1920年（747万人）。大辻千恵子「世紀転換期のアメリカ女性を取りまく労働文化——労働の場とジェンダー——」『アメリカ研究』、28号（1994年）、96頁。

　労働力全体の女子労働者の割合は、1870年には14.8％であったが、1910

年には24.3％に増加している。Degler, *Out of Our Past,* 384.
39　Koven and Michel, "Womanly Duties," 1094-1095.
　　「ミューラー判決」については以下を参照。Linda K. Kerber and Jane Sherron de Hart eds., *Women's America: Refocusing the Past* (New York: Oxford University Press, 1995), 576-578. 有賀夏紀ほか訳・編『ウイメンズアメリカ』（ドメス出版、2000年）、348-351頁。
40　日本の大正期に興った「母性保護論争」でのギルマンとケイの関係については、以下に詳しい。山内惠「ギルマン夫人と二つの母性保護論争―母性と女性の経済的自立をめぐって―」『ジェンダー研究』、東海ジェンダー研究所、第2号 (1999年)、49-63頁。
41　『ハーランド』が翻訳・紹介された1980年代の日本では、「女性原理」に基づき人間と自然の関係のあり方を再考しようとしたエコロジカル・フェミニズムへの関心が高まった時代である。おそらくは、こうしたエコロジカル・フェミニズムが後押しをする形で、ギルマンの『ハーランド』の翻訳が実現したものと思われる。
　　エロロジカル・フェミニストを代表する青木やよひによる「女性原理」概念について。人間を取りまく宇宙観から人間社会に投影された雌雄性の文化概念を指し、例えばそれはらは、天（父性）と大地（母性）、古代中国の道教の陰（女性性的特徴）と陽（男性的特徴）、文明（男性）と自然（女性）などをいう。文化概念としての「女性原理」と「男性原理」は、通常のいわゆる「女らしさ、男らしさ」という性差を表すものではない。
　　青木やよい『フェミニズムとエコロジー』(1986年、新評論)、189-206頁。
　　上野千鶴子と青木やよいによるエコロジカル・フェミニズム論争については、以下に詳しい。日本女性学研究会1985年5月シンポジウム企画集団編『フェミニズムはどこへゆく―女性原理とエコロジー―』(松香堂書店、1985年)。
42　ギルマンは『ハーランド』が女の国となった生物学的理由を、「単為生殖」(parthenogenesis) という言葉で説明している。Gilman, *Herland,* 45.
　　なおウォードの論文「我らのベター・ハーフ」からヒントを得て、ギルマンは女性の「命のメーン・ストリーム」説と「単為生殖」についても、『女性と経済』で以下のように説明している。「女性は、深くて安定した、命のメーン・ストリームなのです。そして男性は、その命を広げて変化させる、変種であり、本質的というよりもむしろ付属物にすぎないのです。生物はかつ

ても今も、雄の組織体なしに、生まれてきました、雌雄同体の生殖と単為生殖とによって。」Gilman, *Women and Economics*, 130.

43　ウォードの『純粋社会学』での「女性中心説」の説明を以下にまとめた。女性は生物進化を示す系統樹の幹であり、生命の原型である。女性性優位は完全なものであり、男性はその女性から常に「選択」されて、生命の多様性に貢献する「変異」としての２次的存在にすぎなかった。人間社会で「女性中心説」が衰退するのは、歴史のなかで家父長制という「不自然」な社会秩序ができあがったからである。進化の歴史のなかで、女性は家父長制の興隆により、その優位性を失ってしまったのだ。ウォードは、従来の男性優位の生物学の学説を批判し、「女性中心説」と説いたが、その理論をギルマンが『女性と経済』に取り込んだように、当時のフェミニズム理論に貢献したことは確かである。Ward, *Pure Sociology*, 290-416.

44　Bellamy, *Looking Backward*, 180.

45　Gilman, *Herland*, 66.

46　「優生学」という語は、ダーウィンの従弟のフランシス・ゴルトン（Francis Galton）がつくった造語である。しかしダーウィンは優生思想が広がることを危惧し、良い遺伝子を、「善意のヒューマニズム」によって操作される危険をたびたび指摘した言われる。スペンサーらの説く社会進化論が、レッセ・フェールの現状を擁護する役割を果たしたのに対し、優生学は逆に、「善意のヒューマニズム」により、社会を改良する手段としての科学思想として、知識人たちをとらえたのだった。欧米に広がる優生学運動の担い手の中心は、ギルマンをも含む社会のエリートたちであった。Degler, *In Search of Human Nature*, 41, 42-43.

47　Gilman, *Herland*, 69.

48　Gilman, *Herland*, 54, 77-78.

49　ギルマン自身は『ハーランド』では「否定的優生学」（negative eugenics）という言葉を使っているが、「積極的優生学」（positive eugenics）という言葉は使ってはいない。Gilman, *Herland*, 69.

　世紀転換期のこの時代には「否定的優生学」「積極的優生学」はセットで用いられた。Daniel J. Kevles, *In the Name of Eugenics: Genetics and the Uses of Human Heredity*（New York: Alfred A. Knopf, 1985）. ダニエル・J・ケヴルズ、西俣総平訳『優生学の名のもとに―「人類改良」悪夢の百年―』（朝日新聞社、1993年）、151頁。

50 ギルマンの母性論に対し、庄司宏子の「優生学的フェミニズム」との批判はあるが、『ハーランド』に限ってその母性の主張を批判するのは、無理があるように思われる。ギルマンが「優生学」に接近したのは、当時の最新の「科学」の知として、人間を進歩させる「科学」への絶大な信頼を置いていたからだと私は考える。庄司宏子「優生学的フェミニズム―シャーロット・P・ギルマンのユートピア小説にみられる母性―」、日本アメリカ文学会東京支部3月例会 (1995年3月、慶應義塾大学)。

51 世紀転換期の優生学とギルマンについては以下を参照。山内恵「世紀転換期におけるアメリカ合衆国の『優生学』とフェミニズム」、川田順造・上村忠男編『文化の未来―開発と地球化のなかで考える―』(未来社、1997年)、137-142頁。

52 Margaret Sanger, *Autobiography* (New York: W.W. Norton, 1938), 374-375. Quoted in Linda Gordon, *Woman's Body, Woman's Right: Birth Control in America* (New York: Penguin Books, 1990), 282.

53 Degler, *In Search of Human Nature*, 41.

54 Gilman, "In Our Land," *The Forerunner*, 7 (February 1916), 44; "In Our Land," *The Forerunner*, 7 (May 1916), 123.

55 Gilman, "In Our Land," *The Forerunner*, 7 (June 1916), 156.

56 Gilman, "In Our Land," *The Forerunner*, 7 (September 1916), 212-213.

57 K・サックスは、4つの部族を対象としたフィールド・ワークに基づいて、F・エンゲルスの経済決定論を批判しつつ、私有財産のない社会であっても女性への性差別がなぜ存在するのかを、興味深く論証している。Karen Sacks, "Engels Revisited: Women, the Organization of Production, and Private Property," Michelle Zimbalist Rosaldo and Louise Lamphere, eds., *Woman, Culture, and Society* (Stanford: Stanford University Press, 1974), 207-222.

58 Gilman, "In Our Land," *The Forerunner*, 7 (December 1916), 321.

59 Gilman, "The New Mothers of a New World," 149.

60 「不自然な母親」のストーリーは以下である。ヒロインはトッズビルという村に父親と2人で暮らすエスターという娘である。母親を亡くしたために、世間一般の娘のように母親から娘らしい行儀作法を教わることもなく、自然児のように育ったエスターも、やがて結婚し子どもが生まれて母親となる。

　ところが母親になったエスターは、生まれた自分の子どもを特別可愛が

るふうでもなく、村の子どもたちも自分の子どもと同様に遊んでやったり、世話をする。こうしたエスターを、村人たちは自分の子どもに対する母性愛がない「不自然な母親」だと考える。

　ある日、村に悲劇がおこる。ダムが決壊し洪水がこの村をおそったのである。偶然、ダムの決壊現場に居合わせたエスターは、村人に危険を知らせることを優先し、我が家で寝ている自分の子どもを救うことを断念する。エスターの機転により、村人千五百人の命は救われるが、エスターと彼女の夫は洪水に巻き込まれて命をおとす。揺り籠の中で眠っていたエスターの子どもは奇跡的に救いだされ一命をとりとめる。

　エスターの命を犠牲にすることで救われた村人は、次のように語る。「母親の義務というものは自分の子どもに向けられるものなのです。あの娘は他人のために自分の子どもを捨てたのです、〔中略〕エスターは不自然な母親です！」エスターの行為は、死んだ後までも我が子を犠牲にした「不自然な母親」として非難され続けたのである。Gilman, "The Unnatural Mother," *The Forerunner,* 7-11 (November 1916), 281-285.

61　Gilman, "Mothers, Natural and Unnatural," *Concerning Children* ([1900], Boston: Small, Maynard & Company, 1901), 255-277.

62　Gilman, "The New Mothers of a New World," *The Forerunner,* 4-6 (June 1913), 148, 149.

63　Simone de Beauvoir,《Le Deuxième Sexe》(Gallimard, 1948). ボーヴォワール、生島遼一訳『第二の性 (IV)』(新潮社、1987年)、208頁。

64　Gilman, *Living,* 307.

65　"*The Living of Charlotte Perkins Gilman*: A Last Duty," SL folder 235.

第4章　ギルマンのフェミニズム思想と日本の受容

第1節　ギルマンと3人の論者
──成瀬仁蔵、平塚らいてう、山川菊栄

　本書の最後の章において、ギルマンのフェミニズム思想の日本における受容というテーマを取り上げるのは、現代の日本では研究者以外はほとんどその名を知ることのないギルマンが、大正期の日本で今よりもはるかに注目を浴びていた、という歴史的事実からである。当時の日本の知識人たちはどのような関心を持ってギルマンとそのフェミニズム思想を受容しようとしたのだろう。近代化の推進に熱心な日本の知識人たちと、近代家族の解体を目論むアメリカのラディカルなフェミニストとの出会いから見えてくるものとは何か、提起するものは何か、日米比較の視点から分析・考察をしてみたい。

　ギルマンの『女性と経済』が日本で初めて翻訳・出版されたのは1911年（明治44年）のことであった。このギルマンの翻訳書の「序」において、日本女性の啓蒙を目的としてこの書を勧めたのは成瀬仁蔵である。小山静子によれば、明治末から大正期までの十余年の間に、ギルマンやエレン・ケイの著書を含むヨーロッパやアメリカ合衆国の女性解放運動や思想に関するさまざまな著書が、日本になだれ込んできたという[1]。一挙に入ってきた西欧の女性解放論の一つに、ギルマンの『女性と経済』の書があったわけであるが、そのギルマンについて日本での受容を論じた先行研究はきわめて少ない。現在までのところ、序論でも触れた三宅義子の「近代日本女性史の再創造のために」（以下「女性史の再創造」）と拙論

「ギルマン夫人と二つの母性保護論争」[2]があるのみである。

　三宅論文は、日本の女性解放運動が、個人としての解放よりも母としての権利獲得を目指した日本フェミニズムの問題性を、大正期の「母性保護論争」における平塚らいてうの母性主義フェミニズムの形成過程のなかに探ろうとする意欲的な論考である。しかし三宅は、その平塚と平塚が心酔したエレン・ケイの母性主義の主張を際だたせるため、平塚がギルマンを「平等」論者として終始批判したことをあげて、ギルマンの「日本における運命は無惨としか言いようがない」と結論づける。さらに「母性保護論争」の後のギルマンが「忘却のなかに埋もれてしまった」のは、論争において「ギルマンは理解者を得ることもなかった」からで、その後の日本フェミニズムへの影響についても「女性の職場進出の推進者という程度」でしかなかった、と三宅は説明している[3]。

　拙論「ギルマン夫人と二つの母性保護論争」は、本書の第3章で取り上げたアメリカ合衆国での母性をめぐる論争（エレン・ケイとギルマンの論争）、そしてほぼ同時期の大正期に興った「母性保護論争」（主に平塚らいてう、与謝野晶子、山川菊栄による論争）とを比較検討しつつ、ギルマンのフェミニズム思想の両義性を論証したものである。ギルマンの日本での受容そのものを分析したものではない。

　そこで本書では、これまでほとんど注目されることもなく、三宅義子も「無惨」とした日本でのギルマンのフェミニズム思想の受容とその意味を、改めて取り上げ考察してみたい。

　考察にさいし主となる論者として次の3人を選んだ。その論者は、ギルマンを日本に初めて紹介した成瀬仁蔵、「母性保護論争」においてギルマンを批判した平塚らいてう、その平塚らに論争を挑み、論争後にギルマンの名前を自分の論評に加筆した山川菊栄、の3人である。これらの論者を選んだ理由は、3者によるギルマンの受容を検討することで、ギルマンのフェミニズム思想のありようをそれぞれの場から浮き彫りにできると考えたからである。

第2節 『女性と経済』を紹介した成瀬仁蔵の意図

　日本の近代女子教育の開拓者として評価の高い成瀬仁蔵は、どのような意図を持ってギルマンの『女性と経済』を紹介しようとしたのか。『女性と経済』の翻訳をとおして女子教育の発展に尽力しようとした成瀬と女性の経済的自立論を説く合衆国のフェミニストとの不思議な出会いに、私はまことに興味をそそられた。そこでまず、成瀬がどのようないきさつからギルマンの著書を選び、日本女子大学校の卒業生にその翻訳を勧めたのか、その歴史的背景を探ってみることにする。

　日本の近代化は、維新以降、政府の富国強兵策によって短期間かつ強力に押し進められた。欧米に追いつくため明治政府が最も力を入れたのが、近代国家の国民としての質を高めるための教育機関の設立であり、そのための法制度の整備であった。1872年（明治5年）には男女平等の教育方針を掲げた初等教育の構想が打ちだされ、「学制」が実施された。同年に出版された福沢諭吉の『学問のすゝめ』が国民に広く受け入れられたのも、福沢の説く西欧の啓蒙的理想主義が、西欧を模範とする国策とも合致したからであろう。明治期の中頃までは、福沢らによって欧米の「近代家族」をモデルとした新しい夫婦像、封建的な男尊女卑思想を批判する男女平等論が紹介され議論された。

　こうした時代のなかで、明治政府は1889年（明治22年）に大日本帝国憲法を発布。1896年（明治29年）と1898年（明治31年）には民法が公布され、明治初期・中期に広がった啓蒙主義的潮流に逆行するかのように、「家」制度を基盤とし天皇を頂点とする天皇制国家を確立させた。国家の基盤となるこの「家」制度には守り手が必要であった。そこで日本女性に「良妻」となり「賢母」になるための理論を提供したのが、「良妻賢母」思想であった。1899年（明治32年）には「高等女学校令」が公布され、国策としての「良妻賢母」思想の教育は徹底されていく。近代化に「遅れた」日本国家が女性たちに求めた「良妻賢母」の役割とは、夫を助ける良き妻

として家計を切り盛りし、また賢い母として次世代の国民を育てることであった。

　個々の「家」の守り手を育てるための女子教育のあり方に転機をもたらしたのが、国家という枠組みのなかでの「国民」としての認識であった。小山静子は、その転機の要因として次の二点をあげている。一つは、日清戦争や日露戦争といった国の内外の情勢が大きく変化するなかで、女性たちが社会政策のなかで「婦人問題」の重要性を意識するようになったこと。もう一つが、当時の言葉で言ういわゆる「職業婦人」の増加であった[4]。良き妻や賢い母親という役割にとどまることのない、日本女性の「国民化」である。富国強兵策のもとで、自国の産業発展に女性たちもひとしなみに貢献することが期待されたのである。

　こうした女性の「国民」への昇格は、国家を構成するのは国民一人一人であるという国家的視点と自覚を、女性たちに求めたことは当然である。さらには、「職業婦人」の増加は、すでに述べてきた、カール・N・デグラーのいう女性の労働力の「第1次変動」が、同時代の日本においても興ったことを意味した。とりわけ、女子教員の増加はめざましく、「学制」による初等教育の普及で女子教員数の需要は著しく増加した[5]。こうした歴史的状況のなかで、新しい女子教育の理念を掲げて登場したのが、米国留学を体験し西欧諸国の女性の状況を熟知していた成瀬仁蔵であった。

　成瀬は、日本初の女子高等教育機関となる日本女子大学校を1901年（明治34年）に開校するが、設立にあたりその理念を『女子教育』(1896年) に著した。そのなかで「本邦現事の高等女子教育は、当初より専門様の実用教育に重きを置き、〔中略〕其の目的は賢母良妻を養成するに在り」とし、「女性の天職中、最も重要なるは、母として子女を教育するの天職なり」とする考えを示した。さらに成瀬は、女性が「人間」としての教育を受けなければ、国策としての富国強兵、道徳向上や社会進歩のためにその力を生かすことはできない、と説明している[6]。成瀬の言う「人

間として、婦人として、国民としての女子教育」の理念とは、近代国家という枠組みのなかで、「国民」を育てる女性の役割の重要性を意図した、よそおいも新たな「良妻賢母」論であった。

　成瀬によるこの新しい「良妻賢母」の教育理念に深く共感し、日本女子大学校の家政科第3回生への入学を決意したのが、平塚明（「らいてう」は筆名）である。その平塚は自伝において「『女子教育』は、成瀬先生が米国で学んだ、〔中略〕独創的女子高等教育論でした」と、女子大入学のきっかけを語っている[7]。日本女子大学校で学んだ後の平塚は、1911年と同年の9月に文芸雑誌『青鞜』を発行し、黎明期の日本のフェミニズム運動を率いた女性となった。おりしもその1911年は、ギルマンの『女性と経済』が日本において翻訳・出版された年でもある。

　成瀬が女子教育の理念を学ぶ機会を得たアメリカへの留学は1890年（明治23年）から3年間に及び、その時期のアメリカは「家庭性（ドメスティシティ）の黄金時代」と呼ばれた時代にあった。この家庭性（ドメスティシティ）の美徳が社会改革に推進力となったことについてはすでに触れたが、留学中の成瀬が見たものは、この家庭性（ドメスティシティ）の美徳によって「ドメステック・フェミニズム」を育て、さまざまな改革運動を積極的に進めるアメリカ女性の姿であった。女性たちが社会改革の中心的役割を担っていた19世紀末のアメリカから、成瀬は多くを学ぶ。成瀬は帰国後、広汎な社会的活動にも参加できる「国民」を育てることを、「遅れた」日本の女子教育の目標としたのである。

　したがって成瀬の女子教育の意図は、単なる「家」制度の守り手として「良妻」「賢母」を育成するものではなかった。卒業生が社会で活躍できる実践的な場を提供するために、成瀬は生涯教育の拠点としての女子大の同窓会組織「桜楓会」を1903年（明治36年）に組織する。成瀬は、桜楓会の機関誌『家庭週報』の執筆や編集を教え子や卒業生に積極的に勧めたと言われるが、その成瀬の期待に応えたのが、日本女子大学校の第1回国文科の卒業生である小橋三四、橋本八重であった。1914年（大正3年）に『読売新聞』が日本で初めて設けた「婦人附録」（今日でいうところの「家

庭欄」)を担当した女性記者が、成瀬が育てた小橋三四と橋本八重であったことは、成瀬の女子教育の賜と言えるだろう[8]。

　女性の社会進出を勧め、実社会においても発揮できる能力の育成に熱心であった成瀬のこうした教育方針を考えると、成瀬は明らかな意図をもって日本女子大学校の卒業生3名にギルマンの『女性と経済』の翻訳を勧めたものと推察される。その3名は大多和たけ(英文科第3回生)、小山順子(英文科第5回生)、小出貞子(英文科第6回生)であった。成瀬は『女性と経済』に次のような序文をよせた。

　　人類の進歩は婦人の進歩によりて完成せらる。婦人なるが故に高等なる學問を要せず、深遠なる知識を要せず、高等なる教育を要せずと云ふはこれ婦人は人にあらずと云ふに同じからずや。〔中略〕ステッツォン孃(Charlotte Perkins Stetson)、今のギルマン夫人(Gilman)は一八九八年に、「婦人と経済」(Women and Economics)なる一書を著し、這般の問題に就き、深く其根底に入りて解決を試む。〔中略〕余は此有益なる婦人の著書が、本邦婦人に依りて我国民に紹介せらるゝを喜ぶと共に、其翻訳の労を取れる婦人が、我日本女子大学校の卒業生たるは、余の殊に満足する處なりとす。此翻訳書が我国の婦人問題の解決に対して、多大の貢献をなし、二十世紀の最大問題に関する社会の注意を喚起して、著者及訳者の勤労の酬らるゝに至るべきを信じて疑はざるなり。

　　　　　　　　　　　　　明治四十四年二月上旬　成瀬仁蔵[9]

　卒業生の翻訳の労をねぎらいながら、社会との関わりを求めた女子教育への思いを示す成瀬らしい序文である。「二十世紀は婦人の世紀である」と教え子に常々語っていた成瀬は、このギルマンの女性解放思想を学ぶことで、日本女性が「二十世紀の最大の問題」である「婦人問題」に覚醒し社会改革の先陣を切ることを期待して、ギルマンの書を薦めたのであった。

　成瀬は、西欧の女性解放運動や思想に通じた教育家として、講義や著書でそれらを紹介することが多かった。その成瀬が新しい「良妻賢母」

思想を女子教育の核としたのが、家政学部での教育だったといわれる。「家政学を以て大学教育の主要分科たらしめなければならむ」[10]とし、科学的、合理的な家庭経営の術を身につけた女性たちを育て、その家庭を社会の基盤にすることで、近代の国民国家にふさわしい日本にすること。これこそが成瀬の考える学問として家政学の目的であった。ギルマンへの関心も、ギルマンが『女性と経済』において主張した合理的な家事労働や科学的子育ての方法論に成瀬が興味を持ったのであって、その理解があくまで彼の家政学の教育理念の枠内であったとしても、成瀬自身が是とする新しい「良妻賢母」の教育理念と矛盾するものではなかった。

事実、成瀬は「ギルマン夫人の所見一端」と題する論考のなかで、当時ギルマンがエレン・ケイから最も批判を受けた集団保育について、ギルマンを支持して次のように述べてた。「婦人が協力して幼児保育のために有機的団結をなし、育児の各方面の仕事を分担して、博き愛を以て賢き良法を講じて、その育児の任を全うするというふことより勝れて、人類幸福の道を進むるものは、何物も他にないのである。」と[11]。当時のアメリカ女性たちを呪縛し続けた母性天職論により、子育てを他者にゆだねたギルマンは「不自然な母親」と容赦なく叱責されたのに対し、むしろ成瀬は、このギルマンの働く母親のためのプロによる集団保育の主張に理解と賛同を示し、さらにはギルマンの共同保育論の実践も進んで試みようとした。ギルマンの説く「社会の奉仕者」としての「ニュー・マザー」は、成瀬にとって、彼の女子教育の方針と何ら矛盾するものではなかったにちがいない。成瀬の勧める共同保育の実践とは、卒業生による託児所の開設であった。

1913年（大正2年）6月に開設されたこの東京小石川に開設された託児所、卒業生のために社会的活動を確保しようとする成瀬の女子教育の実践活動の成果の一つと言える[12]。託児所を開設するなどのこうした社会的実践は、ギルマンの共同保育論の単なる受け売りではなく、成瀬自身がシカゴのJ・アダムズの「ハル・ハウス」によるセツルメント活動を

実際にも知っていたからこそ、実現したものであろう[13]。

以上見てきたように、日本の女子教育のパイオニアである成瀬仁蔵が、ギルマンのフェミニズム思想の「良き理解者」としてその合理的家事や育児法を勧めたり、その思想の実践を試みようとしていたという歴史的事実を見る限り、日本での受容の初まりにおいては、ギルマンは好意的に受け入れられたと言えるだろう。

第3節　ギルマンを批判する平塚らいてう

ギルマンが、アメリカの世紀転換期を代表する「ニュー・ウーマン」であることに異論を唱えるものはいないだろう。一方、平塚らいてうは、日本の第1波フェミニズム運動の緒とも位置づけられる『青鞜』[14]を発刊し、その創刊号の巻頭言（「元始、女性は太陽であった」）において封建社会からの女性解放の宣言文(マニフェスト)を謳い、古い因習や制度と闘うことで「新しい女」[15]と呼ばれた女性である。平塚は、『青鞜』廃刊後の「母性保護論争」では働く母親の母性保護をめぐり与謝野晶子や山川菊栄と論争をし、その後「新婦人協会」を設立して日本で初めての女性参政権を要求するなど、その生涯を日本の女性解放運動の歴史と重ねあわせるように生きた、文字どおり「新しい女(ニュー・ウーマン)」と呼ばれるのにふさわしい日本のフェミニストの元祖である。

日本の「新しい女」平塚は、アメリカの「ニュー・ウーマン」ギルマンの女性解放の思想をどう理解していたのか。成瀬仁蔵に続きギルマンに関わる論者として平塚らいてうを選んだ理由は、平塚とギルマンが働くフェミニストの母親として多くの共通点を持ちながら、彼女がギルマンの女性解放論の批判に終始したことにある。両者を隔てたものとは何か。

日米の2人の「ニュー・ウーマン」を巻き込んだ母性をめぐる論争について、アメリカでのケイ・ギルマンの論争は本書の第3章2節に、さらに両論争の詳細な比較・分析については、拙論「ギルマン夫人と二つの母性保護論争」に譲りたい。「母性保護論争」の論点のみ、以下に要約

する。

　まず、合衆国でおこった論争は、母性をあくまで女性の特性と位置づけ女性が性的存在であることの重要性を説くエレン・ケイと、女性は「女であり母親」であるよりも「人」として働き自立すべきと説くギルマンとの間でおこったものであった。これに対し日本での「母性保護論争」は、より現実的な「職業婦人」の育児と仕事の両立についてその方法論をめぐり、いわば大正期ヴァージョン「子育て支援策」を国家に要求すべきか否かの論争となった。働く母親のために母性支援の国家への要求を是とする平塚らいてうと、その平塚の要求を国家への「依頼主義」、また「生殖的奉仕」よって男性に「寄食」する「奴隷道徳」として激しく批判する与謝野晶子の間で、意見の対立がおこった。

　対立のまま平行線をたどる2人の論を整理し分析したのが山川菊栄であった。山川は2人の論を「婦人運動の二つの潮流」のなかに置き、与謝野の論を「経済的独立に出発した参政権の要求」を求める男女平等論者（山川の言葉では「女権論者」）に分類し、平塚の主張を「母たる権利および母たることに伴う権利」を要求する母性主義者（同じく「母権論者」）としてとらえた。山川は「女権論者」の代表としてイギリスのメアリ・ウルストンクラストをあげ、与謝野を「日本のメリー・ウォルストンクラスト」に、平塚を「日本のエレン・ケイ」に例えた。2人の対立を引きおこす要因として山川があげたのが、論争の背後にある経済的構造そのものの問題であった。山川が言うには、与謝野の経済的自立論も平塚の母性保護論もいずれも納得できるものであるが、その両者の希望が実現できてもそれは「婦人問題の根本的解決ではない」「その根本的解決とは、婦人問題を惹起し盛大ならしめた経済関係その物の改変に求める外ないと考える」として、女性が生産労働するさいの生殖の解決には、平塚と与謝野が見逃していたより根本的な資本主義社会の構造そのものの問題性を指摘し、両者の論争を決着へと導いたのである。この山川の論文「与謝野・平塚二氏の論争」[16]は、雑誌『婦人公論』(1918年、大正7年)に発表

されて、社会主義者でもあった山川の卓越した分析の才能が高く評価されて、論壇へのデビューの論となった。以上が、大正期の日本に興った3人の女性論者による「母性保護論争」の簡略なまとめである。

この論争を整理・分析した山川菊栄は、当時の『婦人公論』に掲載された論文においてギルマンの名前もその思想についても触れていない。論争のなかで最もギルマンの名前を頻繁にあげたのは、平塚らいてうであった。平塚のギルマンへの言及は次のようになる。

19世紀後半から20世紀までの女性解放論者中の代表的人物として、「北米にはミセス・ギルマン、南阿にオリーブ・シユライネル（シュライナー）、瑞典にエレン・ケイなどが現れ」[17]た。我が国でも、欧米の初期の女権論者のいわゆる「男女同権論」をまねて粗野な男のような女性を求める傾向があった。女性の経済的に自立すべきという平等論は、母親の子育ての仕事を私的なものと考える旧式な思想に捕らわれた結果であって、「ギルマン及至オリヴ・シユライネル流の婦人論が禍して、家庭外の婦人の労働のみが何かしら立派な労働であるかのように考えられそれのみ社会的な同時に経済的な価値を認め」ているが、家庭内の女性の仕事である家事や育児にも同等な社会的、経済的な価値を認めるべきなのである[18]。

平塚が女性解放の模範としたのが、そのギルマンを激しく論駁したエレン・ケイであった。平塚はケイの「母権主義」を引いて「母は生命の源泉であって、婦人は母たることによって個人的存在の域を脱して、社会的な、国家的な存在となるのでありますから、さういふ母を保護することは婦人一個の幸福のためばかりでなく、全社会の幸福のため、全人類の将来のため必要なことだ」と述べ、「終日駄馬の如く働いても、自分ひとりの生活費しか得られないやうな婦人の賃金の低廉な国では」、国家による母性の保護がなければ現実問題として女性は自立できない、と訴えたのであった[19]。

平塚によるギルマンの理解は、家庭という領域での妻として母として

の役割を軽視し、その重要性を否定する「女権論者」である。ギルマンは家事労働の社会化や子どもの共同保育論を主張し、公的領域で仕事に就き、経済的自立をすることでのみ女性は自由となり解放されると主張する。さらに加えて平塚は「女権論の初期のものである所謂『男女同権論』の浅薄な早呑込みから、只男子の言語挙動の末を真似るやうな軽率な、そして粗野な男性的婦人」を作ることもあった、と説明する。しかしエレン・ケイは女性の家庭での役割を尊重し、とりわけ母性を女性の最も優れた特性と考える「母権論者」であり、「エレン・ケイこそ『人たる女よ、真の女たれ』と説く婦人問題のチャンピオン」なのだ、と平塚は言う[20]。平塚はギルマンを批判する文脈においてのみその主張を引き、ケイとの思想を際だたせ、国家による母性保護の要求を支持したのであった。

　平塚の母性保護を支持する評論家、山田わかもまたギルマン批判の論に加わった。「一応もっともとも思えるシュライネル〔シュライナー〕・ギルマンの説に苦しめられていた私は、ケイによって救われたのである。〔中略〕家庭内にのみ居る婦人は時代遅れになると云うギルマンもちと限界が狭ま過ぎまいか、職業に従事すれば婦人が今日の位置から救われると思ふのはちと浅薄な考へではあるまいか」と熱心に説き、平塚を支持する側に立ったのである[21]。

　こうして、「母性保護論争」でのギルマンの女性解放論は、平塚らいてうや山田わかといった論者により、いわば国家による母性への保護に反対する与謝野へ反撃する目的にのみ、引きだされたのである。三宅義子の言葉をかりるとすれば、与謝野は本来的にはギルマンを支持する側であったにもかかわらずギルマンを取り込まず、両者の論争をまとめたとされる山川菊栄も、少なくとも論争当時においてはギルマンについて触れることはなかった。

　三宅義子は、「母性保護論争」においてギルマンを理解しようとする者がいなかった理由を、日本における個人主義思想の未成熟をあげ、西欧個

人主義思想を基盤とする近代家族を国家の近代化の目標とした当時の日本の状況が、ケイのいう近代家族の擁護論は受け入れても、ギルマンの主張する家族解体論を受け入れ難く感じたからである、と説明する[22]。ギルマンのフェミニズム思想を否定的にしか受容できなかったのは、日本の個人主義の未成熟が原因とする三宅の主張に対し、私はむしろ、西欧にならい「近代化」を進める当時の日本の人々にとって、まさにこの「近代」との格闘を強いられたギルマンをおそらく理解することは不可能だったから、と考える。日本での産業資本主義社会が発展し、男女の性役割分業が一般化して「専業主婦」が社会のマジョリティとなるのは、第2次世界大戦後の1950年代に入ってからである[23]。ギルマンが批判する、近代の家族制度における「夫に経済的に依存した妻」は、ごく一部の上層の女性たちに限られ、むしろ豊かさの象徴でもあった西欧の家族にならい主婦業に専念できることは、当時の女性たちにとってあこがれでこそあれ、非難すべきものとはならなかった。

　平塚は、日本の家父長制や「家」制度と毅然と闘った女性であるが、アメリカの世紀転換期の女性解放運動の知的リーダーとも評価されたギルマンのフェミニズム思想を、「旧式」な男女平等論、女性性を否定して女性の男性化をもたらすものとしてしか論じられなかった。それはどのような理由からだろう。

　すでに第3章2節において考察したように、大正期の「母性保護論争」に先駆けておこったギルマンとケイの論争は、近代フェミニズムが性差を「差異」とするか「平等」とするかをめぐり揺れ動いてきた、思想としての限界をあぶりだすものであった。そもそもケイの批判は、『女性と経済』におけるギルマンの「平等」派フェミニズムが、母性の主張においては「男」並みを目指さざるをえないというその矛盾を衝くものであり、そのケイの批判を受ける形でギルマンが男性原理によって支配されてきた「近代」の枠組みそのものを超えようと闘ったフェミニストであることを、平塚は知らない。

平塚自身も論争において、「よき母となろうと思へばよき職業婦人となり得ず、よき職業婦人となろうと思へばよき母となり得ずといふ苦しいヂレンマに〔中略〕陥らざるをえません」[24]と嘆いた。その平塚が、ギルマン自身もまた「不自然な母親」という烙印を捺されながら、働く母親としての自立の方法を模索し続けたフェミニストであることを知っていたなら、論争においてギルマンをこれほど非難したのかどうか。また「母権主義者」であるケイは、性愛の自由、母性保護を重要視するあまり、近代家族にひそむ性の抑圧の構造には関心を持とうとしなかった。そうしたケイの思想的傾向への平塚の信奉と、平塚自身は日本の家父長制社会の結婚制度を「一生涯にわたる権力の服従関係」[25]として、法律婚を拒否し同棲婚を貫こうとしてその生き方とは、明らかに矛盾するものではなかったのか。

　いずれにしても、日米の母性をめぐる二つの論争の背後には、女性労働力の「第1次変動」という日米共通の社会の変化があり、働く母親の自立と母性をどのようにすりあわせるかという課題が、女性解放の根源に在ることを改めて私たちにつきつけたのである。さらにまた、当時の日本語にはなかった「母性」(motherhood)が、1900年代以降、エレン・ケイなどの著書から翻訳語として使用されるようになったこと、「母親」は単に子どもを産み育てるだけではなく、母としての女性の属性が女性の特性となり、公的な意味をおびる「母性」概念として社会に広がったのは、実はこの「母性保護論争」がきっかけであったことを指摘したのは後世の女性史家たちである[26]。

第4節　社会主義者・山川菊栄とギルマンの女性解放論

　明治末期に成瀬仁蔵の労によりギルマンとその著書『女性と経済』は紹介されたが、ギルマンの名前が注目を浴びるようになるのは、皮肉なことに、「母性保護論争」において平塚や山田によって頻繁に批判され

相手として登場するようになってからである。この論争をきっかけとしてさまざまな思想家がギルマンに注目し、その女性解放論を紹介するようになった。

　こうした論争後のギルマンへの注目のありようを最も象徴するのが、論争後の山川菊栄の「加筆」という行為である。「母性保護論争」において平塚と与謝野両者の言い分を決着させたことで、「婦人問題」の論客として一躍脚光を浴びた山川は、論争後に若干の訂正と加筆をする。「母性保護論争」時に発表されたタイトルは「与謝野・平塚二氏の論争」であったが、それを「母性保護と経済的独立」と変更し、筆を加えた。加筆された論文は、元の論文が発表された翌年の1919年（大正8年）に、『現代生活と婦人』に収録され出版された。加筆部分を見てみよう。

> 　今日、家婦にして職業を兼ぬる婦人は、家庭労働と賃金労働との二重負担に依て、その健康を、精力を、天分を傷ましく蹂躙されつゝある。この弊害の救済策として婦人論者の唱ふる所に二説がある。其一はケイや平塚氏等の主張せらるゝ家庭労働保護政策で、これは母なる婦人に出産後数年間の扶助料を与へ、これに対して国家の一吏員としての待遇を要求して居る。今一つの主張は、ギルマン夫人らの唱へる家庭労働軽減説で、家庭の雑用並に育児の任務の社会化に依り、婦人を家庭より解放して、その職業及び智的生活の為めに便ならしむることを主張して居るものである。私は今その二説に就て委しく是非を論ずる暇を持たないが、只だ社会の趨勢が明らかにこの後者に傾いて居ることだけは一言して置かねばならない[27]。

　修正前の論文では、フェミニズム思想の歴史を概観するにさいし、性差を「平等」とする「女権論者」を代表する女性にメアリ・ウルストンクラフトを選んだが、加筆時には「母権論者」ケイに対抗しうる思想家として、ケイと同時代に活躍したギルマンを選んだものと思われる。加筆された箇所は、育児や家事労働といった再生産労働と女性の生産労働をどう調和させるかという資本主義社会における女性労働問題の根幹に関

第4章 ギルマンのフェミニズム思想と日本の受容　167

わる議論であるだけに、論争の理論展開にギルマンの主張が不可欠であると山川自身が判断したためと思われる。

　おそらく山川は、平塚や山田が論争で頻繁にあげるギルマンの名前を知り、ギルマンが引いた家事労働の社会化論が本来は社会主義思想から出たものであることで、ギルマンに興味を持ったのではないか。そこで、山川自身も、社会主義が説く「家庭労働軽減説、家庭の雑用並に育児の任務の社会化」論を取り込んだギルマンについて書き加えたのだろう。山川は、論争当時の大正期にはすでに、国際的な社会主義運動に深く関心を持つ活動家として、それらの情報を合衆国の出版社から直接入手するルートを持っていたことを認めている[28]。アメリカでのケイとギルマンの論争の雑誌記事を山川自身が目にする機会があったとすれば、日本の「母性保護論争」とアメリカの論争が根を同じくするものであることをすぐさま理解したにちがいない。

　山川は、加筆した箇所でのギルマンの「家庭労働軽減説」については上記のような簡単な説明にとどめているが、その7年後の1926年（大正15年）、ギルマンの思想を詳細に紹介する一文を「現代婦人論」として『社会経済体系』において発表した。山川によるギルマンの女性解放論をまとめると次のようになる。

　米国の女詩人シャーロット・パーキンズ・ギルマンの著書『婦人と経済』（『女性と経済』）は、「最も急進的な婦人解放論の代表的著作として知られてゐる。」ギルマンは、「人類を以て女性が男性に依頼して食物を得る唯一の種族であるとして」、その偽善的な奴隷的属性を発達させた歴史を攻撃した。婦人の過度の性的特性は、母性、人間としての有用性、人類の一般的義務を損なうものとなっている。ギルマンはこうした婦人の性的奴隷の生活に反対し、家事や育児の労役を社会化することにより、婦人は自由に生産的労働に寄与し経済的独立が可能となると主張する。しかし「婦人の経済的従属の歴史的発達に対する彼女の見解は独断的であり、且つ今日の経済的組織に関するその理解が不徹底なために、婦人が

単に生産者になることそれ自身に問題の解決を求め」、すべての階級が奴隷状態であることに思いいたらなかったという問題点がある、と山川はギルマンの先見性と共にその思想としての限界をも指摘している[29]。

　こうした山川による分析は、家庭における男女の性と経済の結合関係、その関係を断ち切るための女性の経済的自立と家事労働の社会化構想への言及、さらにギルマンの階級的視点の欠如を指摘するなど的確で、社会主義者山川ならではの精緻な議論である。しかし、その山川も平塚と同様に、ギルマンを「女権論者」の「平等」派フェミニストと切り取ることで、男女平等論者には似つかわしくないその「新しい母性」の主張に関心を持つにはいたらなかった。日本で初めての社会主義の女性団体「赤瀾会」を結成し、無産階級の女性問題と取り組もうとしていた山川の関心は、フェミニズムが求める性差別の解消よりも、労働者階級の覚醒と階級差別からの解放に向けられたものであった。そうした山川の目には、ギルマンはしょせん、階級的視点を欠如させたブルジョアジーの女性解放論者としか映らなかったのだろう。

　こうした「母性保護論争」における3人の論者によるギルマンのフェミニズム思想の受容から私が考えるのは、もし仮に本来的に歌人であり文芸の面にも秀でた与謝野晶子がギルマンの作品をより広く知る機会があったとしたら、おそらくはギルマンのフェミニズム思想の最も良き理解者となって、日本の後のフェミニズム史にインパクトを与えうるギルマン論を書くことができたのではないかという点である。また社会主義者の山川菊栄であるが、3人の論者のなかではギルマンを最も高く評価する見識を持ちながら、ギルマンを単なる「男女平等論」者としてしか理解できなかったのは、多くの男性社会主義者たちと同様、女性問題を経済決定論でのみ解決しようとした社会主義の限界が災いしたのかもしれない。平塚らいてうにいたっては、西欧近代の恋愛至上主義を説くエレン・ケイが封建制社会からの救世主のように見えて、女性を母の役割に固定化するというケイの思想の陥穽を見逃すことになった。

第4章　ギルマンのフェミニズム思想と日本の受容　169

　こうした3人の論者による「母性保護論争」でのさまざまなギルマンの受容のあり方であったが、論争以降、ギルマンの女性解放論を紹介した多くの論者がいた。三宅義子が触れなかった何人かについて、簡略ではあるが取り上げてみたい。

　まず明治末期から大正期において「婦人問題」について発言することの多かった本間久雄は、「現代の世界思潮と婦人問題」(1919年)において、「最も注目すべき又最も攻究すべき婦人運動の二傾向」としてギルマンとケイをあげ、2人の思想を比較しつつ次のように紹介している。

　ケイにとっては男女の性の差異が重要であり、女であることに意義がある。逆にギルマンは男女の性の類似こそが重要であり、性差そのものに重要な意味を持たない。家庭についても、ギルマンにとっては単に従属的な意味を持つものでしかないが、ケイには最も重要な意味を持つものとなる。ギルマンは、ケイが最も重要視した「母権」も二義的なものとしてしか見ず、何よりも一人の人間として女性問題を考察することに専念している。2人は性を考察の中心に置く点では共通であるが、その考え方は非常にちがっている[30]。

　奥むめおは、平塚とは日本女子大学校の同窓であり、共に「新婦人協会」を設立したメンバーとして日本の女性参政権運動で活躍をしたフェミニストである。奥の『婦人問題十六講』(1925年)は、ギルマンの『女性と経済』を含め明治後期より大正期に大量に出版された欧米の女性解放論を初めて系統的にまとめ、大正デモクラシーのなかで広がった西欧の「婦人問題」を広範囲に紹介する啓蒙の書となった。奥は、フェミニズムの語源や思想の起源にも触れつつ、その歴史を「女権主義」と「母性(母権)主義」にわけ、「女権主義」の章において、M・ウルストンクラフト、J・S・ミル、O・シュライナーとギルマンの4名の著書に頁を割きそれぞれを解説している。

　奥はギルマンの『女性と経済』を「婦人問題に関する世界的名著」と評価し、なかでも最も重要なのが女性の経済的・性的隷属状態からの自立

であり、女性も男性と平等に社会人として仕事を持たなければならない、とギルマンが主張した点をあげている[31]。

本間も奥も、山川菊栄が論争で描いた「女権論」と「母権論」というフェミニズムの性差論争の図式にそってギルマンとケイを紹介したという点では、山川によるフェミニズム史解釈にしたがったものにすぎない。その他では、三宅義子がギルマンを論じたものとして唯一あげた大林宗嗣の『女給生活の新研究』(1931年)[32]があるが、この大林の論も、あくまで男女平等論者としてギルマンを説明している点で前者の2人と同様である。

以上、日本における戦前までの論者たちによる、ギルマンの受容のそれぞれのありようを述べてきた。最後に終戦直後の神近市子、および高群逸枝によるギルマン論についても触れておこう。

神近市子は、平塚らいてうによって興された『青鞜』運動に加わった女性解放運動の活動家でもある。オリーブ・シュライナーの『婦人と寄生』の翻訳を手がけたり[33]、戦後は衆議院議員として政治活動をするなど、日本の戦前と戦後における女性解放運動史にその名を残す女性である。

その神近による『女性思想史』(1949年) は、新憲法のもとで男女平等が謳われた敗戦直後に出版されたもので、戦前の日本の女性解放運動の歴史も含め、世界史の潮流のなかで女性の思想史を概説する書であった。神近は、J・S・ミルとA・ベーベルをつなぐ女性思想家として、エレン・ケイ、シュライナーとギルマンをあげ、この3者の思想のちがいを説明した。ギルマンについては、ギルマンの経歴について簡単であるが初めて触れ、ギルマンが職業分野において男女が同等であることを求めながら、資本主義体制の存続を前提とした「ブルジョア婦人論」以上の理論を展開できなかった、と説明している[34]。

20世紀前半の日本女性史研究において金字塔を打ち立てた在野の研究者、高群逸枝はギルマンをどのように語ったのか。高群によるギルマン論も他の論者と同様にケイの思想と並列する形でなされている。しか

しその分析の視点は、山川らによる「性差二分法」の図式に囚われることのない、きわめて独創的なギルマン論である。

　最も注目されるのは、高群以外の論者が関心を持つことがなかったケイとギルマン両者の母性論について高群が触れていることである。日米の二つの論争で対立したのが子育ての社会化であったが、高群は、ケイの母性保護の主張の根拠は自由な恋愛と結婚に依るものであり、これを原始母系制の系譜のなかに置く。またギルマンの集団保育による母性からの解放の主張を、原始社会が必ずしも女性を子どもの扶養の専業者とはせず、子どもの扶養はむしろ共同化されていたことをあげて、ギルマンの母性の社会化の主張を原始女性への復帰と位置づけた[35]。それは、自らの著『母系性の研究』において、日本の古代史のなかに原始母系制の痕跡を推定し、「母系より父系への移行」を実証しようとした高群ならではの位置づけであった[36]。対立するかに見えたケイとギルマンの母性の主張を、日本女性史のなかの「原始母系制」という「場」に共に取り込もうとした高群独自の解釈は、山川による性差二分法にも与せず、また近代フェミニズム史にもこだわることのない、ギルマンの母性を語る論者のなかでは唯一の、自由かつ大胆な分析である。

　なお戦前のギルマンの著書の数少ない翻訳であるが、ギルマンが雑誌『フォアランナー』に発表しその後単行本となった『男の造った世界』の部分訳が、岡田幸子によって翻訳され、雑誌『新理想主義』(後に『第三帝国』に変更) に1916年と1917年に、それぞれ発表されている[37]。

第5節　日本の受容から見るギルマンの「新しい母性」

　以上、日本におけるギルマンの女性解放論の受容について、その受容が肯定的であれ、あるいは否定的であれ、ギルマンの思想との関わりを持った3人の論者を中心に、かれらがどのようにギルマンを語ったかを見てきた。

明治末期にギルマンを紹介した成瀬仁蔵の思惑は、フェミニストの思想家による女性解放論が、その「新育児法」も含めて成瀬が理想とする社会の基盤となる家庭経営の質のレベルアップに貢献することであった。近代国家にふさわしい「国民」を育てる「良妻賢母」の育成を、女子教育の理念とする成瀬にとって、当然のギルマンの受容のありようである。成瀬によるギルマンの受容は、あくまで富国強兵を国策とし、国家を支える基盤としての家庭の担い手を妻、母とするという、近代の性役割分業体制を逸脱することのない女性解放論、という枠組み内での受容である。したがってそのギルマンが、その性役割分業を否定することで、たとえギルマン本人はその解体を意図しなかったとしても、近代の家族制度解体を予見するラディカル・フェミニストであることを成瀬が見とおすことができていたら、果たしてギルマンの著書の翻訳を教え子たちに薦めていたかどうか。

　また平塚らいてうと山川菊栄による「女権論者、平等論者」ギルマン論は、その働く母親のための経済的自立の主張を、近代フェミニズムの性差を「差異」とするか「平等」とするかの二分法の図式に置いたばかりに、近代思想との格闘を強いられたギルマンの「新しい母性」の主張を見逃すことになった。山川がフェミニズムの歴史を「女権主義、平等主義」と「母性主義、母権主義」の二分法の構図のもとでとらえ、ギルマンを「平等」派フェミニストとしか位置づけられなかったことは、日本フェミニズム史でのギルマンの受容への影響を考えると、その責任は重いと言わざるをえない。ギルマンの母性の主張は、山川の二元論にしたがった三宅義子が言うように、その母性論は「一貫性のない」ものとして切り捨てられるしかないからである。三宅に、「(ギルマンの) 日本での運命は無惨としか言いようがない」、あるいは、論争後その思想は「忘却のなかに埋もれた」と結論づけさせたこと。そして、山川以降の多くの論者たちにギルマンとその母性の主張を無視させてきたことの責任の一端は、性差二分法の図式のなかでしかギルマンを論じようとしなかっ

た山川自身にあるもの、と私は考える。

　ギルマンは、「ヴィクトリア朝」時代の伝統的規範「真の女らしさの信仰」が求められた19世紀後半と、「ニュー・ウーマン」が登場する20世紀初頭を共に生きた女性であった。成瀬は、「ヴィクトリア人」であったギルマンの「新保育法」が近代国家に貢献しうるものとして、称揚を惜しまなかった。平塚は、国家に対し自らが要求した母性保護を「ニュー・ウーマン」のギルマンはこれを否定する「平等」論者として、その母性論を切り捨てた。山川、そして三宅もまた、ギルマンを「平等」派フェミニストという近代フェミニズムの二項対立の枠組みをとおしてしか語らず、近代という時代そのものと格闘したギルマンの苦悩を見逃すことになった。

　「ヴィクトリア人」としてのギルマン自身の生涯がそうであったように、近代という枠組みのなかでフェミニズムと母性の調和を求める限り、その女性解放の主張は矛盾に満ち、葛藤と苦闘を強いられるしかない。このようにして、近代そのものを明治維新以降の国策のなかで懸命に構築しようとしていた「遅れた」日本では、男性原理に依ってなる近代社会のありようこそが女性抑圧の根源であると主張するギルマンとその主張を看過し、三宅や安川悦子が指摘したように「ギルマンは『封印』されてしまった」[38]のである。

註

1　小山静子によれば、ギルマンに限らず、エレン・ケイ、エマ・ゴールドマン、オリーブ・シュライナー、J・S・ミル、A・ベーベル、F・エンゲルスなど欧米のさまざまな女性解放論が、明治末期から大正期までのわずか15年間に日本に一挙に入ってきたという。受容する日本側にこれらの女性解放論を求める状況があったからである。小山静子『良妻賢母という規範』(勁草書房、1991年)、96-97頁。

2　拙論「ギルマン夫人と二つの母性保護論争」(1999年)を発表以後、2002年東京外国語大学に提出した博士論文の「補論」(本書では第4章)を書き直し

たものが拙論「ギルマン夫人の『新しい母性』論と日本における受容の問題」である。
　山内恵「ギルマン夫人の『新しい母性』論と日本における受容の問題」『埼玉工業大学・人間社会学部紀要』、埼玉工業大学、第2号（2004年）、69-83頁。

3　三宅義子「近代日本女性史の再創造のために」、66頁、67頁、121頁。

4　小山静子『良妻賢母という規範』、93-122頁。

5　『中央公論』に載った東京市（1913年当時）戸野教育課長の説明によれば、東京市の小学校教員の数約3千人のうち、男性教員と女性教員の数の割合比は67対33。給料の1月平均額は男性教師の31円、女性教員の22円強であった。アメリカの初等教員の男女の給料比が2対1から3対1であったことを考えると、日本の女性教員の地位のほうが比較的高かったようである。戸野周二郎「女教師」『中央公論』、第28巻9号（1913年7月）、194-197頁。

6　『女子教育』（青木嵩山堂、1896年）において成瀬が語った女子教育の基本的理念は以下である。「今後日本の女子高等教育の方針は、（第一）女子を人として教育する事、（第二）女子を婦人として教育する事、（第三）女子を国民として教育すること是れなり。」　成瀬仁蔵『成瀬仁蔵著作集（第1巻）』（日本女子大学、1974年）、37頁、40頁、46頁。

7　平塚らいてう『元始、女性は太陽であった（上巻）』（大月書店、1971年）、132-136頁。

8　小橋三四を「婦人附録」の編集主任としてむかえて日本で初めての「家庭欄」を新設した『読売新聞』の発行は、1914年4月3日である。中嶌邦『成瀬仁蔵』（吉川弘文堂、2002年）、174-175頁。読売新聞社編『読売新聞百二十年史』（読売新聞社、1994年）、92-93頁。江刺昭子『女のくせに—草分けの女性新聞記者たち—』（イザラ書房、1997年）、241-258頁。

9　成瀬仁蔵「序」、ギルマン夫人著大多和たけ・小山順子・小出貞子訳『婦人と経済』（大日本文明協会、1911年）、1-2頁（序）。

10　成瀬の説く「良妻賢母」の教育では、「家政学を以て大学教育の主要分科たらしめなければならむ」としている。成瀬仁蔵『成瀬仁蔵著作集（第3巻）』、387-388頁。渡辺英一編『日本女子大学創立者　成瀬先生』〔（初版）1928年〕（桜楓会出版部、1958年）、234頁。

11　「ギルマン夫人の所見一端」は、1917年（大正6年）に出版された『新婦人訓』のなかに収録され、また同一内容の文が、翌年の卒業生の会「桜楓会」の『家庭週報』の505号、506号にも掲載されている。成瀬仁蔵『成瀬仁蔵著作集（第

3巻)』(日本女子大学、1981年)、458-459頁、1008-1010頁。
12 卒業生丸山千代を中心に、桜楓会もバックアップした小石川の託児所には20名の子どもたちが集まったという。中嶌邦『成瀬仁蔵』、159頁。
　この託児所開設のニュースは、当時の雑誌『太陽』にも紹介された。記事には「……託児所を開き、細民の幼童を預る事と為せるが、其規定に依れば、子供を預かる時間は毎日夏は朝六時、冬は朝七時より、夕は夏冬とも六時までにして、中食の弁当の外に、毎日一銭五厘宛を受取り、一銭は子供のお八、五厘は其貯金とする筈にて、年齢は満二歳以上六歳以下の者を収容すべしとふ」との説明がある。『太陽』、第19巻10号(1913年、7月)、35頁。
13 成瀬は、大学での教育の成果を社会活動へと拡大する構想を「大学拡張の方法及び其の機関組織」と題する論文において、1908年の『家庭週報』第51号から第54号の中で発表している。そのなかで「大学植民地」(成瀬がsettlementを「植民地」と誤訳したため)と名づけた都市貧困救済運動であるシカゴのセツルメント活動の様子などを説明している。成瀬仁蔵『成瀬仁蔵著作集(第2巻)』(日本女子大学、1976年)、899-902頁。
14 鹿野政直は、平塚らいてうによる『青鞜』の発刊を、日本における「第一次フェミニズムと呼ばれるようになった運動の誕生」と説明し、堀場清子も平塚による『青鞜』運動について、「日本社会における女性解放運動の出発点であり、『青鞜』なしには〔日本の〕フェミニズムは現在の水準に達しなかったと思われる」と述べている。鹿野政直『近代日本思想案内』(岩波書店、1999年)、275頁。堀場清子編『「青鞜」女性解放論集』(岩波書店、1999年)、359頁。
15 　平塚らいてう「新しい女」『平塚らいてう評論集』(岩波書店、1987年)、41-43頁。
16 山川菊栄「平塚・与謝野二氏の論争」『婦人公論』、第3巻9号(1918年9月)、22-36頁。
17 平塚らいてう「明治より大正に至る我邦の婦人問題」、香内信子編『資料・母性保護論争』(ドメス出版、1988年)、13頁。
18 平塚らいてう「母性保護に就いて再び与謝野晶子氏に寄す」、同書、110頁。
19 平塚らいてう「母性保護の主張は依頼主義か」、同書、86-91頁。
20 平塚らいてう「明治より大正に至る我邦の婦人問題」、同書、14頁。平塚らいてう「母性の主張に就いて与謝野晶子に与ふ」、同書、42頁。
21 山田わか『女・人・母』〔(初版)森江書店、1919年〕(復刻版:不二出版、

1986年)、100頁、103頁。
22　三宅義子「近代日本女性史の再創造のために」、120頁。
23　安川悦子「日本の近代化と家族イデオロギー――『イエ』から『マイホーム』へ――」『歴史学評論』、683号 (1996年4月)、9-15頁。
24　平塚らいてう「母性保護問題に就いて再び与謝野晶子に寄す」、香内信子編『資料・母性保護論争』、111頁。
25　平塚は当時の結婚制度を、男女の結びつきが経済関係だけであるなら、昼間は家事労働をする下婢、夜は淫売婦のようなものだとしてこれを批判。社会制度としての結婚制度は「権力の服従関係」として拒否し、奥村博との結婚も法的結婚とせず「共同生活」とし、産まれた子供が私生児となることも厭わなかった。この「世の婦人たちに」を載せた『青鞜』は、「家」制度を批判するものとして注意処分を受けている。

　　平塚らいてう「世の婦人たちに」『青鞜』、第3巻第4号 (1913年4月)、156-164頁。
26　加納実紀代「『母性』の誕生と天皇制」、井上輝子外編『母性』(岩波書店、1995年)、56-57頁。沢山美果子『性と生殖の近世』(勁草書房、2005年)、264頁。
27　山川菊栄「母性保護と経済的独立」『現代生活と婦人』(叢文社、1919年)、174-195頁。

　　現在、ギルマン研究者にとっては混乱の原因となるのが、山川菊栄のこの論文についての加筆前 (ギルマンへの言及なし) と加筆後 (ギルマンへの言及あり) の2種類があることだ。鈴木裕子編集による1981年の岩波書店発行の『山川菊栄集』は、編者鈴木の「収録にあたっては、単行本に収められたものは、それを底本とする」との趣旨によって、論争当時のオリジナルの『婦人公論』ではなく、加筆後の『現代生活と婦人』から収録されている。

　　山川菊栄「母性保護と経済的独立―与謝野・平塚二氏の論争―」『山川菊栄集』(岩波書店、1981年)、176-194頁。鈴木裕子「解題2」、同書、279頁、285頁。

　　なお鈴木裕子編集以外の書のほとんどは、例えば香内信子による編集の『資料・母性保護論争』では、加筆前の『婦人公論』の原論文から収録されている。山川菊栄「母性保護と経済的独立〈与謝野、平塚二氏の論争〉」、香内信子編『資料・母性保護論争』、132-146頁。
28　山川の「与謝野・平塚二氏の論争」が高い評価を得たことについて、山川自身は「大正七・八年ともなれば、あの程度の水準には達します。私は当時の社会主義の国際文献から学んでいましたから…」と語っている。山川菊栄

『日本婦人運動小史』(大和書房、1979年)、225頁。
29 山川は、「現代婦人論」において、メアリ・ウルストンクラフト、J・S・ミル、オリーブ・シュライナー、シャーロット・パーキンズ・ギルマン、エレン・ケイ、レスター・F・ウォード、A・ベーベルの解説をしている。山川菊栄「現代婦人論」『社会経済体系 (第2巻)』(日本評論社、1926年)、327-346頁。
30 本間久雄「現代の世界思潮と婦人問題」『現代之婦人問題』〔(初版) 天佑社、1919年〕(復刻版:『近代婦人問題名著選集 (第5巻)』、日本図書センター、1983年)、1-155頁。
31 奥の著書は、L・F・ウォードの「女性中心説」、進化論、女権主義と母権主義の歴史、M・サンガーの「産児調節論」、西欧諸国の女性参政権運動史の詳しい解説をするなど、広範囲に及ぶものである。奥むめお『婦人問題十六講』〔(初版) 新潮社、1925年〕(復刻版:『近代婦人問題名著選集 (第6巻)』、日本図書センター、1983年)。
32 大林宗嗣『女給生活の新研究』〔(初版) 1931年〕(復刻版:『近代婦人問題名著選集・社会問題編 (第3巻)』、日本図書センター、1983年)、201-203頁。
33 シュライナーの著書は、1914年に高野重三の抄訳が出版されたが、1917年には神近により全訳され、タイトルも『婦人と寄生』となった。Olive Schreiner, *Woman and Labor* (Frederick A.S. Company, 1911). シュライナー、神近市子訳『婦人と寄生』(三育社、1917年)。
34 神近市子『女性思想史―愛と革命に生きた女たち―』〔(初版) 1949年〕(亜紀書房、1974年)。
35 高群逸枝『女性の歴史(二)』〔(初版) 1958年〕(理論社、1971年)、601-604頁。
36 義江明子「高群逸枝の思想と家族婚姻史研究」『歴史評論』、407号 (1984年3月)、94-115頁。
37 岡田の翻訳は、原作のなかの第2章、第5章と第7章の部分訳である。雑誌にはギルマンとこの書に関する解説はなく、翻訳された箇所のみが掲載された。大正期に部分訳された箇所については以下。Charlotte Perkins Gilman, *The Man-Made World or Our Androcentric Culture* (New York: Charlton Company, 1911), 26-43 (The Man-Made Family: chapter 2), 87-106 (Masculine Literature: chapter 5), 126-142 (Ethics and Religion: chapter 7). 岡田幸子訳「男子の手になれる家族制度 (上)」『新理想主義』、第66号 (1916年4月)、22-23頁。岡田幸子訳「男子の手になれる家族制度 (下)」『新理想主義』、第67号 (1916年5月)、22-23頁。岡田幸子訳「男子本位の倫理と宗教 (上)」、同書、

24-25頁。岡田幸子訳「戦争と恋愛の外に能なき男性の文学(上)」『第三帝国』、第84号 (1917年5月)、47-49頁。

38 安川悦子は、J・S・ミルとギルマンを比較考察するなかで、三宅の「女性史の再創造」を引き、日本ではギルマンは「封印」されたと述べた。安川悦子「J・S・ミルからC・P・ギルマンへ」、241頁、245頁。

エピローグ　ギルマンの新しい母性と
　　　　　　近代フェミニズムの課題

　　　　　ギルマン夫人は1918年のある講演会で、次のように
　　　　語った。「人間社会ですべてに秀でているのは男性です。
　　　　優れた料理人も、百万長者も男性。艦も大きな橋も大
　　　　事なものはすべて男性が造ってきました。〔中略〕女性
　　　　の役割は母親であることだけ、それだけなのです。」
　　　　　　『ニューヨーク・タイムズ』(1935年8月20日)[1]

　私が本書において課題としたのは、女性の労働力が社会的領域へと拡大していくアメリカ合衆国の20世紀転換期という時代にあって、一人の思想家が働く母親として、さまざまな体験をとおして自らの思想を構築していく、その軌跡をたどることであった。ギルマンは、働く母親と子どものための未来社会の展望を描くことを生涯の仕事とし、革新主義時代の「科学」思想——進化論、社会主義思想、専門家主義など——を、女性解放理論化のための武器に取り込んでいった。

　ギルマンの主著とされた『女性と経済』は、働く既婚女性のための女性解放論であり、働く母親に家事・育児の社会化の方法論を示そうとするもので、ギルマン独自のフェミニズムの書となった。彼女が敬愛するレスター・F・ウォードの「女性中心説」を取り込み、女性優位の世界を描いたのが、ギルマンが自分で発行する雑誌に発表したユートピア3部作であった。これらのユートピアの世界では、「個人的ではない社会的な仕事としての母性」が語られ、母性は「人間としての母性」、あるいは「新しい母性」となった。しかし現実には、母性を私的領域から社会的

領域へと解き放とうとしたことで、ギルマン自身が「母性のかけらもない」母親と非難されたり、「不自然な母親」という烙印を捺されることとなった。伝統的母性の呪縛から人々を解くことの困難さを、ギルマンは身をもって知った。

　ギルマンの女性解放論は独創的でありながら、むしろそれゆえに、当時の人々から激しく批判されることになったのは、「ヴィクトリア朝」的伝統の規範との格闘を強いられた「新しい母性」のその主張にあった。19世紀半ばから20世紀初頭のアメリカ合衆国においては、独立革命期から受け継がれた「共和国の母」の伝統により、家庭という「女の領域」での妻や母には家庭性(ドメスティシティ)の美徳が求められ、とりわけ子どもを育てる母性の役割は最も重要な仕事となり、女性の天職とされた。「家庭性(ドメスティシティ)の黄金時代」と呼ばれたこの時代には、女性たちによるさまざまな社会改革運動が活発化したが、これらは家庭の「道徳(モラル)を守る母」の役割の延長線上にあるものとされ、女性参政権獲得運動においてさえ、家庭性(ドメスティシティ)の美徳はこれらの運動体を推進させるある種の政治的力となった。

　ギルマンは『女性と経済』において、「性による経済的関係」からの解放を目的として、既婚女性に対し、経済的自立と家事労働の社会化を説いた。女性参政権獲得をゴールとする第1波フェミニズム運動が最も高揚したその時代にあって、「近代」フェミニズム運動の一つの到達点ともいえるまさにその時に、「近代」フェミニズムがはらむその矛盾と限界を、その「新しい母性」の主張によって、ギルマンは超えようとしたのであった。「新しい母性」とは、家庭性(ドメスティシティ)の美徳を育んだ「女の領域」の解体、その解体によって女性たちが最も拠りどころとした母性をより広い「社会」という領域に解き放ち、「新しい母性」として再定義することであった。

　伝統的規範と格闘したギルマンの人生と思想もまた、矛盾と葛藤に満ちたものとなった。こうしたギルマンの矛盾と葛藤を象徴するのが、ケイとの母性をめぐる論争であり、ギルマンがライフ・ワークとした『フォ

アランナー』で語られた、ユートピアの家族の解体への予感であった。ケイとの論争をとおしてギルマンは、自らを「平等」派フェミニストであることを認識し、ユートピアのなかでは伝統的母性へと還元されない女性たちをあたかも男性と「平等」であるかのごとく描こうとした結果、「男」並みを目指した母性はアポリアへとおちいり、未来の家族は解体を余儀なくされたのである。

さらにまた、「近代」化を国策とした明治維新以降の日本においてギルマンのフェミニズム思想が受け入れられたのは、あるいはまた受け入れ難かったのも、「近代」の家族制度における男女の「平等」をギルマンが論じていたからである。母性をめぐり、男女は「平等」であるがゆえに女性は母性から解放されるべきであるとしたギルマン。男女に「差異」があるゆえに母性は尊重されるべきとしたケイ。男尊女卑の伝統の長かった日本の人々は、母性を女性の特性とすることで女性の「国民」への昇格を願い、その結果、ギルマンではなくケイを受け入れた。「新しい母性」に込めたギルマンの真意をほとんど理解することができずにほうむりさった。

こうしたわけで、ギルマン自身は日本での論争を知る由もなかったが、自分を「過渡期の女性」(transition woman)[2]であると認識せざるをえなかった。そして、その「過渡期の女性」としての葛藤は、ギルマンの場合、二重の意味での葛藤となった。一つは、家庭性(ドメスティシティ)の美徳の呪縛から自由でいられない伝統的「ヴィクトリア人」であったということ。そして、働く母親としての自立と「平等」を求めた「ニュー・マザー」であろうとしたこと。すなわち世紀転換期に生きたフェミニストが担わなければならなかった「過渡期の女性」としての葛藤である。

これに対して、もう一つの「過渡期の女性」としての葛藤とは、ギルマンが依るところとなった「近代」フェミニズムに内在するところの葛藤であった。それは、「平等」派フェミニストとして、男性原理が創りあげた「社会」のなかに母性を解き放つことで「男」並みを目指し、子育

てを放棄せざるをえなかったギルマンに対し、人々が「不自然な母親」という烙印を捺したことの葛藤である。その葛藤は、「近代」フェミニズム自体が、男女の「平等」を求めつつ、「女の思想」であることからも逃れられないという、パラドキシカルな思想であることに起因する。しかしギルマンは、この「不自然な母親」という烙印の意味を決して忘れることはなかった。その非難を糧として、働く母親の自立と子育ての理論化をライフ・ワークとしたのである。人はさまざまな矛盾を抱き、その矛盾と向きあいながら生きることを余儀なくされる。しかしギルマンは、こうした内的葛藤に加えて、「近代」フェミニズムそのものの持つ矛盾と葛藤、それらすべてを糧として、そのラディカルなフェミニズム思想を創りあげたのであった。

　そこからあぶりだされるのが、ギルマンが依拠し、格闘し、超えようとした「近代」フェミニズムのパラドックスの問題である。「近代」という枠組みを認め、そのうえで、フェミニズムが「女の思想」として、男性原理に依拠し、競争社会のなかで男性と戦いながら男性と「平等」である権利を勝ち取ろうとする、まさに男女の性差を極大化しつつ同時に極小化するというパラドキシカルな「性差の二分法」の図式そのものに組み込もうとする、その問題性である。

　女性が「男」並みになることで、その「母性」が危機にさらされるのを警告しようとしたのが、ギルマンを論難の的とした「差異」派フェミニストのケイであった。「近代」社会のなかで、母性とフェミニズムがせめぎあうことで「母性」が窮地におちいる、あるいは「病的な母性」となることを発見したのは、ケイとギルマンである。2人が袂を分かつことになるのは、母性とフェミニズムがせめぎあうなかで、母性を「女の領域」にとどめることで調和とするか、あるいは男性原理に支配される「社会」という「男の領域」に置くことで母性をアポリアとするか、という2人の論を分ける二つの領域の境界線上においてである。

　したがって、アメリカのケイとギルマンによるフェミニスト論争に引

き続く大正期の「母性保護論争」での、ギルマンのフェミニズム思想の受容のありようは、「近代」という枠組みのなかにあって、働く母親を母性という神話から解き放つのか、あるいは母性による呪縛を受け入れるのか、というギルマン自身のジレンマを映しだす「場」でもあった。

　しかし、ギルマンが母性を「社会」という公の「男の領域」への拡大させようとした意味は重要である。なぜなら、母性とフェミニズムのせめぎ合いは、「近代」そのものへの挑戦だからである。いわばギルマンは、「近代」という時代に生き、「近代」のさまざまな思想を糧に独自のフェミニズム思想を紡ぎだし、最後にはその「近代」そのものを批判するにいたった。ギルマンは、矛盾と葛藤に満ちた人生を真摯に生きぬいた、ラディカルなフェミニストの思想家であった。「近代」フェミニズムが、男性原理に依る「近代」という枠組みを維持し続ける限り、フェミニズムは「男」並みになること、男性化すること以外に、男女の「平等」を獲得する道が拓かれることはない。『フォアランナー』で描かれた解体を予期する未来の家族の姿、「男」並みを目指して子育てを放棄したギルマンに貼られた「不自然な母親」というラベル、これらは「近代」という枠組みのなかでのフェミニズム思想の行き詰まりを示すものにほかならない、と私は考える。

　「近代」という枠組みそのものを根本的に問い直すことは、「近代」社会の優位や劣位といった近代的価値観——生産中心主義、科学主義、合理主義——、さらに多様な差異——人種、階級、エスニシティ、性指向——を見直すことでもある。さらにまた、男女の性差の問題を「平等」とするか「差異」とするかという「性差の二分法」で論ずる、排中律の陥穽から抜けでる可能性を示唆するものでもある。

　「近代」フェミニズムの問い直しにより、フェミニズムの未来が、フェミニズム以外の多様な差異を分断するのではなく、交差させる場となり、フェミニズムそのものが多元化していく可能性が拓かれることを、私は確信したい。コットの『近代フェミニズム基盤の形成』における最後の

言葉を引用し、結びとしたい。

　　女性ばかりではなくフェミニズムもまた複数の形態をとったものへと成長していきながら、20世紀末にあってもフェミニズムの物語はなおも続いている[3]。

本書は「ニュー・マザー」ギルマンの物語であったが、コットにならって言うなら、私が語った21世紀初めのギルマンの物語もまた、そうして続いている複数のフェミニズムの物語の一つなのである。

註
1　"Charlotte Gilman Dies to Avoid Pain," *The New York Times* (20 August 1935), 44.
2　ギルマンは自分が過渡期に生まれたことを嘆いて、「あと数世代あれば、もう少し楽だったことでしょう。でも少しは役だったことでしょう、ほんの少しだけ」と語ったといわれる。Ceplair, "Introduction," to *Nonfiction Reader*, 8.
3　Cott, *The Grounding*, 283.

参考文献

＊現在日本で入手できるギルマンに関する一般的な文献が少ないので、邦訳されている研究書も含め、以下に列記した。特に学部の学生たちが活用し、ギルマンへの関心を深めてくれることを期待したい。

ギルマンに関する邦文概説書、研究書

有賀夏紀「シャーロット・パーキンズ・ギルマン―随一のフェミニストの思想家」『アメリカ・フェミニズムの社会史』(勁草書房、1980年)、109-111頁。

篠目清美「『黄色い壁紙』の中の女―フェミニストの先駆者シャーロット・パーキンス・ギルマン―」『アメリカ文学における家族』(山口書店、1987年)、51-64頁。

―――「人生は動詞―Charlotte Perkins Gilman の語る真実―」『女の自伝―19世紀の日本・イギリス・アメリカを中心に―』、東京女子大学女性学研究所(1998年)、43-69頁。

武田貴子「シャーロット・パーキンス・ギルマン―"ヒステリー"と女性の自立の狭間で」、武田貴子・緒方房子・岩本裕子『アメリカ・フェミニズムのパイオニアたち―植民地時代から1920年代まで』(彩流社、2001年)、290-293頁。

富島美子『女がうつる―ヒステリー仕掛けの文学論―』(勁草書房、1993年)。

ハイデン, ドロレス、野口美智子・藤原典子ほか訳「台所のない住宅と家事労働のない町」『家事大革命―アメリカの住宅、近隣、都市におけるフェミニスト・デザインの歴史』(勁草書房、1985年)、303-351頁。

前田眞理子「女性解放をめざして―シャーロット・パーキンズ・ギルマン『女性と経済』」、亀井俊介・鈴木健次監修『史料で読むアメリカ文化史③―都市産業社会の到来、1860年代―1910年代』(東京大学出版会、2006年)、308-318頁。

マーティン, ジェイン・ローランド、村井実監訳、坂本辰郎・坂上道子訳「ギルマンの母たち」『女性にとって教育とはなんであったか―教育思想家たちの会話―』(東洋館出版社、1987年)、243-295頁。

三宅義子「近代日本女性史の再創造へ―テキストの読み替え」『女性学の再創造』(ドメス出版、2002年)、162-220頁。

山口ヨシ子「『新しい女』の模範を示す詐欺師―ギルマン『ベニグナ・マキャヴェリ』」『女詐欺師のアメリカ―十九世紀女性作家とジャーナリズム』(彩流社、2006年)、203-238頁。

レイン, アン・J、遠藤晶子訳「シャーロット・パーキンス・ギルマン―個人的なことイコール政治的なこと―」、D・スペンダー編『フェミニスト群像』(勁

草書房、1987年)、95-118頁。

＊以下の文献については、博士論文で引用・参考とした資料と、2002年博士論文発表以降に出版されたギルマンに関する研究書、論文を追加した。

一次資料

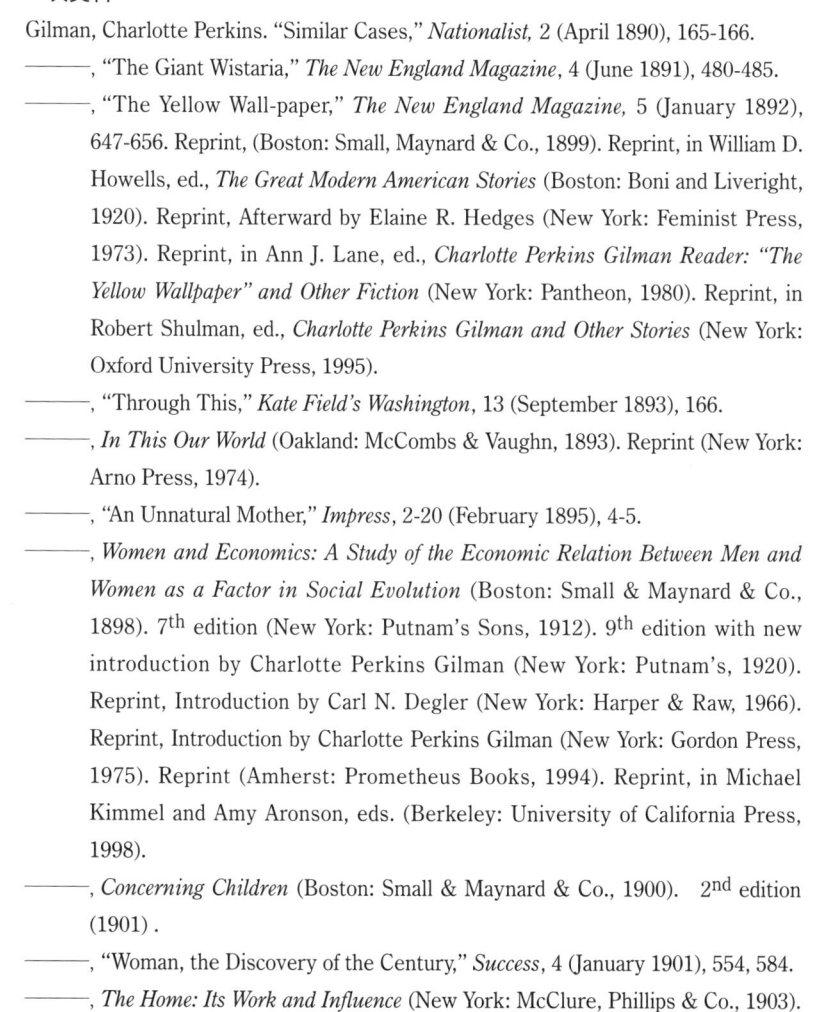

Gilman, Charlotte Perkins. "Similar Cases," *Nationalist*, 2 (April 1890), 165-166.

―――, "The Giant Wistaria," *The New England Magazine*, 4 (June 1891), 480-485.

―――, "The Yellow Wall-paper," *The New England Magazine*, 5 (January 1892), 647-656. Reprint, (Boston: Small, Maynard & Co., 1899). Reprint, in William D. Howells, ed., *The Great Modern American Stories* (Boston: Boni and Liveright, 1920). Reprint, Afterward by Elaine R. Hedges (New York: Feminist Press, 1973). Reprint, in Ann J. Lane, ed., *Charlotte Perkins Gilman Reader: "The Yellow Wallpaper" and Other Fiction* (New York: Pantheon, 1980). Reprint, in Robert Shulman, ed., *Charlotte Perkins Gilman and Other Stories* (New York: Oxford University Press, 1995).

―――, "Through This," *Kate Field's Washington*, 13 (September 1893), 166.

―――, *In This Our World* (Oakland: McCombs & Vaughn, 1893). Reprint (New York: Arno Press, 1974).

―――, "An Unnatural Mother," *Impress*, 2-20 (February 1895), 4-5.

―――, *Women and Economics: A Study of the Economic Relation Between Men and Women as a Factor in Social Evolution* (Boston: Small & Maynard & Co., 1898). 7th edition (New York: Putnam's Sons, 1912). 9th edition with new introduction by Charlotte Perkins Gilman (New York: Putnam's, 1920). Reprint, Introduction by Carl N. Degler (New York: Harper & Raw, 1966). Reprint, Introduction by Charlotte Perkins Gilman (New York: Gordon Press, 1975). Reprint (Amherst: Prometheus Books, 1994). Reprint, in Michael Kimmel and Amy Aronson, eds. (Berkeley: University of California Press, 1998).

―――, *Concerning Children* (Boston: Small & Maynard & Co., 1900). 2nd edition (1901).

―――, "Woman, the Discovery of the Century," *Success*, 4 (January 1901), 554, 584.

―――, *The Home: Its Work and Influence* (New York: McClure, Phillips & Co., 1903). Reprint, Introduction by William L. O'Neill (Urbana: University of Illinois

Press, 1972).

———, *Human Work* (New York: McClure, Phillips & Co., 1904).

———, "Women and Social Service," *National American Woman Suffrage Association* (November 1907), 1-12.

———, "The Woman of Fifty," *Success*, 11 (October 1908), 622-623, 644.

———, *The Forerunner*, 7 vols. (New York: Charlton, 1909-1916). Reprint, Introduction by Madeleine B. Stern (Westport: Greenwood Press, 1968).

———, "What is 'Feminism'?" *The Sunday Herald* (3 September 1916), 7.

———, *What Diantha Did*, *The Forerunner*, 1.1-14 (1909-1910). Reprint (London: T. Fisher Unwin, 1912). Reprint, Introduction by Charlotte J. Rich (Durham: Duke University Press, 2005).

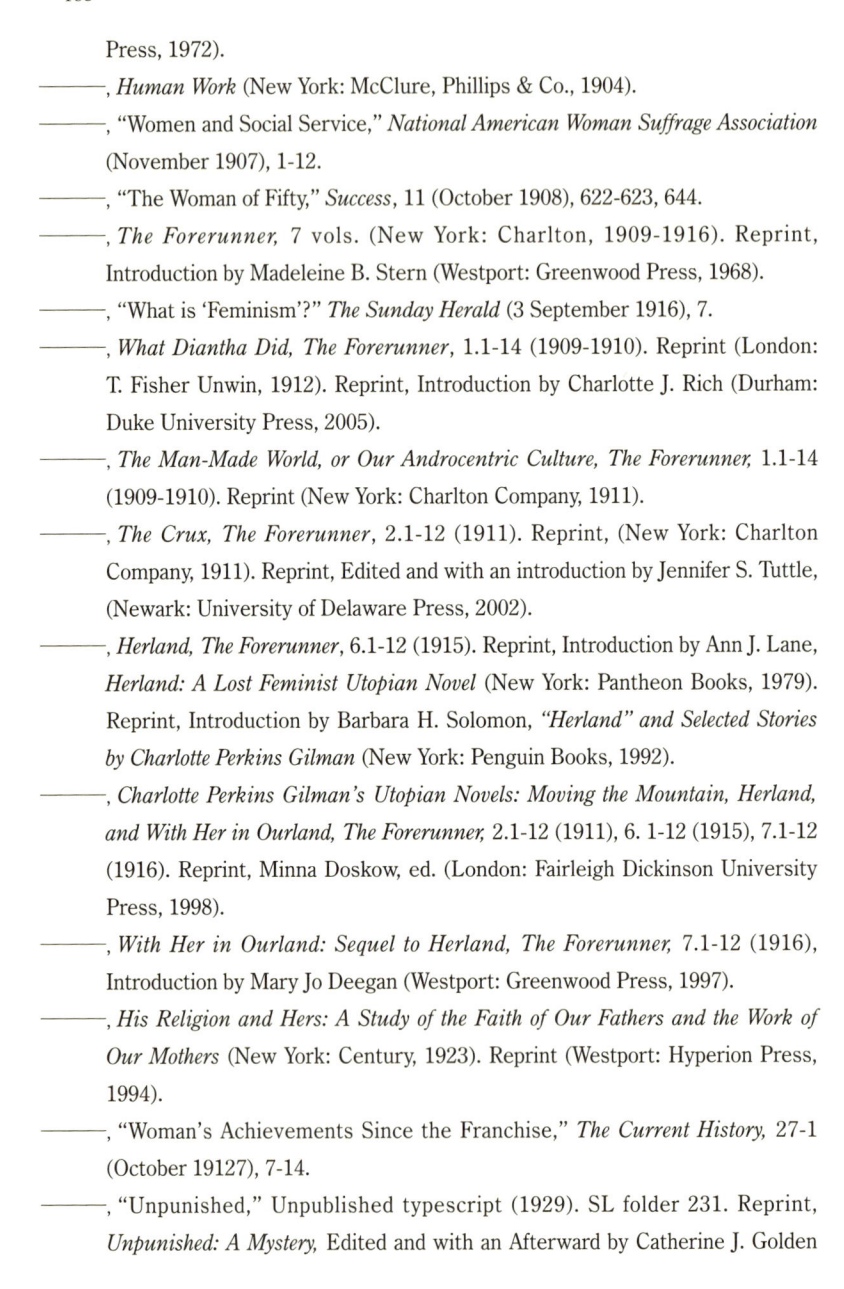

———, *The Man-Made World, or Our Androcentric Culture*, *The Forerunner*, 1.1-14 (1909-1910). Reprint (New York: Charlton Company, 1911).

———, *The Crux*, *The Forerunner*, 2.1-12 (1911). Reprint, (New York: Charlton Company, 1911). Reprint, Edited and with an introduction by Jennifer S. Tuttle, (Newark: University of Delaware Press, 2002).

———, *Herland*, *The Forerunner*, 6.1-12 (1915). Reprint, Introduction by Ann J. Lane, *Herland: A Lost Feminist Utopian Novel* (New York: Pantheon Books, 1979). Reprint, Introduction by Barbara H. Solomon, *"Herland" and Selected Stories by Charlotte Perkins Gilman* (New York: Penguin Books, 1992).

———, *Charlotte Perkins Gilman's Utopian Novels: Moving the Mountain, Herland, and With Her in Ourland*, *The Forerunner*, 2.1-12 (1911), 6. 1-12 (1915), 7.1-12 (1916). Reprint, Minna Doskow, ed. (London: Fairleigh Dickinson University Press, 1998).

———, *With Her in Ourland: Sequel to Herland*, *The Forerunner*, 7.1-12 (1916), Introduction by Mary Jo Deegan (Westport: Greenwood Press, 1997).

———, *His Religion and Hers: A Study of the Faith of Our Fathers and the Work of Our Mothers* (New York: Century, 1923). Reprint (Westport: Hyperion Press, 1994).

———, "Woman's Achievements Since the Franchise," *The Current History*, 27-1 (October 19127), 7-14.

———, "Unpunished," Unpublished typescript (1929). SL folder 231. Reprint, *Unpunished: A Mystery*, Edited and with an Afterward by Catherine J. Golden and Denise D. Knight (New York: The Feminist Press, 1997).

―――, Denise D. Knight, ed., *The Later Poetry of Charlotte Perkins Gilaman* (Newark: University of Delaware Press, 1996).

―――, *The Living of Charlotte Perkins Gilman: An Autobiography* (New York: D. Appleton-Century, 1935). Reprint, Introduction by Ann J. Lane (Madison: The University of Wisconsin Press, 1990).

Manuscript Collections

The Arthur and Elizabeth Schlesinger Library (SL) on the History of Women in America, Radcliff College, Cambridge, Mass., The Charlotte Perkins Gilman Collection.

"Frederick Beecher Perkins to Charlotte Anna Perkins, 1878, n.d. 2 letters and book list," Folder 26.

"The Yellow Wallpaper" ms., 1890, and ts. history of its writings and publication," Folder 221.

"Articles on euthanasia, suicide, etc.," Folder 226.

"*The Living of Charlotte Perkins Gilman*: miscellaneous notes. Ms and ts. of "The Last Ten," Dedication, Author's note, "A Last Duty," Folder 235.

"*The Forerunner*: Cover design by Katharine B. Stetson, advertising letters and leaflets, copies of letters from readers, lists of subscribers, issues of January 1912," Folder 239.

"Marriage to George Houghton Gilman, 1900," Folder 283.

"Death, 1935," Folder 284.

"Reviews, *Women and Economics*, 2 Italian reviews by Vernon Lee of *La Donna e L' Economia Sociale*," Folder 300.

"Reviews, "The Yellow Wallpaper," 1899, 1916,1928, n.d." Folder 301.

"Reviews, *Concerning Children*, 1901, 1908, 1922," Folder 302.

"Reviews, *The Living of Charlotte Perkins Gilman*, 1935, 1936, n.d." Folder 308.

二次資料

阿部斉他編『世紀転換期のアメリカ―伝統と革新―』(東京大学出版会、1982年)。

Allen, Polly Wynn, *Building Domestic Libery: Charlotte Perkins Gilamn's Architectural Feminism* (Amherst: University of Massachusetts, 1988).

Allen, Frederick Lewis, *Only Yesterday: An Informal History of 1920's.* ([1931], New York: Harper & Perennial, 1992). 藤久ミネ訳『オンリー・イエスタデイ―1920年代・アメリカ―』(筑摩書房、1986年)。

Alcott, Louisa May, *Work: A Story of Experience* ([1872], New York: Arno Press, 1977).

青木やよひ編『母性とは何か―新しい知と科学の視点から―』(金子書房、1986年)。

――――『フェミニズムとエコロジー』(新評論、1994年)。

Ariès, Philippe, *L'enfant et la vie familiale sous l'Ancien Régime* (Plon, 1960). 杉山光信・杉山美恵子訳『〈子供〉の誕生―アンシャン・レジーム期の子供と家族生活―』(みすず書房、1980年)。

Appleman, Philip, ed., *Darwin* (New York: W.W. Norton, & Company, 1979).

荒このみ『女のアメリカ』(花伝社、1987年)。

有賀夏紀「新しい歴史の創造をめざして―アメリカ女性史研究、最近の動向―」『歴史学研究』、第542号 (1985年)、61-71頁。

――――「女性史研究の新展開―そのアメリカ史研究における意味―」『アメリカ史研究』、アメリカ史研究会、第17号 (1986年)、17-23頁。

――――『アメリカ・フェミニズムの社会史』(勁草書房、1988年)。

――――「『女性の領域』は超えられるか―アメリカ女性史研究の展開―」、女性学研究会編『ジェンダーと性差別』、第1号 (1990年)、113-129頁。

――――「ポスト・フェミニズム?―アメリカ女性の現状と第二波フェミニズムのゆくえ―」『東京大学アメリカン・スタディーズ』、東京大学教養学部附属アメリカ研究資料センター、第2号 (1997年)、62-77頁。

――――『多文化主義のアメリカ―揺らぐナショナル・アイデンティティー―』(東京大学出版会、1999年)、115-138頁。

――――『アメリカの20世紀 (上・下)』(中央公論新社、2002年)。

Bachofen, J.J., *Das Mutterrecht: Eine Untersuchung über die Gynaikokratie der alten Weit nach ihrer religiösen und rechtlichen Natur* ([1861], Basel: Benno Schwabe & Co. Verlag, 1948). 岡道男・河上倫逸監訳『母権論:古代世界の女性支配に関する研究―その宗教的および法的本質―1〜3』(みすず書房、1991年)。

Badinter, Elizabeth, *L'Amour en plus—Histoire de l'amour maternel, XVIIe-XXe siècle* (Paris: Flammarion, 1980). 鈴木晶訳『母性という神話』(筑摩書房、1998年)。

Banner, Lois W., *American Beauty* (New York: Alfred A. Knope, 1983).

Bauer, Dale M. ed., *Charlotte Perkins Gilman: The Yellow Wallpaper* (Boston: Bedford Books, 1998).

Bebel, August, *Die Frau und der Sozialisus*, Fiftieth edition (1909). 草間平作訳『婦人論（上・下）』（岩波書店、1982年）。

Bellay, Edward, *Looking Backward, 2000-1887* (Boston: Ticknor & Fields, 1888). 山本政喜訳『顧りみれば―2000年より1887年をかえりみる―』（岩波書店、1986年）。

Benoîte, Groult, *Le Féminisme au Masculin*. 1977. 山口昌子訳『フェミニズムの歴史』（白水社、1982年）。

Berkin, Carol Ruth, "Private Woman, Public Woman: The Contradiction of Charlotte Perkins Gilman," Carl Ruth Berkin and Mary Beth Norton, eds., *Woman of America: A History* (Boston: Houghton Mifflin Comapany, 1979), 150-176.

Black, Alexander, "The Woman Who Saw It First," *The Century Magazine*, 107-1 (November 1923), 33-42.

Blanc, Olivier, *Olympe de Gouges, une femme de la liberté*, Edition revue et augmentée. 辻村みよ子訳『女の人権宣言―フランス革命とオランプ・ドゥ・グージュの生涯―』（岩波書店、1995年）。

Block, Ruth H., "American Feminine Ideals in Transition: The Rise of the Moral Mother, 1785-1815," *Feminist Studies*, 4-2 (June 1978), 101-126.

Buhle, Mari Jo, *Women and American Socialism, 1870-1920* (Chicago: University of Illinois Press, 1981).

Burke, Peter, ed., *New Perspectives of Historical Writing* (Pennsylvania: The Pennsylvania State university Press, 1994). 谷川稔訳『ニュー・ヒストリーの現在―歴史叙述の新しい展望―』（人文書院、1996年）。

Butler, Judith, *Gender Trouble: Feminism and the Subversion of Identity* (New York: Routledge, Chapman & Hall, Inc., 1990). 竹村和子訳『ジェンダー・トラブル―フェミニズムとアイデンティティの攪乱―』（青土社、1999年）。

Cannng, Kathleen, "Feminist History after the Linguistic Turn: Historicizing Discourse and Experience," *Signs*, 19-2 (Winter 1994), 368-404.

Ceplair, Larry, ed., *Charlotte Perkins Gilman: A Nonfiction Reader* (New York: Columbia University Press, 1991).

Chafe, William H., *The American Woman: Her Changing Social, Economic and Political Role, 1920-1970* (New York: Oxford University Press, 1974).

───, *The Paradox of Change: American Women in the 20th Century* (New York: Oxford University Press, 1991).

Chodorow, Nancy, *The Reproduction of Mothering: Psychoanalysis and the Sociology of Gender* (Berkeley: University of California Press, 1978). 大塚光子・大内菅子訳『母親業の再生産―性差別の心理・社会的基盤―』(新曜社、1996年)。

Chopin, Kate, *The Awakening* (New York: W.W. Norton & Co., 1976).

Clake, Robert, *Ellen Swallow: The Woman Who Founded Ecology* (Follett Publishing Company, 1973). 工藤秀明訳『エコロジーの誕生―エレン・スワローの生涯―』(新評論、1995年)。

Commander, Lydia K., "The Self-Supporting Woman and the Family," *The American Journal of Sociology*, 14 (May 1909), 752-757.

Colin, Joseph R., ed., *The American Radical Press: 1880-1960*, 2 vols. (Westport: Greenwood Press, 1974).

Cott, Nancy F., *The Bonds of Womanhood: "Women's Sphere" in New England, 1780-1835* (New Haven: Yale University Press, 1977). 2nd edition with a new preface (1997).

───, ed., *Root of Bitterness: Documents of the Social History of American Women* (Boston: Northeastern University Press, 1986).

───, *The Grounding of Modern Feminism* (New Haven: Yale University Press, 1987).

───, "Feminist Theory and Feminist Movements: The Past Before Us," Juliet Mitchell and Ann Oakley, eds., *What is feminism?* (New York: Pantheon Books, 1986), 49-62.

───, *Public Vows: A History of Marriage and the Nation* (Cambridge: Harvard University Press, 2000).

Cott, Nancy F. and Elizabeth V. Pleck, eds., *A Heritage of Her Own: Toward a New Social History of American Women* (New York: Simon and Schuster, 1979).

Davis, Cynthia J. and Denise D. Knight, *Charlotte Perkins Gilman and Her Contemporaries: Literary and Intellectual Contexts* (Tuscaloosa: The University of Alabama Press, 2004).

Davis, Cynthia, "Love and Economics: Charlotte Perkins Gilman on 'The Woman Question'," *American Transcendental Quarterly*, 19-4 (December 2005), 243-319.

参考文献 193

Darwin, Charles Robert, *On the Origin of Species by Means of Natural Selection, or the Preservation of Favoured Races in the Struggle for Life* ([1859]. London: Watts & Co., 1917). 八杉龍一訳『種の起原（上・下）』（岩波書店、1996年）。

Deegan, Mary Jo and Christopher W. Podeschi, "The Ecofeminist Pragmatism of Charlotte Perkins Gilman," *Environmental Ethics*, 23-1 (Spring 2001), 19-36.

Degler, Carl N., "Charlotte Perkins Gilman on the Theory and Practice of Feminism," *American Quarterly*, 8 (Spring 1956), 21-39.

―――, *At Odds: Women and the Family in America from the Revolution to the Present* (New York: Oxford University Press, 1980).

―――, *Out of Our Past: The Forces That Shaped Modern America* (New Yrok: Harper & Row Publishers, 1984).

―――, *In Search of Human Nature: The Decline and Revival of Darwinism in American Social Thought* (New York: Oxford University Press, 1991).

Dock, Julie Bastes, *Charlotte Perkins Gilman's "The Yellow Wall-Paper" and the History of its Publication and Reception* (University Park: Pennsylvania State University Press, 1998).

Doskow, Minna, "Charlotte Perkins Gilman: The Female Face of Social Darwinism," *Weber Studies*, 14-3 (Fall 1997), 9-22.

―――, ed., *Charlotte Perkins Gilman's Utopian Novels: Moving the Mountain, Herland, and With Her in Ourland* (London: Fairleigh Dickinson University Press, 1999).

江原由美子・金井淑子編『フェミニズム』（新曜社、1998年）。

Eldredge, Charles C., *Charles Walter Stetson: Color and Fantasy* (Lawrence: The University of Kansas, 1982).

Engels, Friedrich, *Der Ursprung der Familie, des Privateigenthums und des Staats* (1884). 戸原四郎訳『家族・私有財産・国家の起源』（岩波書店、1992年）。

―――, *Die Entwicklung des Sozialismus von der Utopie zur Wissenschaft* (1883). 大内兵衛訳『空想より科学へ―社会主義の発展―』（岩波書店、1991年）。

江刺昭子『女のくせに―草分けの女性新聞記者(ジャーナリスト)たち―』（イザラ書房、1997年）。

Evans, Sara M., *Born for Liberty: A History of Woman in America* (New York: Simon & Schuster, 1997). 小檜山ルイ・竹俣初美・矢口祐人訳『アメリカの女性の歴史―自由のために生まれて』（明石書店、1997年）。

Flexner, Eleanor, *Century of Struggle: The Woman's Rights Movement in the United*

States (New York: Atheneum, 1972).

Foucault, Michel, *Naissance de la clinique–Une archéologie du regard médical* (P.U.F., 1963). 神谷美恵子訳『臨床医学の誕生―医学的まなざしの考察―』(みすず書房、1996年)。

―――, *Histoire de la sexualité. I La volonté de savoir* (Gallimard, 1976). 渡辺守章訳『性の歴史Ⅰ、知への意志』(新潮社、1986年)。

Fox-Genovese, Elizabeth, "Socialist-Feminist: American Women's History," *Journal of American History*, 1-3 (Winter 1990), 181-210.

Frankel, Nora Lee and Nancy S. Dye, eds., *Gender, Class, Race, and Reform in the Progressive Era* (Lexington: The University Press of Kentucky, 1991).

Fraser, Nancy, "Rethinking the Public Sphere: A Contribution to the Critique of Actually Existing Democracy," Craig Calhoun, ed., *Habermas and the Public Sphere* (Cambridge: MIT Press, 1992).

Freedman, Estelle, "Separatism as Strategy: Female Institution Building and American Feminism, 1870-1930," *Feminist Studies*, 5-3 (Fall 1979), 512-529.

Friedan, Betty, *The Feminine Mystique* (New York: W.W.Norton, 1963).

Friedman, Alice T., "Frank Lloyd Wright and Feminism," *JSAH*, 61-2 (June 2002), 140-151.

Fryer, Judith, *Felicitous Space: The Imaginative Structures of Edith Wharton and Willa Cather* (Chapel Hill: The University of North Carolina Press, 1981).

藤本茂生「子供たちのアンテベラム―アメリカ史における"子供の誕生"―」『同志社アメリカ研究』、同志社大学、第24号 (1988年)、107-122頁。

福井憲彦『鏡としての歴史―現在へのメッセージを読む―』(日本エディタースクール出版部、1990年)。

―――「ヨーロッパの世紀」『岩波世界史18―工業化と国民形成―』(岩波書店、1998年)、3-70頁。

福田敬子「ヴィクトリア時代の『病弱な』女性―シャーロット・パーキンス・ギルマンとその周辺―」『お茶の水女子大学、女性文化研究センター年報』、お茶の水女子大学、第6号 (1992年)、71-95頁。

福沢諭吉『学問のすゝめ』([1872年]、岩波書店、1991年)。

古田睦美「女性と資本主義―マルクス主義フェミニズムの理論的枠組み―」『女性学』、第2号 (1994年)、26-52頁。

Geddes, Patrick and John Arthur Thomson, *The Evolution of Sex* (New York: Scribner

& Welford, 1890).

Gilbert, Sandra M. and Susan Guba, *The Madwoman in the Attic: The Woman Writer and the Nineteenth-Century Imagination* (New Haven: Yale University Press, 1979). 山田晴子・薗田美和子訳『屋根裏の狂女』(朝日出版、1988年)。

Golden, Catherine, ed., *The Captive Imagination: A Casebook on "The Yellow Wallpaper"* (New York: The Feminist Press, 1992).

Golden, Catherine and Joanna Schneider Zangrando, eds., *The Mixed Legacy of Charlotte Perkins Gilman* (Newark: University of Delaware Press, 2000).

Gordon, Linda. *Woman's Body, Woman' Right: A Social History of Birth Control in America* (New York: Grossman, 1976).

―――, "Single Mothers and Child Neglect, 1880-1920," *American Quarterly*, 37 (Summer 1985), 173-192.

―――, "Family Violence, Feminism, and Social Control," Ellen Carol DuBois and Vicki Ruiz, eds., *Unequal Sisters: A Multicultural Reader in U.S. Women's History* (New York: Routledge, 1990), 141-156.

―――, ed., *Women, the State, and the Welfare* (Madison: The University of Wisconsin Press, 1990).

Gordon, Michael, ed., *The American Family in Social-Historical Perspective* (New York: St. Martin's Press, 1983).

Gough, Val and Jill Rudd, eds., *A Very Different Stories: Studies on the Fiction of Charlotte Perkins Gilman* (Liverpool: Liverpool University Press, 1998).

Gould, Carol C., *Gender, Key Concepts in Critical Theory* (Atlantic Highlands: Humanities Press, 1997).

Gullete, Margaret Morganroth, "Inventing the 'Postmaternal' Woman, 1898-1927: Idle, Unwanted, and Out of a Job," *Feminist Studies*, 21-2 (Summer 1995), 221-253.

グループ「母性」解読講座編『「母性」を解読する―つくられた神話を超えて―』(有斐閣、1991年)。

Habermas, Jürgen, *Strukturwandel der Öffentlichkeit–Untersuchungen zu einer Kategorie der bürgerlichen Gesellschaft* (Neuwied: 1962). 細谷貞雄・山田正行訳『公共性の構造転換―市民社会の一カテゴリーについての探求―』(未来社、1999年)。

―――, "Die Moderne-ein unvollendetes Projekt," (Suhrkamp Verlag, 1981). 三島憲

一編訳『近代未完のプロジェクト』(岩波書店、2000年)。

原ひろ子・舘かおる編『母性から次世代育成力へ―産み育てる社会のために―』(新曜社、1991年)。

Hausman, Bernice L., "Sex before Gender: Charlotte Perkins Gilman and the Evolutionary Paradigm of Utopia," *Feminist Studies*, 3 (Fall 1998), 488-510.

早川紀代「唯一史観と婦人問題」『歴史評論』、第325号 (1955年)、59-72頁。

Hayes, Cheryl D. et al. eds., *Who Cares for America's Children?: Child Care Policy for the 1990s* (Washington, D.C.: National Academy Press, 1990).

Hayden, Dolores, "Two Utopian Feminists and Their Campaigns for Kitchenless Houses," *Signs*, 4-2 (Winter 1978), 274-290.

―――, "Charlotte Pekins Gilman and the Kitchenless House," *Radical History Review*, 21 (Fall 1979), 225-247.

―――, *The Grand Domestic Revolution: A History of Feminist Designs for American Homes, Neighborhoods and Cities* (Cambridge: MIT Press, 1981). 野口美智子・藤原典子ほか訳『家事大革命―アメリカの住宅、近隣、都市におけるフェミニスト・デザインの歴史』(勁草書房、1985年)。

Hill, Mary A., "Charlotte Perkins Gilman: A Feminist's Struggle with Womanhood," *Massachusetts Review*, 21 (Fall 1980), 503-526.

―――, *Charlotte Perkins Gilman: The Making of a Radical Feminist, 1860-1896* (Philladepphia: Temple University Press, 1980).

―――, ed., *Endure: The Diaries of Charles Walter Steson* (Philadelphia: Temple University Press, 1985).

―――, ed., *A Journey from Within: The Love Letters of Charlotte Perkins Gilman, 1897-1900* (Lewisburg: Bucknell University Press, 1995).

平塚らいてう『元始、女性は太陽であった―平塚らいてう自伝 (上・下)』(大月書店、1975年)。

―――『むしろ女人の性を礼拝せよ』(人文書院、1977年)。

Hockschild, Arlie Russell, *The Second Shift* (New York: Harper Collins Publishers, 1997). 田中和子訳『セカンド・シフト―アメリカ共働き革命のいま―』(朝日新聞社、1990年)。

Hofstadter, Richard, *Social Darwinism in American Thought*, 1st edition (1944), Reprint, New introduction by Eric Foner (Boston: Beacon Press, 1992). 後藤昭次訳『アメリカの社会進化思想』(研究社、1973年)。

hooks, bell, *AIN'T I A WOMAN: black women and feminism* (Boston: South End Press, 1981).
本間久雄『現代之婦人問題』(天佑社、1919年)。(復刻版、日本図書センター、1983年)。
本間長世編『新しい女性像を求めて』(評論社、1977年)。
堀場清子『青鞜の時代―平塚らいてうと新しい女たち―』(岩波書店、1988年)。
―――編『「青鞜」女性解放論集』(岩波書店、1999年)。
一番ヶ瀬康子編『入門女性解放論』(亜紀書房、1984年)。
井出文子『「青鞜」の女たち』(海燕書房、1975年)。
今村仁司『近代の思想構造―世界像・時間意識・労働―』(人文書院、1998年)。
今中保子「戦前における母子保護法制定運動の歴史的意義―労働婦人問題との関連において―」『歴史評論』、第362号 (1980年)、77-107頁、124頁。
井上輝子外編『母性』(岩波書店、1994年)。
Irigaray, Luce, *Ce sexe qui n'en est pas un* (Editions de Minuit, 1977). 棚沢直子・小野ゆり子・中嶋公子訳『ひとつではない女の性』(勁草書房、1998年)。
伊藤セツ・掛川典子・塩谷千恵子「女性文化とジェンダー」『女性文化研究所紀要』、昭和女子大学、第18号 (1996年)、3-35頁。
女性学研究会編『女のイメージ』(勁草書房、1990年)。
女性史総合研究会編『日本女性史、現代』、第5巻 (東京大学出版会、1982年)。
神近市子『女性思想史―愛と革命を生きた女たち―』([1949年]、亜紀書房、1974年)。
金子筑水「現実教 (人間改造論)」『太陽』、第17巻第12号 (1911年)、18-25頁。
Kaneko, Josephine Conger, "Why *"The Socialist Woman"* Comes into Existence," *The Socialist Woman*, 1 (June 1907), 4-5.
鹿野政直『婦人・女性・おんな―女性史の問い―』(岩波書店、1989年)。
―――『近代日本思想案内』(岩波書店、1999年)。
―――『日本の近代思想』(岩波書店、2002年)。
鹿野政直・堀場清子『祖母・母・娘の時代』(岩波書店、1985年)。
―――編『高群逸枝語録』(岩波書店、2001年)。
鹿野政直・香内信子編『与謝野晶子評論集』(岩波書店、1993年)。
加納実紀代編『自我の彼方へ―近代を超えるフェミニズム―』(社会評論社、1990年)。
Karpinski, Joanne B., ed., *Critical Essays of Charlotte Perkins Gilman* (New York: G.K.

Hall & Co., 1992).

川端香男里『ユートピアの幻想』(講談社、1993年)。

Keller, Evelyn Fox, *Reflections on Gender and Science* (New Haven: Yale University Press, 1985). 幾島幸子・川島慶子訳『ジェンダーと科学』(工作舎、1993年)。

Kennedy, David M., *Birth Control in America: The Career of Margaret Sanger* (New Haven: Yale University Press, 1970).

Kerber, Linda K., *Women of the Republic: Intellect and Ideology in Revolutionary America* (Chapel Hill: The University of North Carolina Press, 1980).

―――, "Separate Spheres, Female Worlds, Woman's Place: The Rhetoric of Women's History," *Journal of American History*, 75 (June 1988), 9-39.

―――, *No Constitutional Right To Be Ladies: Women and the Obligations of Citizenship* (New York: Hill and Wang, 1998).

Kerber, Linda K. and Jane Sherron De Hart, eds., *Women's America: Reforcusing the Past* (New York: Oxford University Press, 1991).

Kessler, Carol Farley, *Charlotte Perkins Gilman: Her Progress Toward Utopia with Selected Writings* (Syracuse: Syracuse University Press, 1995).

Kessler-Harris, Alice, *Out to Work: A History of Wage-Earning Women in the United States* (New York: Oxford University Press, 1982).

Kevles, Daniel J., *In the Name of Eugenics: Genetics and the Uses of Human Heredity* (New York: Alfred A Knopf, 1985). 西俣総平訳『優生学の名のもとに―「人間改良」悪夢の百年―』(朝日新聞社、1993年)。

Key, Ellen, *Barnets århundrade*, 1st version (1900). Translated by Mamah Bouton Borthwick and introduction by Havelock Ellis, *The Century of the Child* (New York: Putnam's Sons, 1909). 小野寺信・百合子訳『児童の世紀』(冨山房、1991年)。

―――, *Kärleken och Äktenskapet–Livslinjer 1–*, 1st edition (1911). Translated by Arthur G. Chater and introduction by Havelock Ellis, *Love and Marriage* (New York: Putnam's Sons, 1912). 小野寺信・百合子訳『恋愛と結婚 (上・下)』(岩波書店、1973年)。

―――, *Kvinnorörelse*, 1909. Translated by Mamah Bouton Borthwick and A. M. and introduction by Havelock Ellis, *The Woman Movement* (New York: Putnam's Sons, 1912).

近代女性史研究会編『女たちの近代』(柏書房、1978年)。
Knight, Denise D., "The Reincarnation of Jane: 'Through This'—Gilman's Companion to 'The Yellow Wallpaper,'" *Women's Studies*, 3-4 (1992), 287-302.
Knight, Denise D., ed., *The Diaries of Charlotte Perkins Gilman*, 2 vols. (Charlottesville: University Press of Virginia, 1994).
———, *Charlotte Perkins Gilman: A Study of the Short Fiction* (New York: Twayne Publishers, 1997).
———, ed., *The Abridged Diaries of Charlotte Perkins Gilman* (Charlottesville: University Press of Virginia, 1998).
———, "The Dying of Charlotte Perkins Gilman," *American Transcendental Quarterly*, 13-2 (January 1999), 137-159.
———, "Charlotte Perkins Gilman's Lost Book: A Biographical Gap," *ANQ*, 14-1 (Winter 2001), 26-31.
小林登美枝・米田佐代子編『平塚らいてう評論集』(岩波書店、1987年)。
小林登美枝編『「青鞜」セレクション―「新しい女」の誕生―』(人文書院、1987年)。
香内信子「『母性保護論争』の歴史的意義―『論争』から『運動』へのつながり―」『歴史評論』、第195号 (1996年)、28-41頁。
———編『資料・母性保護論争』(ドメス出版、1988年)。
Koven, Seth and Sonya Michel, eds., *Mothers of New World: Maternalist Politics and the Origin of Welfare States* (New York: Routledge, 1993).
———, eds., "Womanly Duties: Maternalists Politics and the Origins of Welfare States in France, Germany, Great Britain, and the United States, 1880-1920," *The American Historical Review*, 95-4 (1990), 1076-1114.
小山静子『良妻賢母という規範』(勁草書房、1991年)。
Kraditor, Aileen S., *The Ideas of Woman Suffrage Movement, 1890-1920* (New York: Columbia University Press, 1965).
熊沢誠『女性労働と企業社会』(岩波書店、2000年)。
栗原涼子『アメリカの女性参政権運動史』(武蔵野書房、1993年)。
Lad-Taylor, Molly, "Toward Defining Maternalism in U.S. History," *Journal of Women's History*, 5-2 (Fall 1993), 110-113.
———, *Mother-Work: Woman, Child Welfare, and the State, 1890-1930* (Urbana: University of Illinois Press, 1995).
Lane, Ann J. ed., *Charlotte Perkins Gilman Reader: "The Yellow Wallpaper" and Other*

Fiction (New York: Pantheon Books, 1980).

―――, *To Herland and Beyond: The Life and Work of Charlotte Perkins Gilman* (New York: Pantheon Books, 1990).

―――, "Industrial Relations Theory," *Industrial & Labor Relations Review*, 53-2 (January 2000), 326-327.

Lanser, Susan S., "Feminist Criticism, 'The Yellow Wallpaper,' and the Politics of Color in America," *Feminist Studies*, 15-3 (Fall 1989), 415-441.

Lewis, Jan, "The Republican Wife: Virtue and Seduction in the Early Republic," *William and Mary Quarterly*, 44-4 (1987), 689-721.

Lipow, Arthur, *Authoritarian Socialism in America: Edward Bellamy and the Nationalist Movements* (Berkeley: University of California Press, 1991).

Martin, Jane Roland, *Reclaiming a Conversation: The Ideal of the Educated Woman* (New Haven: Yale University Press, 1985). 村井実監訳、坂本辰郎・坂上道子訳『女性にとって教育とはなんであったか―教育思想家たちの会話―』(東洋館出版社、1987年)。

Marx, Karl and Friedrich Engels, *Das Kommunistische Manifest* (1848). 大内兵衛・向坂逸郎訳『共産党宣言』(岩波書店、1990年)。

Matthews, Glenna, *"Just a Housewife": The Rise and Fall of Domesticity in America* (New York: Oxford University Press, 1987).

―――, *The Rise of Public Woman: Woman's Power and Woman's Place in the United States, 1630-1970* (New York: Oxford University Press, 1992).

松尾章一「金子喜一とジョセフィン・コンガーをアメリカに追って」『歴史評論』、第395号 (1983年)、77-92頁。

Meyering, Sheryl L. ed., *Charlotte Perkins Gilman: The Woman and Her Work* (Ann Arobr: UMI Ressearch Press, 1989).

Michel, Andrée, *Le féminisme* (Paris: Presses Universitaires de France, Collection 《Que sais-je?》 no. 1782, 1992). 村上真弓『フェミニズムの世界史』(白水社、1993年)。

御巫由美子『女性と政治』(新評論、1999年)。

Mill, John Stuart, *The Subjection of Women*, 1st edition (1869). 大内兵衛・節子訳『女性の解放』(岩波書店、1968年)。

水林章『幸福への意志、〈文明化〉へのエクリチュール』(みすず書房、1994年)。

水田珠枝『女性解放思想の歩み』(岩波書店、1987年)。

―――『女性解放思想史』(筑摩書房、1994年)。
―――「世紀転換期イギリスの家族、女性労働、セクシュアリティ―変化したもの、しないもの」『名古屋経済大学経営学部、開設記念論集』、名古屋経済大学 (2003年)、403-424頁。
三宅義子「近代日本女性史の再創造のために―テキストの読み替え―」、神奈川大学評論編集専門委員会編『社会の発見』、神奈川大学評論叢書第4巻 (御茶の水書房、1994年)、63-128頁。
Molony, Barbara, "Equality versus Difference: the Japanese Debate over 'Motherhood Protection,' 1915-50," Janet Hunter, ed., *Japanese Women Working* (New York: Routledge, 1993), 122-148.
Mohanty, Chandra Talpade, *Third World Women and the Politics of Feminism* (Bloomington: Indiana University Press, 1991).
森岡正博『生命観を問いなおす―エコロジーから脳死まで―』(筑摩書房、1996年)。
―――『生命学に何ができるか―脳死・フェミニズム・優生思想』(勁草書房、2003年)。
N, Emma, *The Nation*, 8 (June 1899), 443.
名古忠行『フェビアン協会の研究』(法律文化社、1987年)。
中嶋邦「帰一協会小考 (一) ―その成立を中心に―」『日本女子大学紀要・文学部』、日本女子大学、第36号 (1986年)、53-64頁。
―――「帰一協会小考 (二) ―その初期の活動を中心に―」『日本女子大学紀要・文学部』、日本女子大学、第37号 (1987年)、47-76号。
―――「日本女子大学の創立者成瀬仁蔵の教育思想」、日本女子大学女子教育研究所編『女子大学論』(ドメス出版、1995年)。
―――『成瀬仁蔵』(吉川弘文堂、2002年)。
成田龍一『〈歴史〉はいかに語られるか―1930年代「国民の物語」批判―』(日本放送出版協会、2001年)。
成瀬仁蔵『成瀬仁蔵著作集 (第1巻)』、日本女子大学 (1974年)。
―――『成瀬仁蔵著作集 (第2巻)』、日本女子大学 (1976年)。
―――『成瀬仁蔵著作集 (第3巻)』、日本女子大学 (1981年)。
日本女性学研究会編『フェミニズムはどこへいく―女性原理とエコロジー―』(松香堂、1985年)。
二宮宏之『歴史学再考―生活世界から権力秩序へ―』(日本エディタースクール

出版部、1994年)。

西川祐子『高群逸枝—森の家の巫女—』(第三文明社、1990年)。

——『近代国家と家族モデル』(吉川弘文堂、2000年)。

野田秀勝『女の伝記—ロマン主義時代を生きて—』(研究社、1987年)。

野村達朗『ユダヤ移民のニューヨーク—移民の生活と労働の世界—』(山川出版社、1995年)。

Norton, Mary Beth, *Founding Mothers and Fathers: Gender Power and the Forming of American Society* (New York: Vintage Books, 1996).

大橋秀子「ジョセフィン・コンガー・カネコと社会主義フェミニズム—*The Socialist Woman* を通して見る20世紀初頭のアメリカ女性参政権運動」『ジェンダー研究』、東海ジェンダー研究所、第5号 (2002年)、22-31頁。

大林宗嗣『女給生活の新研究』([1931年]、日本図書センター、1983年)。

O'Brien, Mary M., "Autobiography and Liminality: Which Story Does Charlotte Perkins Gilman Choose to Tell?" *Women's Studies*, 20-1 (1991), 37-49.

落合恵美子『21世紀家族へ—家族の戦後体制の見かた・超えかた—』(有斐閣、1994年)。

——「近世末における間引きと出産—人間の生産をめぐる体制変動—」、脇田晴子・スーザン・B・ハンレー編『ジェンダーの日本史：宗教と民俗、身体と性愛 (上)』(東京大学出版会、1994年)、425-459頁。

荻野美穂『生殖の政治学—フェミニズムとバース・コントロール—』(山川出版社、1994年)。

岡沢憲夫『スウェーデンの挑戦』(岩波書店、1991年)。

奥むめお『婦人問題十六講』([1925年]、日本図書センター、1983年)。

大辻千恵子「世紀転換期のアメリカ女性をとりまく労働文化—労働の場とジェンダー—」『アメリカ研究』、第28号 (1994年)、91-110頁。

O'Neilll, William L., *Everyone Was Brave: The Rise and Fall of Feminism in America* (Chicago: Quadrangle Books Inc., 1969).

Palmeri, Ann, "Charlotte Perkins Gilman: Forerunner of a Feminist Social Science," Sandra Harding, ed., *Discovering Reality: Feminist Perspectives of Epistemology, Metaphysics, Methodology, and Philosophy of Science* (Boston: D. Reidel Publishing Company, 1983), 97-119.

Pittenger, Mark, *American Socialists and Evolutionary Thought, 1870-1920* (Madison: The University of Wisconsin Press, 1993).

Pirouti, Carolina, "La Donne e L'economia Socilae," *Il Bollettino Bibliografico*, 48-45 (Gennaio 1902), 1-2.

Poirier, Suzanne, "The Weir Mitchell rest cure: doctor and patients," *Women's Studies*, 2 (1983), 15-40.

Rich, Adrienne, *Of Woman Born: Motherhood as Experience and Institution* ([1976], New York: W.W. Norton & Company, 1995). 高橋茅香子訳『女から生まれる』(晶文社、1998年)。

Rosenberg, Rosalind, "In Search of Woman's Nature, 1850-1920," *Feminist Studies*, 3 (Fall 1975), 141-154.

――――, *Beyond Separate Spheres: Intellectual Roots of Modern Feminism* (New Haven: Yale University Press, 1982).

Ross, Ellen, "New Thoughts on 'the Oldest Vocation': Mothers and Motherhood in Recent Feminist Scholarship," *Signs*, 20-21 (Winter 1995), 397-413.

Rudd, Jill and Val Gough, eds., *Charlotte Perkins Gilman: Optimist Reformer* (Iowa City: University of Iowa Press, 1999).

Rossi, Alice S., *The Feminist Papers: From Adams to de Beauvoir* (Boston: Northeastern University Press, 1988).

Ruiz, Vicki L. and Ellen Carol DuBois, eds., *Unequal Sisters: A Multicultural Reader in U. S. Women's History* (New York: Routledge, 1994).

Ryan, Mary P., *Cradle of the Middle Class: The Family in Oneida County, New York, 1790-1865* (New York: Cambridge University Press, 1979).

――――, "The Explosion of Family History," Stanley I. Kulter and Stanley N. Katz, eds., *The Promise of American History: Progress and Prospects* (Baltimore: The Johns Hopkins University Press, 1982), 181-195.

Sacks, Karen, "Engels Revisited: Woman, the Organization of Production, and Private Property," Michelle Zimbalist Rosald and Louise Lamphere, eds., *Woman, Culture and Society* (Stanford: Stanford University Press, 1974), 207-222.

Sarvasy, Wendy, "Beyond the Difference versus Equality Policy Debate: Postsuffrage Feminism, Citizenship, and the Quest for a Feminist Welfare State," *Sings*, 17-2 (Winter 1992), 329-369.

佐藤宏子『アメリカの家庭小説―十九世紀の女性作家たち―』(研究社出版、1987年)。

沢山美果子「最近の欧米における母子関係史研究の動向から」『歴史評論』、第

395号、69-76頁。
―――「近代的母親像についての一考察―1890～1900年代における育児観の展開―」『歴史評論』、第443号（1987年3月）、63-81頁。
―――『性と生殖の近世』（勁草書房、2005年）。
Scharnhorst, Gary, *Charlotte Perkins Gilman: A Bibliography* (Metuchen: The Scarecrow Press, 1985).
―――, *Charlotte Perkins Gilman* (Boston: Twayne Publishers, 1985).
―――, "Making Her Fame: Charlotte Perkins Gilman in California," *California History*, 64-3 (summer 1985), 192-201, 242-243.
Schreiner, Olive, *Women and Labor* (New York: Frederick A. Stokes Company Publishers, 1911). Reprint (London: Virago, 1978).
Scott, Joan Wallach, *Gender and Politics of History* (New York: Columbia University Press, 1988). 荻野美穂訳『ジェンダーと歴史学』（平凡社、1992年）。
―――, ed., *Feminism and History* (New York: Oxford University Press, 1996).
Seitler, Dana, "Unnatural Selection: Mothers, Eugenic Feminism, and Charlotte Perkins Gilman's Regeneration Narratives," *American Quarterly*, 55-1 (March 2003), 61-88.
Shapcott, Jennifer, "The Red Chrysanthemum: Yamakawa Kikue and the Socialist Women's Movement in Pre-War Japan," *Papers on Far Eastern History*, 35 (March 1987), 1-30.
進藤久美子『ジェンダー・ポリテッィクス―変革期のアメリカの政治と女性―』（新評論、1997年）。
篠塚英子『女性と家族―近代化の実像―』（読売新聞社、1995年）。
Showalter, Elaine, *The Female Malady: Women, Madness, and English Culture, 1830-1980* (New York: Pantheon Books, 1985). 山田晴子・薗田美和子訳『心を病む女たち―狂気と英国文化―』（朝日出版、1990年）。
Sievers, Sharon L., *Flowers in Salt: The Beginning of Feminist Consciousness in Modern Japan* (Stanford: Stanford University Press, 1983).
Sklar, Kathryn Kish, *Catharine Beecher: A Study in American Domesticity* (New Haven: Yale University Press, 1973).
―――, "Hull House in the 1890s: A Community of Women Reformers," *Signs*, 10-4 (Summer 1985), 658-677.
Smith, Daniel Scott, "Family limitation, Sexual Control, and Domestic Feminism in

Victorian America," *Feminist Studies*, 1 (Winter-Spring 1973), 40-57.
Smith, Page, *Daughters of the Promised Land* (Boston: Little, Brown and Company, 1972). 東浦めい訳『アメリカ史のなかの女性』(研究社出版、1977年)。
Smith-Rosenberg, Carroll, "The Female World of Love and Ritual: Relations Between Women in Nineteenth-Century America," *Signs*, 1 (Autumn 1975), 1-29.
―――, *Disorderly Conduct: Vision of Gender in Victorian America* (New York: Alfred A Knopf, 1985).
総合女性史研究会編『日本女性の歴史―女のはたらき―』(角川書店、1997年)。
外崎光弘・岡部雅子編『山川菊栄の航跡―「私の運動史」と著作目録―』(ドメス出版、1979年)。
外崎光弘編『日本婦人論史―女権論篇―(上)』(ドメス出版、1986年)。
―――『日本婦人論史―婦人解放論篇―(下)』(ドメス出版、1989年)。
Stickland, Charles, *Victorian Domesticity: Families in the Life and Art of Louisa May Alcott* (Montgomery: The university of Alabama Press, 1985).
鈴木裕子『女性史を拓く1、母と女』(未来社、1994年)。
―――『女性史を拓く2、翼賛と抵抗』(未来社、1997年)。
―――『女性史を拓く5、なぜ、女性史を学ぶか』(未来社、1999年)。
―――編『山川菊栄評論集』(岩波書店、1990年)。
多田富雄『生命の意味論』(新潮社、1997年)。
高橋裕子「アメリカ・ヴィクトリア時代の『父性』―『男性的家庭性』をめぐる史的研究の動向―」『比較家族史研究』、第13号 (1998年)、114-128頁。
―――『津田梅子の社会史』(玉川大学出版部、2002年)。
高群逸枝『評論集:恋愛創世』([1926年]、理論社、1973年)。
―――『母系制の研究』([1938年]、理論社、1966年)。
―――『女性の歴史 (二)』([1958年]、理論社、1971年)。
高野重三『婦人問題早わかり』(警醒社、1914年)。
瀧田佳子『アメリカン・ライフへのまなざし―自然・女性・大衆文化―』(東京大学出版会、2000年)。
棚沢直子編『女たちのフランス思想』(勁草書房、1998年)。
Tebbel, John, *The American Magazine: A Compact History* (New York: Hawthoen Books, 1969).
暉峻淑子『豊かさとは何か』(岩波書店、1989年)。
Towne, Marion K., "Charlotte Gilman in California," *The Pacific Historian*, 8-1 (Spring

1984), 4-17.
辻村みよ子『女性と人権―歴史と理論から学ぶ―』(日本評論社、1997年)。
常松洋『ヴィクトリアン・アメリカの社会と政治』(昭和堂、2006年)。
恒吉僚子『育児出版から見たアメリカの育児観の変遷』『家庭教育研究所紀要』、第16号 (1994年)、82-90頁。
―――『育児の国際比較―子どもと社会と親たち―』(日本放送出版協会、1997年)。
上野千鶴子『資本制と家事労働―マルクス主義フェミニズムの問題構制―』(海鳴社、1985年)。
―――『女という快楽』(勁草書房、1986年)。
―――『家父長制と資本制―マルクス主義フェミニズムの地平―』(岩波書店、1990年)。
―――『近代家族の成立と終焉』(岩波書店、1994年)。
―――『ナショナリズムとジェンダー』(青土社、1998年)。
―――「フェミニズムのゆくえ」、岩波書店編集部編『これからどうなる21―予測・主張・夢―』(岩波書店、2000年)、75-77頁。
上村忠男『歴史家と母たち―カルロ・ギンズブルグ論―』(未来社、1994年)。
U.S. Census Bureau, *Statistical Abstract of the United States: 2001*, 121st edition (Washigton, D.C.: U.S. Census Bureau, 2001).
de Vilaine, A.-M., L. Gavalini, M. Le Coadic (sous la direction), *Maternité en Movement, Les Femmes, La Re/Production et Les Hommes de Science* (Press universitaire de Grenoble, 1986). 中嶋公子他訳『フェミニズムから見た母性』(勁草書房、1995年)。
Vertinsky, Patricia, "Feminist Charlotte Perkins Gilman's Pursuit of Health and Physical Fitness as Strategy for Emancipation," *Journal of Sport History*, 16-1 (1989), 5-26.
和田春樹『歴史としての社会主義』(岩波書店、1993年)。
脇田晴子『母性を問う―歴史的変遷―（上・下）』(人文書院、1989年)。
Ward, Lester F., "Our Better Halves," *The Forum*, 6 (1888), 266-275.
―――, *Pure Sociology: A Treatise on the Origin and Spontaneous Development of Society* ([1903], New York: The MacMillan Company, 1919).
渡辺英一編『日本女子大学創立者、成瀬先生』(櫻風会出版部、1958年)。
渡辺和子『フェミニズム小説論―女性作家の自分探し―』(柘植書房、1993年)。

―――編『アメリカ研究とジェンダー』(世界思想社、1997年)。
Welter, Barbara, "The Cult of True Womanhood, 1820-1860," *American Quarterly*, 18-2, Part 1 (Summer 1966), 151-174.
Wellington, Amy, "Charlotte Perkins Gilman," *Women Have Told: Studies in the Feminist Tradition* (Boston: Little, Brown and Company, 1930), 115-131.
Weiner, Lynn Y., "Maternalism as a Paradigm: Defining the Issues," *Journal of Women's History*, 5-2 (Fall 1993), 96-98.
Weinstein, James, *The Decline of Socialism in America, 1912-1925* (New Brunswick: Rutgers University Press, 1969).
Wienen, Mark W. Van, "A Rose by Any Other Name: Charlotte Perkins Stetson (Gilman) and the Case for American Reform Socialism," *American Quarterly*, 55-4 (December 2003), 603-634.
Williams, Raymond, *Keywords: A Vocabulary of Culture and Society* (New York: Oxford University Press, 1976).
Winkler, Barbara Scott, *Victorian Daughters: The Lives and Feminism of Charlotte Perkins Gilman and Olive Schreiner* (Michigan Occasional Paper in Women's Studies, 1980).
Wollstonecraft, Mary, *A Vindication of the Rights of Woman* ([1792], New York: W.W.Norton & Company, 1967).
Woloch, Nancy, *Muller v. Oregon: A Brief History with Documents* (New York: Bedford Books of St. Martin's Press, 1996).
Woolf, Virginia, *A Room of One's Own* (London: Hogarth Press, 1928). 川本静子訳『自分だけの部屋』(みすず書房、1999年)。
Wood, James Playsted, *Magazine in the United States* (New York: The Roland Press Company, 1971).
山田わか『女・人・母』(森江書店、1919年)、(復刻版、不二出版、1986年)。
山川菊栄「与謝野・平塚二氏の論争」『婦人公論』、第3年9号(1918年)、22-36頁。
―――『現代生活と婦人』(叢文閣、1919年)。
―――『婦人問題と婦人運動』(文化学会出版部、1925年)、(復刻版、不二出版、1986年)。
―――「現代婦人論」『社会経済大系』(日本評論社、1926年)、327-346頁。
―――「『青鞜』前後及び新婦人協会」『思想』、第454号(1962年4月)、136-147頁。
―――『女性解放へ―社会主義婦人運動論―』(日本婦人会議中央出版部、1977

年)。
――『日本婦人運動小史』(大和書房、1979年)。
山川菊栄『山川菊栄集』(岩波書店、1981年)。
山本千恵『山の動く日きたる―評伝与謝野晶子―』(大月書店、1987年)。
山本藤枝『虹を架けた女たち―平塚らいてうと市川房枝―』(集英社、1991年)。
山根常男「家族の本質―キブツに家族は存在するか―」『社会学評論』、第13巻第4号 (1962年)、37-55頁。
山下悦子『日本女性解放思想の起源』(海鳴社、1988年)。
山内惠「シャーロット・パーキンズ・ギルマンにおける『ユートピアの子供』」『アメリカ史研究』、アメリカ史研究会、第18号 (1995年)、44-51頁。
――「ヒューマニストかフェミニストか―フェミニズムのパラドックスを超えて―」『言語・地域文化研究』、東京外国語大学大学院、第1号 (1995年)、65-79頁。
――「世紀転換期におけるアメリカ合衆国の『優生学』とフェミニズム」、川田順造・上村忠男編『文化の未来―開発と地球化のなかで考える』(未来社、1997年)、137-142頁。
――「母性ユートピア『ハーランド』とレイシズム」『清泉文苑』、清泉女子大学、第15号 (1998年)、13-15頁。
――「ギルマン夫人と二つの母性保護論争―母性と女性の経済的自立―」『ジェンダー研究』、東海ジェンダー研究所、第2号 (1999年)、49-63頁。
――「シャーロット・パーキンズ・ギルマンと『社会的母性』」、東京外国語大学大学院地域文化研究科博士後期課程2002年博士論文。
――「ギルマン夫人の『新しい母性』論と日本における受容の問題」『埼玉工業大学人間社会学部紀要』、埼玉工業大学、第2号 (2004年)、69-83頁。
――, "Japanese Reception of Charlotte Perkins Gilman's New Motherhood," The Fourth International Conference on Charlotte Perkins Gilman and Maine Women Writers Collection Academic Conference, University of New England (June 15-18, 2006).
安川悦子「J・S・ミルからC・P・ギルマンへ―近代フェミニズムの展開―」、歴史学研究会編『講座世界史7・「近代」を人はどう考えてきたか』(東京大学出版会、1996年)、211-245頁。
――「日本の近代化と家族イデオロギー―『イエ』から『マイホーム』へ―」『歴史学評論』、第683号 (1996年)、9-15頁。

米本昌平他『優生学と人間社会』(講談社、2000年)。
油井大三郎・遠藤泰生編『多文化主義のアメリカ—揺らぐナショナル・アイデンティティー』(東京大学出版会、1999年)。
Zaretsky, Eli, ed., *Capitalism: The Family and Personal Life* (New York: Harper & Row, 1976). グループ7221訳『資本主義・家族・個人生活』(亜紀書房、1980年)。
Zelizer, Viviana A., *Pricing the Priceless Child: The Changing Social Value of Children* (New York: Basic Books, 1985).

その他雑誌、雑誌記事

"Ellen Key," *The Nation*, 122-3174 (May 1926), 493-494.
"Ellen Key's Attack on 'Amaternal' Feminism," *The Current Opinion*, 54 (January-June 1913), 138-139.
"Charlotte Gilman's Reply to Ellen Key," *The Current Opinion*, 54 (January-June 1913), 220-221.
"Charlotte Perkins Gilman Dies to Avoid Pain," *The New York Times,* (1935), 44.
"The Conflict Between 'Human' and 'Female' Feminism," *The Current Opinion,* 56 (January-June 1914), 291-292.
『家庭雑誌』(由分社・平民書房、1903年-1909年)。
『中央公論』(臨時増刊、婦人問題号、1913年7月号)。
『太陽』(1911年9月号、1913年7月号)。
『青鞜』(青鞜社、1911年9月-1916年2月)。
『第三帝国(新理想主義)』、第66号(1916年)、第67号(1916年)、第68号(1916年)、第79号(1916年)、第84号(1917年)。
『婦人公論』(1918年9月号)。

Unpublished Dissertation and Theses

Elisabeth Manon Einaudi, "Beyond the Domestic Sphere: Three Alternative Interpretations of Darwin's Theory of Sexual Selection," Thesis of Bachelor of Arts, Harvard University, (1983).
Allison Brooke Berg, "Mothering the Race: Women's Narratives of Reproduction, 1899-1928," Ph.D. dissertation, Indiana University, (1993).
Aleta Cane, "Charlotte Perkins Gilman's Forerunner: Text and Context," Ph.D.

dissertation, Northeastern University, (1996).

Leary, Andrea M., " 'To Point To a Solution': A Collection of Charlotte Perkins Gilman's Lectures," Ph.D. dissertation, The University of Delaware, (1998).

あとがき

　本書は、2002年12月、東京外国語大学に提出し学術博士号を授与された博士論文の題名を改め、若干の訂正と補足を加えてほぼそのままの形で出版するものである。出版までに5年も費やしてしまった原因は、私の怠慢以外の何ものでもない。出版するにあたり、書き直すべき箇所は多々あることがわかった。博士論文の審査においても、またアメリカ研究の先輩や知人からも厳しいご批判を受け、議論不足の箇所の指摘も受けた。しかし、書き直す箇所を最小限にとどめたのは、拙い議論ではあるものの、ギルマンが「母性」と格闘するその意味を探ろうとする、博論執筆当時の私の熱い思いは少なくとも伝えることができると確信したからである。

　本書では、博士論文では、「補論」であった章を、最終章第4章としてあえて組み込んだ。全体の議論のバランスを考えると、博士論文と同じ構成をとるべきだったのかもしれないが、あえて私のわがままをとおさせていだたくことにした。

　4章で論じたギルマンの日本での受容に私がこだわる理由は二つある。一つは、日本で初めてギルマンの著書を紹介する労をとったのが、日本女子大学校を設立した成瀬仁蔵だったからである。42歳で埼玉大学に学士入学した私は、その2年後に卒業論文の資料収集のために行った国立国会図書館で、大正期に翻訳されたギルマンの『女性と経済（邦題は『婦人と経済』）』の古ぼけた著書を手にして驚いた。「序」に成瀬仁蔵の名前を発見したからである。彼の名前は私が子どもの頃から母をとおして聞いていた。日本女子大学校の卒業生だった母は、成瀬の女子教育論の信奉者でありまた批判者でもあった。「良妻賢母」を説く成瀬はな

ぜギルマンに興味を持ったのだろう。私のこの疑問は、本書の「ギルマンのフェミニズム思想と日本の受容」というテーマへ私を導くきっかけとなった。

　もう一つは、アメリカ留学時代に出会ったコーネル大学のメアリ・ベス・ノートン教授からの助言である。ギルマンの日本での受容というテーマは、アメリカの女性史研究者のためにもぜひ続け、機会があれば英文論文として発表する機会を持ってほしいということである。ノートン教授とのこの約束は、去年の6月、ニューイングランド大学で開催された第4回国際ギルマン学会において報告できたので、何とか果たせたと思う。その席でアメリカのギルマン研究者たちからいただいた貴重なアドバイスを、今後の私の研究に活かしていく覚悟である。日本のギルマンの受容にこだわってきてよかったと思った。

　博士論文として提出してから、私の身辺にはさまざまなことがおこった。私自身のギルマンへの関心も少しずつ変化をしてきた。既婚女性はお金のためには働かないと考えられた時代に生きたギルマンは、「不自然な母親」と非難され、人々から激しいバッシングを受けた。しかし人々の意識は変化し、この1世紀の間、アメリカや日本を含む先進諸国の女性の社会進出は確実に進んだ。性役割分業意識が根強かった戦後の日本でさえも、とりわけこの10年間は、「少子化対策」ともあいまって政府の子育て支援への取り組みはめざましい。ギルマンが夢見た「働く母親と子どものユートピア」の実現も、ひょっとしたら遠くない将来実現するかもしれない。こうしたこともあって、現在私がギルマンをとおして見つめたいテーマも、彼女の母性論から「宗教観」や「平和思想」へとシフトしつつある。母性と関連させつつ、ギルマンの平和論にも改めてアプローチしてみたいと思っている。そうした研究も増えつつあるようだ。

　最後に、博士論文、そして本書を執筆するうえでたくさんの方々に助けていただいたことに触れておきたい。博士論文の指導では、東京外国語大学在学時代には上村忠男氏と上村ゼミの仲間たちに、また母校で

ある埼玉大学の有賀夏紀氏にも大変お世話になった。博論執筆当時のファースト・リーダー役を引き受けたくれた、私のもう一つの母校愛知県立大学時代の同級生だった元読売新聞記者、野田晴夫氏にも感謝をしたい。書き直し作業のために的確なアドバイスと励ましをあたえてくれた埼玉大学の後輩、折原淳一氏にもどれほどお礼の言葉をつくしても足りないくらいである。成瀬仁蔵の著書を集めるなど娘の資料収集に労をおしまなかった、今は亡き私の母にも感謝したい。本書の出版を一番待っていてくれたのはおそらくこの母だったと思う。42歳で大学にとびこんだり、1年間のアメリカ留学の間も、ひたすら我慢し不自由な生活に堪えてくれた私の家族、3人の子どもたちと夫にも「ありがとう」と言いたい。さらに博士論文の出版ということで、東信堂編集部の方々には、校正作業や索引作りで多大な面倒をおかけすることになった。この他多くの方々の力を得ることができて、ギルマンの研究書をこうして世に送りだせることができた。深い喜びである。

  2007年12月吉日

                 著　者

人名索引

※欧米人名の見出しはラストネームを基準とするが、家族間の通称などでは、ファーストまたはミドルネームを見出しとした場合もあり、その際はフルネームを（　）内に記入している。邦人名の旧姓、別名も（　）内に記す。なお同一人が別表記されている場合にはそれを〔　〕内に記している。

〔ア行〕

青木やよひ　148
アダムズ、ジェーン　74-77, 159
有賀夏紀　14, 107
アンソニー、スーザン・B　49, 74, 75, 77
ウィラード、フランシス・E　41, 125
ウェリントン、エイミー　4, 103
ウェルズ、H・G　103
ウェルター、バーバラ　34
ウォード、レスター・F　83-85, 92, 104, 105, 130, 132, 148, 149, 177, 179
ウォルター（チャールズ・ウォルター・ステットソン、ギルマンの最初の夫）　13, 17, 45-47, 49-51, 55-57, 73, 77, 114
宇沢（富島）美子　14
ウルストンクラスト、メアリ〔ウォルストンクラスト、メリー〕　5, 103, 161, 166, 169, 177
エンゲルス、フリードリッヒ　90, 91, 101, 150, 173
大辻千恵子　147
大林宗嗣　170
奥むめお　169, 170
オルコット、ルイザ・メイ　46, 47, 62, 73, 113

〔カ行〕

金子喜一　112
金子、ジョセフィン・コンガー　112, 117
鹿野政直　175
カーバー、リンダ　28, 30
神近市子　170
ギブソン、チャールズ・D　116, 145
キャサリン（キャサリン・E・ビーチャー、ギルマンの大伯母）　12, 28, 37-40, 42, 57, 74
キャサリン（キャサリン・ステットソン・チェンバレン、ギルマンの娘）　20, 48, 49, 51, 69, 73, 77, 101, 114, 115, 145
キャット、キャリー・C　98
キャンベル、ヘレン　74, 75, 92, 140
グージュ、オランプ・ド　5
クレディター、アイリーン・S　98
ケイ、エレン　123-128, 136, 139, 146, 147, 153, 154, 159-171, 173, 177, 181, 182
ケリー、フローレンス　76, 77, 125
コット、ナンシー・F　6, 7, 127, 183, 184
ゴードン、リンダ　27, 58
小山静子　153, 156, 173
ゴールドマン、エマ　112, 173
ゴルトン、フランシス　149

〔サ行〕

堺利彦　85, 105
サックス、カレン　137
サンガー、マーガレット　106, 133, 177
ジェームズ、ヘンリー　53, 64
篠目清美　14
シャーンホースト、ゲアリー　13, 14
シュライナー、オリーブ〔シュライネル、オリヴ〕　103, 162, 163,

人名索引　215

　　　　　　　　　　　169, 170, 173, 177
ショパン, ケイト　　　　　　　　　10
スクラー, キャサリン・キッシュ　37, 40
鈴木裕子　　　　　　　　　　　176
スタントン, エリザベス・ケイディ
　　　　　　　　　　　　35, 49, 60
ストー, ハリエット・ビーチャー　38, 107
ストーン, ルーシー　　　　　　　49
スペンサー, ハーバート　82, 104, 149
スミス, ダニエル・スコット　　　33
スミス=ローゼンバーグ, キャロル　7

〔夕行〕

ダーウィン, チャールズ・R　44, 80, 82,
　　　　　　83, 85, 104, 130, 133, 149
高群逸枝　　　　　　　　　170, 171
ダグラス, フレデリック　　　　　36
多田富雄　　　　　　　　　　　85
チャニング, グレース・E　48, 73, 77
デグラー, カール・N　　8, 11, 14, 32,
　　　　　　　　46, 62, 82, 97, 156
デブス, ユージン　　　　　　　116
デューイ, ジョン　　　　　　　　64
ドライサー, セオドア　　　111, 112

〔ナ行〕

成瀬仁蔵　　　　　　　16, 76, 102,
　　　　　　153-160, 165, 172-174
ノートン, メアリ・ベス　　　32, 212

〔ハ行〕

ハイデン, ドロレス　　　　　12, 90
ハウエルズ, ウィリアム・ディーン
　　　　　　20, 52, 53, 63, 64, 69, 83, 118
バーキン, キャロル・R　　　　　12
ビーチャー, ヘンリー・ウォード　38
ビーチャー, ライマン　　　　　　38
ヒュートン（ジョージ・ヒュートン・

ギルマン、ギルマンの2度目の夫）
　　　　　　　　13, 17, 110, 111, 143
ビュール, マリー・ジョー　　　　12
平塚らいてう（明）　16, 125, 128, 154,
　　　　　　157, 160-167, 169, 170, 172, 175
ヒル, メアリ・A　12, 14, 68, 91, 101, 109
フッカー, イサベラ・ビーチャー　38
フックス, ベル　　　　　　　　19
フーコー, ミシェル　　　　　　57
フリーダン, ベティ　　　　　　12
フレデリック（フレデリック・ビーチャー・
　パーキンズ、ギルマンの父）42-44, 62
ベーベル, オーギュスト　　78, 89, 96,
　　　　　　　102, 105, 106, 173, 177
ベラミー, エドワード　　68, 71-73, 91,
　　　　　　103, 118, 119, 129, 130, 138
ボーヴォワール, シモーヌ・ド　142, 143
ボック, エドワード　　113, 117, 144
堀場清子　　　　　　　　　　175
本間久雄　　　　　　　　　169, 170

〔マ行〕

マシューズ, グレナ　　　　　12, 61
マルクス, カール　99, 101, 107, 120, 146
三宅義子　　　　　　　14, 153, 154, 163,
　　　　　　　　164, 169, 170, 172, 173
ミッチェル, S・ウィア（博士）　50, 51,
　　　　　　　　　　　54-57, 64
ミル, ジョン・スチュワート　3, 14, 169,
　　　　　　　　　170, 173, 177, 178
メアリ（メアリ・アン・フィッチ・ウェ
　ストコット、ギルマンの母）42, 43, 77
メアリ（メアリ・ビーチャー・パーキンズ、
　ギルマンの祖母）　　　　　37, 38
モア, トーマス　　　　　　　　138
モット, ルクレシア　　　　　35, 60
モハンティ, チャンドラ・T　　　19

〔ヤ行〕

安川悦子	14, 173, 178
山川菊栄	16, 85, 101, 105, 128, 154, 160-163, 166-168, 170, 172, 177
山田わか	163, 167
与謝野晶子	128, 154, 160, 161, 163, 166, 168

〔ラ行〕

ラッシュ，ベンジャミン	30
ラッド＝テイラー，M	24
リード，ジョン	112
レーン，アン・J	13, 14, 101
ロッシ，アリス・S	12

事項索引

※見出し語の略称、原語、訳語等は（ ）内に、見出し語の全部または一部と類似の別表記は〔 〕に示した。『 』を付してあるものは書籍・雑誌名である。

〔ア行〕

新しい女　160
『アトランティック・マンスリー』　52, 55
アメリカ女性参政権協会（AWSA）　49
安静療法（レスト・キュア）　50, 51, 54-57, 64
イーディントンの女の茶会事件　29
『インファント・ケア』　96
『インプレス』　74, 75, 77, 102, 140
ヴィクトリア人（ヴィクトリアン）　12, 60, 119, 173, 181
ヴィクトリア朝（ヴィクトリアン）　10, 12, 15, 21, 56, 60, 99, 130, 131, 142, 145, 173
　──時代　34, 43, 47, 50, 57, 59, 83, 102, 106, 124
『ウーマンズ・ジャーナル』　49, 62, 63
夫の保護下（カバーチュアー）　29
女の領域　7, 14, 19, 28, 32, 35, 36, 37, 40, 43, 47, 57, 180, 182

〔カ行〕

革新主義　15, 67
　──思想　109
　──時代　16, 35, 76, 77, 96, 98, 179
家庭性（ドメスティシティ）　12, 28, 34, 37, 40-42, 47, 56, 57, 76, 78, 87, 93, 98, 136, 157, 180, 181
　──の時代　28, 61
家父長　97
　──制　9, 149, 164, 165

『カレント・オピニオン』　127
ギブソン・ガール　145
教職の女性化　38
協同家事　74
協同組合主義　78
共和国の母　28-31, 36, 37, 44, 57, 58, 75, 97, 180
禁酒運動　41, 49, 98, 136
近代家族　32, 33, 98, 155
近代の家族制度　89, 135, 137, 164, 172
言語論的転回　8, 19

〔サ行〕

シェパード・タウナー法　128
シスターフッド（女性の連帯、姉妹愛）　7, 131
社会主義　11, 67, 72, 80, 90, 91, 103, 114, 116, 119, 120, 144, 167, 168
　──運動　67, 120, 167
　──思想　11, 16, 71, 72, 78, 80, 86, 89, 91, 117, 120, 123, 167, 179
　──者　12, 79, 89-91, 96, 99, 102, 112, 116, 168
　──社会　103
　──的　130
社会純化運動　35, 41, 49, 98, 136
社会進化論（ソーシャル・ダーヴィニズム）　83, 149
シャーロット・パーキンズ・ギルマン協会　9, 212
宗教の女性化　34

シュレジンジャー・ライブラリー(SL)
　　　　　　　　　　8, 12, 20, 103
女性キリスト教禁酒同盟 (WCTU)
　　　　　　　　　　35, 41, 42, 125
女性中心説　　　　　16, 85, 105,
　　　　　　130, 132, 149, 177, 179
女性の労働力の第1次変動　　46, 62,
　　　　　　　　　　　　156, 165
女性の労働力の第2次変動　　97, 106
進化論　　　　　16, 80, 82, 84-86,
　　　　　　89, 92, 104, 130, 177, 179
『進化論』　　　　　　　　　　44
真の女らしさの信仰　　　15, 34, 173
新婦人協会　　　　　　　　160, 169
性差の二分法　　　　　6, 127, 128,
　　　　　　　　171, 172, 182, 183
『青鞜』　　　　　157, 160, 170, 175
世界産業労働者連合 (IWW)　　116
セツルメント　　　　　　　　76, 159
　──運動〔活動〕　　35, 67, 74-76,
　　　　　　　　98, 102, 136, 175
セネカ・フォールズでの女性の権利大会
　　　　　　　　　　　35, 37, 44
　──の宣言文〔「所感の宣言」〕　35, 60
セブン・シスターズ　　　　　　44
全国アメリカ女性参政権協会 (NAWSA)
　　　　　　　　　　　98, 112
全国女性参政権協会 (NWSA)　　49
専門家主義　　　　16, 67, 96, 179
『ソーシャリスト・ウーマン』　112, 117

(タ行)

第1波のフェミニスト　　27, 58, 89
第1波フェミニズム　33, 35, 99, 136, 175
　──運動　　4, 6, 11, 99, 160, 180
大覚醒運動　　　　　　　　34-36
台所のない家(キッチンレス・ハウス)
　　　　　　　　　　88, 89, 104

第2波のフェミニスト　　　　　27
第2波フェミニズム　7, 8, 12, 58, 137
　──運動　　　　　　　　　　27
太平洋岸女性誌協会 (PCWPA)　　75
単為生殖　　　　　　　　130, 148
ドメスティック・フェミニズム(家庭内女権)　　7, 33, 36, 40, 157
奴隷制〔反対〕廃止運動　　35, 60, 98

(ナ行)

ナショナリスト　　　　　68, 69, 72
『ナショナリスト』　　　　　　63, 69
ナショナリスト・クラブ　　　69, 70
ナショナリズム　　　67-74, 91, 116
『ニューイングランド・マガジン』　53
ニュー・ウーマン　　10, 15, 56, 57,
　　　　　　64, 119, 145, 160, 173
ネオ・マルサス主義　　　　　133

(ハ行)

ハル・ハウス　　　　　75, 76, 159
ビーチャー家〔一族〕37, 38, 42, 50, 70
フェビアン協会　　　　　　78, 103
フェビアン社会主義　　　　　78
　──者　　　　　　　　　　91
フェミニズム批評　　　　　　9, 10
父権的　　　　　　　　　　33
不自然な母親　　15, 78, 100, 102, 110,
　　　　140-142, 150, 159, 165, 180, 182, 183
『ペアレンツ』　　　　　　　　96
ホーム・エコノミスト　　　74, 92
母権主義者　　　　　　　15, 165
母性主義　　　15, 24, 28, 29, 36, 76
　──者　　　　　　　　15, 24, 125
　──的　　　　　　　　　　14
母性保護論争　128, 154, 160, 162-169, 183

(マ行)

『マザー・アース』 112
『マッシズ』 112
マテリアル・フェミニスト 12
ミューラー対オレゴン判決 128, 148
モリル法 45, 62

〔ヤ行〕

優生学 133, 149, 150
──運動 133
──思想〔優生思想〕 132, 133, 149
──的視点 133

〔ラ行〕

良妻賢母 155, 157-159, 172, 174
『レディーズ・ホーム・ジャーナル』
 113, 116, 117

著者紹介

山内　惠（やまうち　めぐみ）
　1970年　愛知県立大学外国学部卒業。
　　　　　日本通運（株）、日立金属（株）での就労を経て、長男の出産を機に退職。
　　　　　「友の会」（羽仁もと子創刊の『婦人之友』の読者の集まり）に10年間在籍し、3人の子どもの子育てと主婦業に専念。
　1990年　埼玉大学教養学部学士入学（42歳）。
　1992年　埼玉大学大学院文化科学研究科入学。
　1994年　東京外国語大学大学院地域文化研究科博士後期課程入学。
　1998年〜1999年　コーネル大学大学院留学。
　2001年　東京外国語大学大学院地域文化研究科博士後期課程満期退学。
　2002年　東京外国語大学大学院より学術博士号授与。
　現　在　清泉女子大学、桜美林大学、埼玉工業大学、東京女子大学にて非常勤講師。
　　　　　熊谷市男女共同参画審議会委員。

〔主要業績〕
　共著　「世紀転換期におけるアメリカ合衆国の『優生学』とフェミニズム」川田順造・上村忠男編『文化の未来─開発と地球化のなかで考える』（未来社、1997年）。
　共訳　リンダ・K・カーバー、ジェーン・シェロン・ドゥハート編著、有賀夏紀ほか編訳『ウィメンズ・アメリカ（資料編）』（ドメス出版、2000年）。
　論文　「シャーロット・パーキンズ・ギルマンにおける『ユートピアの子供』」『アメリカ史研究』アメリカ史研究会、第18号（1995年）。
　　　　「ヒューマニストかフェミニストか─フェミニズムのパラドックスを超えて─」『言語・地域文化研究』東京外国語大学大学院、第1号（1995年）。
　　　　「ギルマン夫人と二つの母性保護論争─母性と女性の経済的自立をめぐって─」『ジェンダー研究』東海ジェンダー研究所、第2号（1999年）。
　　　　「シャーロット・パーキンズ・ギルマンと『社会的母性』」東京外国語大学大学院地域文化研究科博士後期課程2002年博士論文。
　　　　「ギルマン夫人の『新しい母性』論と日本における受容の問題」埼玉工業大学人間社会学部紀要』埼玉工業大学、第2号（2004年）ほか。

The Feminist Called an "Unnatural Mother": Charlotte Perkins Gilman's "New Motherhood"

不自然な母親と呼ばれたフェミニスト
──シャーロット・パーキンズ・ギルマンと新しい母性──

2008年5月25日　　初　版第1刷発行　　　　　　　　　　〔検印省略〕
　　　　　　　　　　　　　　　　　　　　定価はカバーに表示してあります。

著者Ⓒ山内惠／発行者　下田勝司　装幀　田宮俊和　　印刷・製本／中央精版印刷

東京都文京区向丘1-20-6　　郵便振替00110-6-37828
〒113-0023　TEL（03）3818-5521　FAX（03）3818-5514　　発　行　所
　　　　Published by TOSHINDO PUBLISHING CO., LTD.　　株式会社　東信堂
　　　1-20-6, Mukougaoka, Bunkyo-ku, Tokyo, 113-0023 Japan
　　　E-mail : tk203444@fsinet.or.jp　http://www.toshindo-pub.com

ISBN978-4-88713-840-7　C3036　　Ⓒ M. YAMAUCHI

= 東信堂 =

ミッション・スクールと戦争	立教学院のディレンマ	前田一男編 老川慶喜	五八〇〇円
教育の平等と正義		大桃敏行・中村雅子・K・ハウ・後藤武俊訳	三二〇〇円
大学教育とジェンダー	ジェンダーはアメリカの大学をどう変革したか	平野智美・佐藤直之・R・ラサーソン・上野正道訳	三六〇〇円
ドイツ教育思想の源流	教育哲学入門	平野智美	二八〇〇円
フェルディナン・ビュイッソンの教育思想	第三共和政初期教育改革史研究の一環として	尾上雅信	三八〇〇円
自己形成者の群像	新しい知性の創造のために	宮坂広作	三八〇〇円
洞察力	知の解放とポストモダンの教育	市村尚久・D・スローン早川操監訳著	三八〇〇円
文化変容のなかの子ども	経験・他者・関係性	高橋勝	二三〇〇円
不自然な母親と呼ばれたフェミニスト	シャーロット・パーキンズ・ギルマンと新しい母性	山内恵	三二〇〇円
人格形成概念の誕生	近代アメリカの教育概念史	田中智志	三六〇〇円
進路形成に対する「在り方生き方指導」の功罪	高校進路指導の社会学	望月由起	三六〇〇円
「学校協議会」の教育効果	「開かれた学校づくり」のエスノグラフィー	平田淳	五六〇〇円
学校発力リキュラム	日本版「エッセンシャル・クエスション」の構築	小田勝己編	二五〇〇円
階級・ジェンダー・再生産	現代資本主義社会の存続メカニズム	橋本健二	三二〇〇円
再生産論を読む	バーンスティン、ブルデュー、ボールズ=ギンティス、ウィリスの再生産論	小内透	三二〇〇円
教育と不平等の社会理論	再生産論をこえて	小内透編著	三二〇〇円
教育と人権		岡野治子・乙訓稔監訳	二一〇〇円
オフィシャル・ノレッジ批判		W・ベーム M・W・アップル 小暮・池田監訳著	三八〇〇円
新版 昭和教育史	天皇制と教育の史的展開―保守復権の時代における民主主義教育	久保義三	一八〇〇円
地上の迷宮と心の楽園	[コメニウス セレクション]	J・コメニウス 藤田輝夫訳	三六〇〇円

〒113-0023　東京都文京区向丘1-20-6　TEL 03-3818-5521　FAX 03-3818-5514　振替 00110-6-37828
Email tk203444@fsinet.or.jp　URL:http://www.toshindo-pub.com/
※定価：表示価格（本体）＋税

東信堂

プラットフォーム環境教育	石川聡子編	二四〇〇円
環境のための教育	J・フィエン 石川聡子他訳	二三〇〇円
覚醒剤の社会史──ドラッグ・ディスコース・統治技術	佐藤哲彦	五六〇〇円
捕鯨問題の歴史社会学──近代日本におけるクジラと人間	渡邊洋之	二八〇〇円
新版 新潟水俣病問題──加害と被害の社会学	飯島伸子・舩橋晴俊編	三八〇〇円
新潟水俣病をめぐる制度・表象・地域	関礼子	五六〇〇円
新潟水俣病問題の受容と克服	堀田恭子	四八〇〇円
日本の環境保護運動	長谷敏夫	二五〇〇円
白神山地と青秋林道──地域開発と環境	井上孝夫	三二〇〇円
現代環境問題論──保全の社会学 理論と方法の再定置のために	井上孝夫	二五〇〇円
空間と身体──新しい哲学への出発	桑子敏雄	二五〇〇円
環境と国土の価値構造	桑子敏雄編	三五〇〇円
森と建築の空間史──南方熊楠と近代日本	千田智子	四三八一円
環境安全という価値は…	松永澄夫編	二三〇〇円
環境設計の思想	松永澄夫編	二三〇〇円
環境 文化と政策	松永澄夫編	二三〇〇円
責任という原理──科学技術文明のための倫理学の試み	H・ヨナス 加藤尚武監訳	四八〇〇円
『責任という原理』へ──心身問題から	H・ヨナス 宇佐美・滝口訳	二〇〇〇円
主観性の復権──心身問題からの	H・ヨナス 山本・盛永訳	三五〇〇円
食を料理する──哲学的考察	松永澄夫	二〇〇〇円
経験の意味世界をひらく──教育にとって経験とは何か	市村・早川・松浦・広石編	三八〇〇円
教育の共生体へ──ボディ・エデュケーショナルの思想圏	静岡県総合研究機構 馬越徹監修	三五〇〇円
アジア・太平洋高等教育の未来像	田中智志編	二五〇〇円
人間諸科学の形成と制度化──社会諸科学との比較研究	長谷川幸一	三八〇〇円

〒113-0023 東京都文京区向丘1-20-6
TEL 03-3818-5521 FAX03-3818-5514 振替 00110-6-37828
Email tk203444@fsinet.or.jp URL:http://www.toshindo-pub.com/

※定価：表示価格（本体）＋税

東信堂

《未来を拓く人文・社会科学シリーズ《全14冊》》

科学技術ガバナンス	城山英明編	一八〇〇円
ボトムアップな人間関係――心理・教育・福祉・環境・社会の12の現場から	サトウタツヤ編	一六〇〇円
高齢社会を生きる――老いる人／看取るシステム	清水哲郎編	一八〇〇円
家族のデザイン	小長谷有紀編	一八〇〇円
水をめぐるガバナンス――日本、アジア、中東、ヨーロッパの現場から	蔵治光一郎編	一八〇〇円
生活者がつくる市場社会	久米郁夫編	一八〇〇円
グローバル・ガバナンスの最前線――現在と過去のあいだ	遠藤乾編	二二〇〇円
資源を見る眼――現場からの分配論	佐藤仁編	二〇〇〇円
これからの教養教育――「カタ」の効用	葛西康徳　鈴木佳秀編	二〇〇〇円
「対テロ戦争」の時代の平和構築	黒木英充編	続刊
紛争現場からの平和構築――国際刑事司法の役割と課題て	石山勇治　遠藤乾編	二八〇〇円
公共政策の分析視角	大木啓介編	三四〇〇円
共生社会とマイノリティの支援	寺田貴美代	三六〇〇円
医療倫理と合意形成――治療・ケアの現場での意思決定	吉武久美子	三二〇〇円
改革進むオーストラリアの高齢者ケア	木下康仁	二四〇〇円
認知症家族介護を生きる――新しい認知症ケア時代の臨床社会学	井口高志	四二〇〇円
保健・医療・福祉の研究・教育・実践	山手茂　園田恭一　米林喜男編	二八〇〇円
地球時代を生きる感性――EU知識人による日本への示唆	A・チェザーナ著　訳者代表 沼田裕之	二四〇〇円

〒113-0023　東京都文京区向丘1-20-6　　TEL 03-3818-5521　FAX 03-3818-5514　振替 00110-6-37828
Email tk203444@fsinet.or.jp　URL:http://www.toshindo-pub.com/

※定価：表示価格（本体）＋税